中国少儿出版新进程

余人 著

世界图书出版公司

上海·西安·北京·广州

图书在版编目(CIP)数据

中国少儿出版新进程 / 余人著. 一上海：上海世界
图书出版公司,2014.9
ISBN 978-7-5100-8292-4

Ⅰ.①中… Ⅱ.①余… Ⅲ.①少年儿童—出版物—
出版工作—概况—中国 Ⅳ.①G239.2

中国版本图书馆 CIP 数据核字(2014)第 161283 号

中国少儿出版新进程

著　　者　余　人

出 版 人　陆　琦
策 划 人　姜海涛
责任编辑　吴柯茜
装帧设计　车皓楠
责任校对　石佳达

出版发行　上海世界图书出版公司　　www.wpcsh.com.cn
地　　址　上海市广中路 88 号　　　　www.wpcsh.com
电　　话　021-36357930
邮政编码　200083
经　　销　各地新华书店
印　　刷　上海市印刷七厂有限公司　　如发现印装质量问题
开　　本　787×1092　1/16　　　　　请与印刷厂联系 021-59110729
印　　张　13.5
字　　数　221 000
版　　次　2014 年 9 月第 1 版
印　　次　2014 年 9 月第 1 次印刷
书　　号　978-7-5100-8292-4/G·444
定　　价　40.00 元

序

　　"全民阅读"已经写进了党的十八大报告和 2014 年《政府工作报告》，国务院正在制订《全民阅读促进条例》，这是个令人振奋的好消息。青少年阅读是全民阅读的重要组成部分，我们应加强对少儿出版的研究，促进对青少年阅读习惯的培养与制度创新，因为这关系到国家与民族的未来。这些小读者数量大，求知欲强，精力充沛，有很大的可塑性，如果不为他们创造条件，不对他们加强引导，就会出现问题。所以家长、学校、出版社乃至全社会，都要尽最大努力满足孩子们的阅读需求。让孩子好读书、读好书，这需要各级政府的重视与支持，需要教育界、出版界的深入研究与专业指导。这是一件功德无量、利在千秋的大事，不可忽视。正因如此，我觉得余人这本谈少儿出版的专著具有非常重大的现实意义。

　　我认为，出版社要有长远眼光，要善于培养各类少儿读者群，让少儿读者从小养成良好的阅读习惯。爱读书是孩子成长和进步的关键所在，爱读书也是一个民族进步的基石。发达国家对此做了不少实验，也制定了相应的政策。1992 年英国慈善机构 Book Trust 与几个学校和公共图书馆合作，对伯明翰的 300 个家庭 7 到 9 个月的婴儿免费赠送婴儿专用书。这一活动持续 5 年后，调查结果表明，参与这个活动的孩子比没有参与的孩子更喜爱图书，他们学习时的精神集中度和语言表达能力也比后者要高得多。所以英国政府从 1999 年起，将这个项目推广到英国 92％ 的地方，成为英国的国家项目。后来，美国、日本等国家也开始学习英国的经验，英国则开展 Book Token 活动，鼓励孩子自己利用特定的代金券购买图书、阅读图书。我觉得，这个经验是值得我们学习和借鉴的（根据韩国教保文库 2003 年 3 月出版的 *The Book* 第 101～103 页）。

我国每年出版大量图书,就品种数量而言,每年有40万种之多,居世界首位,其中面向少年儿童的也不少。但有一点需要指明:少儿图书中发行量大的多是教材和教辅读物,在品种数量和码洋(总定价)上占到50%以上,而教材教辅以外的少儿出版物数量很少,每年不过3万种左右(新版少儿图书每年不过2万种左右),而其中原创的更少,能成为精品的则少之又少,这是值得我们思考的。余人的这本专著研究的正是教材教辅以外的少儿出版物的出版。

2000年以来,中国少儿出版的发展速度明显加快,市场占有率逐步攀升。甚至在某些图书品种开始呈现停滞甚至下滑趋势的背景下,少儿出版反而显示出十分强劲的上升态势,表现出非常不俗的市场业绩。于是,越来越多的出版企业,包括出版社(专业少儿出版社和非专业少儿出版社)和民营文化公司,纷纷关注、涉足、加盟少儿出版,甚至国外的出版公司和文化传媒公司也虎视眈眈,瞄准中国少儿出版这一市场,意欲进军这个领域。

为什么近年来中国少儿出版能备受业内外关注与重视?究其原因,有文化和经济两个方面的因素在起作用。

文化上,党和政府在近几年更加重视文化建设与全民阅读,2006年8月原国家新闻出版总署启动"三个一百"原创工程;2011年10月18日党的十七届六中全会通过关于深化文化体制改革、推动社会主义文化大发展大繁荣若干重大问题的决定……国家文化政策从战略高度与宏观层面,鼓励、扶持包括少儿出版在内的中国出版业做大做强,这为中国少儿出版的发展与繁荣注入了活力。

经济上,不独中国,全世界都重视下一代的教育与培养,社会与家庭在孩子文化学习的投入上目标明确,意愿强烈。让孩子和孩子妈妈买单的少儿出版,相对其他品种图书的出版,自然赢利机会要多,赢利空间要大。此外,还由于这么多年来,中国为控制人口过快增长,在全国范围内大面积实行独生子女政策,目前在城市绝大多数的家庭只有一个孩子,在农村绝大多数的家庭只有一到两个孩子,孩子已俨然成为家庭的核心,家长们在孩子的教育与培养方面普遍不吝钱财,舍得投入,为孩子服务的少儿出版自然能从中受惠,从"小太阳们"的各种开销、花费中分得一杯羹。

文化和经济方面的因素以及其他因素综合起来,奠定了中国少儿出版快速发展的基础。

少儿出版相对成人出版既有共性又有个性,在新时期少儿出版更显示出它不同于成人出版的差异性与独特性。比如婴幼儿出版以图为主,学、玩结合,通俗浅显,让孩子看得懂,看得有趣,看得爱不释手,这和成人出版就不是一回事儿;比如少儿出版中的数字出版,情形就比成人出版中的数字出版要复杂,孩子还处在生理与心理的成长过程之中,辨别力和自控力也比较差,数字出版不能以牺牲孩子身心健康为代价……这些因素决定了少儿出版要有不同于成人出版的专业化、精细化的策划、设计与操作,还要有未雨绸缪的前瞻性。

据我所知,全国580家出版社中有530多家出版社在出版各类少儿图书,再加上无数民营文化公司纷纷抢滩少儿出版,还有国外出版企业、文化传媒企业的介入、渗透,少儿出版进入"战国时期",群雄纷争,局面变得越来越复杂。

中国少儿出版竞争主体不断增多,在带来更为激烈的市场竞争的同时,也带来了两个非常矛盾的发展趋势。

一是少儿出版变得越来越不专业。因为少儿出版门槛相对较低、利润相对较丰,大家便一窝蜂地争着抢着去做少儿出版。做少儿出版的个人与企业越来越多,有科班出身的,也有跨界"混搭"的,有长期从事少儿出版的,也有"打一枪换一个地方"的,其专业水平自然是有高有低、鱼龙混杂、良莠不齐。加之,中国的国民与企业对少儿出版素来有认识上的偏差——认为少儿出版无非是哄哄孩子的"小儿科",不需要什么专业知识、高深学问与深厚积淀,不就是给孩子看的书吗?谁不会做啊?谁都可以"来几刷子"的少儿出版自然有变得越来越不专业的趋势。不专业的少儿出版打着为孩子们服务的旗号,追逐的是出版背后的利润,带给孩子们的可能就有潜在的伤害,比如已蔚然成风的不顾孩子年龄特征与阅读实际的"揠苗助长"式的少儿出版物,带给家长们的是焦虑不安甚至是恐慌,带给孩子们的是无端的压力甚至是噩梦。

二是少儿出版变得越来越专业。因为从理论上讲,在激烈的市场竞争中,最后能超越同行脱颖而出的,必然是有专业水平、优良品质、文化追求的出版企业。少儿出版要真正赢得读者,赢得市场,克敌制胜,靠的还是专业水准与独特风格。竞争越来越激烈甚至越来越惨烈的少儿出版自然有变得越来越专业、越来越精细的趋势。

少儿出版的专业化趋势与非专业化趋势导致了当下的少儿出版向两个不同的方向发展,但少儿和少儿家长的鉴赏水平还远未达到能独立判断少儿图书是否专业、是否科学的水平,在消费少儿出版产品时,读者(消费者)还有较多盲目性与从众性。也就是说,少儿出版在企业生产与读者消费过程中的某些盲目性、随意性以及逐利性导致了目前少儿出版某些乱象丛生的局面，这是业内需要引起重视和警醒的。

少儿出版关系到少年儿童的健康成长，承担着向孩子们传承优秀的传统文化和传播优秀的时代文化的历史重任。一方面少儿出版直指当下，要为社会、企业带来良好的社会效益与经济效益，要提升文化硬实力与文化软实力；另一方面少儿出版也指向未来，要为国家、民族培养合格的建设者与接班人。所以，从理论上讲，少儿出版的重要性怎么强调都不为过。所谓"少年强，则中国强"，中国少儿出版做好了，惠及百姓，功在千秋；反之，做差了，做坏了，则误人子弟，殃及国家与民族未来。这并非耸人听闻的夸张说辞。

余人的专著《中国少儿出版新进程》，对2000年以来中国少儿出版的发展、变化、转型作了比较详细、全面、深入的梳理、论述与研究，指出少儿出版要通过理念、内容、技术、人才、产品、经营模式、管理方式等方面的转型，不断提升原创力、拓展力、编辑力、传播力，才能真正打造出少儿出版的核心竞争力，具有较高的理论价值与现实意义。该书是在作者的博士论文基础上修改而成的，作为作者的导师，看到它的面世，我非常高兴。

余人是1993年进入出版界的，长期从事专业出版尤其是专业少儿出版的具体工作，从而积累了丰富的实践经验。该书对新时期中国少儿出版的转型与发展进行了综合性的研究与思考，既有现状的描述，也有争议问题的提出，并结合具体案例，依据出版流程与相关作用，从多个维度进行了较为详尽的分析与讨论，提出了自己的思考与建议，这为更好地解决我国少儿出版的转型与发展问题，提供了思路与方法，具有较强的针对性与可资借鉴的地方。该书的面世也将促进出版界与文化界对少儿出版的优势、劣势、发展趋势等进行更多理性的思考与总结，从而推动少儿出版的进一步发展与繁荣。

新时期，中国少儿出版日新月异，文化发展波澜壮阔。期待着余人有更多研究成果问世。

肖东发

2014年6月1日

目　录

绪　论

第一节　研究目的和意义

一、问题的提出

中国目前有 3.67 亿少年儿童,相当于半个欧洲的人口。这么多少年儿童的健康成长,关系到全社会每个家庭的幸福,也关系到中国未来的发展。可以说,对少年儿童的教育与培养是中国老百姓和中国各级政府最为关注和重视的核心问题之一。而少儿出版与少儿教育、少儿阅读等密切相关,这决定了中国少儿出版重大的责任,做少儿出版必须尽心尽职。用通俗的话来讲,中国少儿出版做好了,惠及百姓,功在千秋;反之,做差了,做坏了,则误人子弟,殃及国家与民族未来。由于缺乏港澳台地区少儿出版的相关资料,以及少儿出版方面中国内地与港澳台地区的较大差异,本书所研究的中国少儿出版新进程主要限于中国内地少儿出版的变化与革新,特此说明。

进入 21 世纪已有十多个年头了,中国少儿出版的现状如何? 发展状况如何? 有什么优势与不足? 有什么特点与变化? 未来前景如何? 发展趋势如何? 这些问题不仅做编辑出版、做文化传播的专业人员感兴趣,学生、家长、老师、教育工作者、文化工作者甚至是"家有小朋友"的老百姓也会感兴趣,因为少儿出版和所有小读者息息相关,和每个有未成年孩子的家庭息息相关。

笔者做少儿出版已有 20 多年了,对相关问题感触颇多,研究颇多,愿意就此作一些梳理、总结与探讨。

作为中国出版不可或缺的一部分,中国少儿出版目前已成为我国整个出版行业中最具活力、最具潜力、发展最快、竞争最激烈的一个板块,成为一支拉动并提升中国出版业的重要力量。特别是经过"十一五"(2006—2010 年)时期的快速发展,少儿出版已经成为继教育图书出版、社科图书出版之后的第三大门类的图书出版板块。① 但另一方面,中国少儿出版也存在诸多亟须解决的问题,比如发展方向的问题,大而不强的问题,两极分化的问题,保持少儿阅读生态平衡的问题,打造世界知名少儿品牌的问题,提升少儿出版在国家文化软实力建设中的地位的问题,等等。中国少儿出版面临着重大的发展机遇,同时也面临着各种挑战。

中国少儿出版与中国出版和世界出版息息相关。从宏观讲,中国少儿出版受中国出版大环境与世界出版大环境的影响,受中国出版政策的影响,一方面受惠于出版行业整体快速发展所带来的理念创新、技术创新、生产创新、资源整合、产业升级等的推动与提升,另一方面也受制于出版行业阶段性发展未能超越的思维定势与惯性力量的局限与裹挟。从微观讲,中国少儿出版既具有中国出版的一般特点与规律,比如计划经济时代留下的一些痕迹与局限——条块分割、地域色彩、小本规模等,同时也开始逐渐形成自身的行业特点与发展规律,展现出独特的文化特色与产业特征。

中国少儿出版在中国出版乃至世界出版中产业值不断增大,所占市场份额越来越大,对读者的影响越来越大,其地位越来越突出,在相当长的一段时间里中国少儿出版将仍处于快速上升时期。

中国少儿出版已由量变转化为质变,从过去的"小儿科"一跃成为重要的出版门类。目前,全国 580 家出版社中有 530 多家出版社在出版各类少儿图书,也就是说全国有超过 91%的出版社在出版少儿图书;2010 年全国图书出版单位上报少儿图书选题 36 417 种,其中非专业少儿出版社上报少儿图书选题 28 093 种,超过全部少儿图书选题总量的 2/3。少儿出版已成为全行业共同参与竞争的大出版门类。② 2012 年全国共出版少年儿童读物 30 966 种(初版 19 396 种)、47 823 万册(张)、2 854 119 千印张、总定价(总产值)808 182 万元。与 2011 年相比,种数增长 40.38%(初版增长 37.79%),总印数增长

---

① 海飞:《中国少儿出版进入"童书蓝海"时代》,《中国新闻出版报》2011 年 9 月 5 日。

② 邬书林:《总结经验、认清使命,努力提高我国少儿出版水平》,《出版发行研究》2011 年第 8 期。

26.52％,总印张增长 33.49％,总定价增长 33.94％;①与 2006 年相比,种数增长 230.27％(初版增长 244.51％),总印数增长 139.41％,总印张增长 193.34％,总定价(总产值)增长 350.24％。②

涉足中国少儿出版的不仅有专业少儿出版社、非专业少儿出版社,还有民营出版工作室、国外出版集团与中国知名出版企业合资组建的新型出版公司等。中国少儿出版领域里的各种竞争日趋激烈。

中国少儿出版在本领域和邻近领域里的各种延伸、衍生、拓展与合作也越来越频繁,越来越活跃。比如少儿图书与影视、动漫、游戏、玩具、用具、服装等领域的融合与彼此拓展,目前方兴未艾。中国少儿出版成为中国出版领域里最有可能实现数字出版突破、"跨界"合作与竞争和最有可能"走出去"在世界出版舞台上进行合作与竞争并取得实效与业绩的出版板块之一。

在中国传统出版中,一方面近年来市场整体行情呈增长缓慢甚至停滞、下降的态势,后劲乏力,另一方面不少板块呈逐渐萎缩与下滑趋势,但中国少儿出版这一板块却逆势飘红,行情看涨,显示出难得的上升趋势,后劲十足,值得关注与期待。

中国少儿出版变得越来越多元与复杂,各种"乱象"也有增多、频发的迹象与趋势。比如仍有不少少儿出版企业过分依赖教辅图书,缺乏市场竞争意识与竞争活力,陷于"死不了,活不好,长不大"的怪圈。同时少儿阅读环境有混乱、恶化的趋势。不少孩子以"不读书,会唱歌,会表演"为荣;不少孩子以只读外国图书(引进版图书)或者外文图书(非母语图书)为荣;有些孩子则崇尚娱乐化阅读,碎片化阅读,追"新"式阅读,一目十行,浅尝辄止,追"新"追"星"追"笑果",少儿阅读仅仅成为消遣与娱乐,而不是培养、熏陶与提升;更多孩子则是自觉与不自觉地陷入功利化阅读,为升学、考级、考试、未来求职而忙碌、迷惘、痛苦……凡此种种少儿阅读之怪现状,归因于少儿出版缺乏应有的规范、引导与劝诫,反而有推波助澜之嫌。世界少儿出版突飞猛进,数字出版日新月异,世界重量级少儿出版企业对中国市场虎视眈眈,国内外竞争更趋白热化,说危机四伏并非危言耸听,但中国少儿出版整体实力仍偏低下,在数字出版方面一直难有大的突破,与世界"大鳄"级少儿出版的竞争也难有

---

① 《2012 年全国新闻出版业基本情况（上）》,http://www.bkpcn.com/Web/ArticleShow.aspx? artid=115558 ﹠cateid=A07。

② 《2006 年全国新闻出版业基本情况》,http://www.china.com.cn/news/txt/2007-06/27/content_8444956.htm。

胜算,创新力与竞争力仍有待进一步挖掘与提升,如果国内市场进一步对外开放(这只是迟早的事情),形势将变得更为复杂与严峻。

所以,中国少儿出版要积极转型,加大管理力度与改革力度,不断规范与革新,不断修炼内功,提升实力;要从战略与战术、宏观与微观、近期与远期、专业与多元、同行与跨界等不同角度与层次来积极思考与谋划,不断开拓与进取,变被动应对为主动布局。面对激烈竞争,中国少儿出版要积极转型,不断提升核心竞争力,同时也要认识到转型不可能一蹴而就,既要有紧迫意识,又要有周密计划与步骤,更要不断研究转型规律,大胆探索发展新路。

二、研究意义

说中国少儿出版关系到全社会每个家庭的幸福,关系到中国未来的长远发展,一点也不夸张。所谓"十年树木,百年树人",中国少儿出版要参与少儿教育、少儿阅读,培养国家未来的合格公民、建设者与接班人,其重要性现在不一定能显现出来,但对未来的影响与作用却绝不能忽视与小觑。

中国少儿出版肩负着重要的历史使命,承担着重要的社会责任。

一是中国少儿出版要传承优秀的传统文化,并向广大少年儿童传播先进的文化知识。中国少儿出版要把先进的文化知识和文化信息汇聚,创编成少年儿童喜闻乐见的形式与内容,高效地传播给孩子、老师、家长、少儿工作者等,其中很大程度上是通过老师、家长、少儿工作者等把文化和科学知识传授、传播给孩子们。

中国少儿出版要把优秀的中国传统文化包括良好的生活习惯、文化传统、民俗民风、生活观、价值观、人生观等潜移默化地播撒在孩子心田,承担起最基本的文化启蒙与知识传授的职责,这是孩子未来成长的源代码与原动力,也是中国人之所以为中国人的文化命脉与文化基因。即我们的少儿图书提供什么、反对什么,其文化导向、价值导向不可或缺。如果没有良好的少儿出版,没有经典少儿图书、优秀少儿图书,优秀的民族文化将难以传播与传承,良好的少儿教育、少儿阅读也将是空中楼阁、无本之木。

梁启超说:"少年强则中国强。"中国少儿出版首要的职责是为孩子服务,为中国的未来服务。

二是中国少儿出版要培养广大少年儿童积极、乐观的生活态度、生活情趣、生活习惯。中国少儿出版要向孩子们传递积极的人生态度、生活情趣,培养孩子们向善、向上、求真、求美的生活习惯与生活能力,促进孩子们的身心健康发展。

鲁迅说:"童年的情形,便是将来的命运。"曹文轩说:"儿童文学作家是未来民族性格的塑造者","儿童文学的使命在于为人类提供良好的人性基础",儿童文学"关系着未来民族的生命精神与国民素质"。① 中国少儿出版,包括少儿文学图书出版,潜移默化,润物无声,将会影响和塑造祖国未来建设者和接班人的性格、品质、审美情趣、战斗精神等。这种从小的良好熏陶与塑造,将会在孩子成年后发挥坚实的支撑作用与无穷的后续动力。反之,如果底子没有打牢,核心价值观出现偏差,则孩子的未来十分堪忧,甚至有可能成为社会问题。

三是中国少儿出版要注重文化价值与商业价值的开发与挖掘,要为提升国家文化软实力与文化硬实力作贡献。目前,少儿出版对孩子健康成长的促进、对经济繁荣与社会进步的推动变得越来越明显与突出,因而越来越受到社会的关注与重视。

从全球范围来看,少儿出版的市场占有率日益提高,影响力日益扩大。比如风靡全球的"哈利·波特"系列,自 1997 年至 2007 年,10 年间共出版 7 部小说,被翻译为 74 种语言,全世界销售约 4.5 亿册,②带动经济规模达 2000 亿美元,其中衍生品的收益占到总量的约 70%,作者 J.K.罗琳也因为这套书挣得超过 10 亿英镑的个人资产。③ 又过去六七年了,"哈利·波特"的影响依然强劲且日益深远,各种衍生品层出不穷,"哈利·波特"在全世界范围内变得家喻户晓,并创造出另一个奇迹——不仅孩子喜欢、着迷、津津乐道,成年人也喜闻乐见,并从中受到启发、得到收益,真正做到了老少咸宜。由此可见,少儿出版对个人与社会的影响、对文化的影响、对经济的影响正日益扩大。

在中国,少儿出版的市场占有率同样是越来越大,影响力也越来越大。比如"淘气包马小跳"畅销 10 年,由畅销书变成了常销书,已成长为中国销量最大的原创少儿文学图书,并衍生出动画电视剧、动画图书、漫画版图书、马小跳作文、马小跳杂志等,影响力卓然超群。比如"喜羊羊与灰太狼",由动画电视剧衍

---

① 王泉根:《现代中国儿童文学主潮》,重庆:重庆出版社,2000 年,第 540 页。
② 孙行之:《J.K.罗琳和哈利·波特一起"长大成人"》,《第一财经日报》2012 年 7 月 16 日。
③ 李佳佳、姜纯:《哈利形成巨型产业链,带动经济规模达 2000 亿美元》,《深圳晚报》2011 年 8 月 4 日。

生出图书、电影、杂志、玩具、文具、服装、游戏等,已成长为名副其实的中国原创第一动画,为孩子们所由衷欢迎与喜爱,也深受白领阶层的关注与青睐。

中国少儿出版要通过作品、形象等持续地吸引、感染、陶冶、激励甚至改变读者与受众,以提升中国的文化影响力、文化软实力,而且要通过图书产品的销售与产业链的拓展,让参与图书生产与衍生品开发的作者、出版社、相关企业与相关人员实现自己的人生梦想与价值追求,并得到丰厚的利润回报,以提升中国企业的文化经营力、文化硬实力。

中国少儿出版的进步与繁荣是国家文化建设的基础和未来发展的基石。

新世纪以来,数字出版日新月异,与传统出版共存并行,世界出版格局呈现出急剧变化与发展的态势,中国出版也进入加快转型与变革时期。全国经营性出版单位已于 2010 年底全部完成了转企改制,中国出版业又一次实现了质的飞跃。企业化给中国出版带来了活力与竞争力,也给中国出版带来了新的难题、新的挑战。在这样的大环境、大背景下,中国少儿出版要更好地完成自己的历史使命,尽到自己的社会职责,转型势在必行。实际上,全国各少儿出版单位的转型已在启动与进行中。

在新形势下,中国少儿出版面临着怎样的机遇与挑战? 发展的方向、目标与路径是什么? 如何突破纸媒时代的思维定势与操作模式,实现自身的转型? 如何积极参与各种竞争,真正提升自己的竞争力与影响力? 这正是本书需要探讨与研究的内容。

本书拟从理论与实践两个方面对新世纪以来中国少儿出版作一次较系统、全面的分析与梳理,总结中国少儿出版新进程中的成败得失,研究中国少儿出版的转型路径,把握中国少儿出版的发展规律,希望能借此推动中国少儿出版的良性、高效发展,并为促进中国少儿出版与世界强手同台献艺、竞技以取得应有的实绩与收获提供理论上的指导和借鉴。

第二节　研究内容和方法

一、研究内容

本书所探讨和论述的少儿出版是指针对 0～17 岁少年儿童的出版。

联合国《儿童权利公约》规定,儿童是指未满 18 周岁的任何人。在中国,未满 18 周岁的人被称为未成年人,也即少年儿童,简称少儿。少儿出版也即针对未满 18 周岁(0～17 岁)的少年儿童的出版。

2010 年修订的《全国图书出版统计报表制度》对少年儿童读物的界定是:"供初中及初中以下少年儿童阅读的书籍(不包括九年义务制教育的课本及其补充读物)。"①按中国孩子 7 岁开始上小学一年级来推算,读初中三年级的学生一般是 15 岁,那么《全国图书出版统计报表制度》提到的少年儿童读物(简称少儿读物)就是指针对 0～15 岁少年儿童的读物。少儿读物可分为少儿报纸、少儿期刊和少儿图书三大类。由于少儿图书所占市场比例远远大于少儿报纸与少儿期刊,一般情况下人们提到少儿读物多指少儿图书。《童书海论》一书里对少儿图书的解释是:"少儿图书是供 0～18 岁少年儿童读者阅读或亲子共读的图书。"②这里提到的 18 岁应是虚岁,年满 18 周岁应是成年人了。

也就是说,针对 0～17 岁的少年儿童的出版,即为少儿出版。

按读者年龄段细分,少儿出版可分为针对 0～3 岁读者的婴儿出版、针对 4～6 岁读者的幼儿出版、针对 7～12 岁读者的儿童出版、针对 13～17 岁读者的少年出版。也有人把 0～6 岁的婴幼儿统称为学龄前儿童,这个年龄段孩子的阅读常常是亲子共读,即父母或其他亲人陪伴孩子一起阅读;把 7～17 岁学生统称为学龄儿童,这个年龄段孩子的阅读基本上是独立阅读或半独立阅读。

在现实生活中,人们对儿童、少年、青年年龄的划分是有争议的。由于物质生活的改善,医疗、卫生保障水平的提高,社会劳动难度的相对降低,当今孩子的生理成熟年龄正在前移而心理成熟年龄则在后移,这种错位现象更增加了人们对儿童、少年、青年的年龄划分的争议。在现实生活中,14～17 岁的孩子有时也自称或被称为青年。比如,中国共产主义青年团团章规定:"年龄在 14 周岁以上,28 周岁以下的中国青年,承认团的章程,愿意参加团的一个组织并在其中积极工作、执行团的决议和按期交纳团费的,可以申请加入中国共产主义青年团。"也就是说,团章界定的青年是 14～28 周年,这和《中华人民共和国未成年人保护法》所规定的未成年人为未满 18 周岁(0～17 岁)有相冲突的地方,因为按常人的理解,青年是成年人。

---

① 《全国图书出版统计报表制度》,http://wenku.baidu.com/view/38b84de49b89680203d82521.html。

② 海飞:《童书海论》,济南:明天出版社,2001 年,第 3 页。

综上所述,本书以《中华人民共和国未成年人保护法》和联合国《儿童权利公约》为依据,把未满 18 周岁(0～17 岁)的未成年人称为少年儿童,简称少儿。针对少儿这个年龄段的读者所开展的各类出版活动,即为少儿出版。本书所论述的少儿出版主要是少儿图书出版,不包括少儿使用的教材和教辅图书,但本书在论述少儿数字出版的发展前景时,会提及中小学教材的循环使用。

本书所讨论和论述的中国少儿出版是指在中国内地发生的少儿出版活动,不包括港澳台地区的少儿出版,也不包括海外华人所从事的少儿华文出版。

为了避免理解和研究出现偏差或者产生歧义,本书对部分概念作如下界定。

数字出版:是指利用数字技术进行内容编辑加工,并通过网络传播数字内容产品的一种新型出版方式,其主要特征为内容生产数字化、管理过程数字化、产品形态数字化和传播渠道网络化。目前数字出版产品形态主要包括电子图书、数字期刊、数字报纸、数字音乐、网络动漫、网络游戏、网络原创文学、网络地图、网络教育出版物、数据库出版物、手机出版物(彩信、彩铃、手机报纸、手机期刊、手机小说、手机游戏)等。数字出版产品的传播途径主要包括有线互联网、无线通信网和卫星网络等。[①] 不论终端阅读的介质是什么,只要记录在介质上的内容是数字化的,并且记录的方式是数字化的,这种出版活动就是数字出版。

新型出版:是指与传统(纸质)出版不同的数字出版,或者兼顾了传统出版与数字出版的复合出版,或者将来有可能会出现的其他业态出版。

转型:按商务印书馆出版的《现代汉语词典》第 6 版的解释是:"社会经济结构、文化形态、价值观念等发生转变。也指转换产品的型号或构造。"本书所讨论和论述的转型是指出版在各方面的转换、转变、发展、变化、革新。

二、研究方法

本书主要采用了四种研究方法。

---

① 《关于加快我国数字出版产业发展的若干意见》,http://china.findlaw.cn/fagui/p_1/95166.html。

　　文献研究：全面检索和分析已有研究成果，是本书在前人研究基础上进一步探索的前提。国内外有关少儿出版、少儿阅读及与出版转型有关的专著、期刊论文、学位论文、网络资源等都是本书文献研究的范围。

　　实地考察：笔者在接力出版社（专业少儿出版社）工作了 16 年，读博 4 年期间也不定期在几家少儿出版公司兼职，参与他们的相关出版活动，多年来保持与少儿编辑、家长、老师等的广泛联系与交流，实地了解和考察了我国各专业少儿出版社、非专业少儿出版社、其他出版公司以及各地小学、初中在少儿出版与少儿阅读方面的情况，随机采访了部分少儿出版社的领导，了解他们所在出版社的编辑、出版、经营情况与发展概况，并结合已有研究成果对相关议题进行了较深入、细致的探讨与研究。

　　个案研究：本书选取国内著名的专业少儿出版社，比如中国少年儿童新闻出版总社、浙江少年儿童出版社、接力出版社、明天出版社、二十一世纪出版社、安徽少年儿童出版社等进行个案研究，并融入到对少儿出版转型的研究中，增强了对我国少儿出版整体与个案的真实把握。通过对几家重点少儿出版社的转型案例进行分析，总结、归纳少儿出版的发展规律、转型方式、竞争特点等。对部分传统少儿出版社开展少儿数字出版的相关情况也做了个案介绍与研究。

　　比较分析：本书把少儿出版在社内与社外、业内与业外、过去与现在、原创与再创、东部与西部、中国与外国、平面与立体、单一与多元、战术与战略等方面的相关情况进行了对比分析与研究，以便能更接近真实与全貌地反映我国少儿出版的整体概况、发展脉络与转型轨迹，更好地探索与把握少儿出版转型与发展的规律。

第一章　中国少儿出版现状分析

中国少儿出版的基本现状是：市场规模继续扩大，赢利模式依然单一，竞争主体急剧增多，销售渠道有待拓宽，整体形势有喜有忧。

第一节　市　场　规　模

2006年，全国图书生产总定价(总产值、总码洋)为649.13亿元，其中少儿图书生产总定价(总产值、总码洋)为17.9501亿元，占全国图书总产值的2.77％。2012年全国图书生产总定价(总产值、总码洋)为1183.37亿元，其中少儿图书生产总定价(总产值、总码洋)为80.8182亿元，占全国图书总产值的6.83％。也就是说，经过6年的努力，2012年中国少儿图书的总产值是2006年的4.5倍，2012年中国少儿图书占全国图书产值的比率是2006年的2.47倍。这个发展速度是十分惊人的。目前中国少儿出版的市场规模仍呈继续扩大的趋势。

从相对规模来看，中国少儿出版在国内的市场占有率不断扩大，在与中国出版一起成长、发展的过程中各项指标的上升速度高于整体上升速度。

2006年，全国出版少儿图书9376种(其中初版5630种)，占全国图书总量233 971种(其中初版130 264种)的4.01％(4.32％)。到了2012年，全国出版少儿图书30 966种(其中初版19 396种)，占全国图书总量414 005种(其中初版241 986种)的7.48％(8.02％)。2012年相比2006年，全国图书品种总量增加了85.77％，少儿图书品种增加了244.51％；全国图书总印数增加了23.67％，少儿图书总印数增加了89.24％；全国图书总印张增加了30.22％，少儿图书总印张增加了193.34％；全国图书总定价增加了82.75％，少儿图书总定价增加了350.24％。少儿图书的品种、总印数、总印张、总定价(总产值)均呈上升趋势,且上升幅度均大于中国出版总体上升幅度,在全国图书中所占各项比例也在逐年上升(详见表1-1、表1-2所列数据)。这说明少儿图书依然具有广泛的需求与旺盛的生命力,潜力巨大,前景广阔。

2013年度,全国有515家出版社上报了47 258种少儿类图书选题,占全国报送图书选题总量226 114种的20.90%。比2012年度上报选题45 682种增加1576种,同比增长了3.45%,高出全国增长率1.34个百分点。其中,31家专业少儿出版社上报了选题9159种,占少儿图书选题的19.50%;484家非少儿专业出版社上报了选题38 099种,占少儿图书选题的81.50%。2013年度少儿类图书选题,关注青少年成长,关注童书原创,关注品牌建设,关注可持续发展,布局合理,丰富多彩。[①] 这些数据表明,少儿出版继续呈良性发展态势。

但从绝对规模来看,中国少儿出版的总体规模依然比较小,2012年中国少儿图书生产总产值为80.8182亿元,还远不及"哈利·波特"一套书一年带动的经济规模——200亿美元。[②]

从表1-1中的数据可以看出,中国少儿出版目前的总体规模是:平均年出版少儿图书3万多种,平均年发行少儿图书4.78亿册,平均年产值8.08亿元人民币。这个规模实在不算大,如果以3.67亿儿童来计算,相当于平均每个中国孩子每年花22.02元买1.3册图书,即32开249页(7.78印张)的图书一册(不含课本)。从这个数据来看,中国少儿出版与世界发达国家的少儿出版仍有很大差距(最爱读书的以色列人平均每人每年读书64本,[③]孩子即便是成年人读书量的六分之一,其平均每人每年读书也有10本之多,远超过中国孩子),同时也说明中国少儿出版潜力巨大、前景广阔。中国少儿出版应和全社会一起努力,推动少儿阅读,提高全国少儿阅读率,让更多孩子从阅读中受益。

从发展趋势来看,中国少儿出版除纸质少儿图书以外,网络少儿图书(以PC电脑为阅读终端)、数字少儿图书(以电子阅读器、智能手机、平板电脑、移动电子设备等为阅读终端)以及玩具类、游戏类、混杂类且兼顾部分阅读、学习功能的实体产品或电子产品正在不断涌现。这正是中国少儿出版需要做探索、创新与拓展、延伸的。

---

① 《二〇一三年度全国图书选题分析报》,http://www.chinaxwcb.com/2013-03/18/content_265330.htm。

② 李佳佳、姜纯:《哈利形成巨型产业链,带动经济规模达2000亿美元》,《深圳晚报》2011年8月4日。

③ 江志才:《阅读关乎文明程度》,《学习时报》2012年4月2日。

表1-1 2006年—2012年少儿图书占全国图书比例情况①

年份	2006	2007	2008	2009	2010	2011	2012
国内图书品种数(种)	233 971(其中初版130 264)	248 283(其中初版136 226)	275 668(其中初版149 988)	301 719(其中初版168 296)	328 387(其中初版189 295)	369 523(其中初版207 506)	414 005(其中初版241 986)
国内少儿图书品种数(种)	9376(其中初版5630)	10 460(其中初版6122)	13 522(其中初版7441)	15 591(其中初版8949)	19 794(其中初版12 640)	22 059(其中初版14 077)	30 966(其中初版19 396)
少儿图书占国内图书百分比(%)	4.01(其中初版占比:4.32)	4.20(其中初版占比:4.49)	4.91(其中初版占比:4.96)	5.17(其中初版占比:5.32)	6.03(其中初版占比:6.68)	5.97(其中初版占比:6.78)	7.48(其中初版占比:8.02)
全国总印数[亿册(张)]	64.08	62.93	69.36	70.37	71.71	77.05	79.25
少儿总印数[万册(张)]	19 975	24 445	33 315	28 445	35 781	37 800	47 823
少儿总印数占全国总印数百分比(%)	3.12	3.88	4.80	4.04	4.99	4.91	6.03
全国总印张(亿印张)	511.96	486.51	560.73	565.50	606.33	634.51	666.99
少儿总印张(千印张)	972 961	1 153 509	1 519 546	1 483 746	1 876 864	2 138 117	2 854 119
少儿总印张占全国总印张百分比(%)	1.90	2.37	2.71	2.62	3.10	3.37	4.28
全国总定价(亿元)	649.13	676.72	791.43	848.04	936.01	1063.06	1183.37
少儿总定价(万元)	179 501	243 513	328 046	344 238	472 792	603 373	808 182
少儿总定价占全国总定价百分比(%)	2.77	3.60	4.14	4.06	5.05	5.68	6.83

① 表1-1、表1-2根据新闻出版总署网站http://www.gapp.gov.cn/公布的历年全国新闻出版业基本情况的相关数据整理而成。总署统计的每年全国图书出版总量包括书籍、课本和图片三项,少儿图书总量里不含课本。

表 1-2　2006 年—2012 年少儿图书与国内图书增长情况

	年　　份		增长率(%)
	2006	2012	
全国图书品种数(种)	233 971(其中初版 130 264)	414 005(其中初版 241 986)	176.95(185.77)
少儿图书品种数(种)	9376(其中初版 5630)	30 966(其中初版 19 396)	330.27(344.51)
少儿图书品种数占全国图书品种数百分比(%)	4.01(其中初版 4.32)	7.48(其中初版 8.02)	
全国总印数[亿册(张)]	64.08	79.25	123.67
少儿总印数[万册(张)]	19 975	47 823	239.41
少儿总印数占全国总印数百分比(%)	3.12	6.03	
全国总印张(亿印张)	511.96	666.99	130.22
少儿总印张(千印张)	972 961	2 854 119	293.34
少儿总印张占全国总印张百分比(%)	1.90	4.28	
全国总定价(亿元)	649.13	1183.37	182.75
少儿总定价(万元)	179 501	808 182	450.24
少儿总定价占全国总定价百分比(%)	2.77	6.83	

表 1-3　2008 年—2013 年少儿图书选题上报情况①

年　　份	2008	2009	2010	2011	2012	2013
上报选题数(种)	24 375	34 649	36 417	41 664	45 682	47 258
增长率(%)		42.1	5.1	14.4	9.6	3.45

———————————

① 根据国家新闻出版广电总局网站 http://www.gapp.gov.cn/公布的历年全国新闻出版业基本情况的相关数据整理而成。

第二节　赢　利　模　式

中国少儿出版主要通过营销产品(少儿图书)来获取利润。

以下先简单分析少儿图书的种类与受少儿读者欢迎的程度(市场占有率情况),以及少儿图书的读者对象,然后探讨少儿图书赢利模式的更新。

一、图书品种类别

如果按读者对象来分,少儿图书可分为 4 类:适合 0～3 岁孩子阅读的婴儿图书(婴幼儿图书)、适合 4～6 岁孩子阅读的幼儿图书(低幼图书)、适合 7～12 岁孩子阅读的儿童图书、适合 13～17 岁孩子阅读的少年图书。其中 0～3 岁婴儿图书与 4～6 岁幼儿图书多为亲子共读图书,即在父母或其他年长者的辅导下孩子才能展开正常阅读;7～12 岁儿童图书多为孩子半独立或独立阅读图书;13～17 岁少年图书则是孩子独立阅读图书。每个年龄段的孩子所读图书各有特点,内容深浅程度不同,呈现方式也不同,主要是根据孩子的年龄特征、理解能力、阅读能力等来策划与设计,差异性较大。比如 0～6 岁孩子所读图书以图为主,多为彩色,文字相对较少,有的甚至没有文字;7～12 岁孩子所读图书则图文并茂,文字逐渐增多;13～17 岁孩子所读图书则以文字为主,插图为辅。

这 4 类少儿图书中每一类都有受孩子欢迎和喜爱的图书,每一类中都有畅销书和常销书。少儿出版的关键是要做成精品书,真正为孩子所需要,真正满足孩子的阅读需求与阅读体验。有需求才有市场,是精品、是经典才受欢迎。从目前的销售数据与市场经验来看,学龄前儿童阅读的低幼图书,质量比较上乘的,一般来说销售也会比较稳定,容易打造成常销书,这与家长的重视程度有关。目前有一类针对年龄段偏低一些的孩子设计的图画书(Picture Books),也称绘本,很受白领家长与孩子的欢迎,市场行情看涨。这与年轻父母的文化程度较高、国外比较流行、国内同类图书水平也在不断提升等因素有关。儿童图书与少年图书则差异性比较大,市场行情相对复杂。

如果按图书内容来分,少儿图书可分为 8 类:少儿文学类图书、低幼启蒙类图书、卡通漫画类图书、古典启蒙类图书、科普益智类图书、游戏益智类图书、少儿艺术类图书、思想教育类图书。① 作文书等教辅类图书,不在少儿图书(本版书)市场数据统计之列。其中,少儿文学类图书、卡通漫画类图书、科普百科类图书、游戏益智类图书、低幼启蒙类图书为少儿图书里的五大门类,尤以少儿文学类图书所占比例为最大,参见图 1-1。由图可见,这 8 类少儿图书中,最受孩子欢迎与喜爱的是少儿文学类图书,其次是少儿卡通类图书与少儿科普类图书,很多少儿畅销书来自这三类,比如"淘气包马小跳"系列(接力出版社)、"皮皮鲁总动员"系列(二十一世纪出版社)、"喜羊羊与灰太狼"系列(童趣出版有限公司)、"哪吒传奇"系列(童趣出版有限公司)、"虹猫蓝兔七侠传"(安徽少年儿童出版社)、"十万个为什么"系列(少年儿童出版社)、《中国少年儿童百科全书》(浙江教育出版社)等。

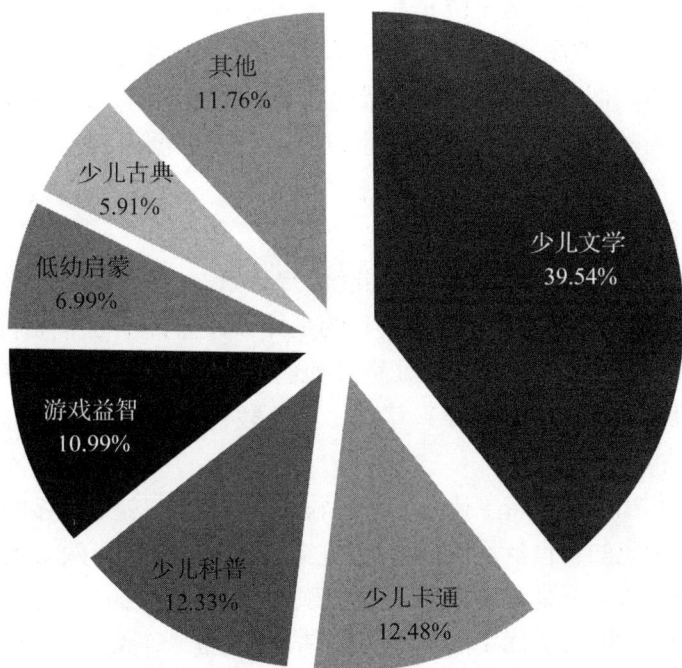

图 1-1　2011 年少儿图书市场细分②

---

①　吕海茹:《中国少儿图书出版竞争状况分析——以波特"五力模型"为分析框架》,合肥:安徽大学,2012 年。另参考王洪芝:《改革开放以来我国少儿文学图书出版研究》,郑州:河南大学,2010 年。

②　谭旭东:《2011 少儿出版怎么样》,《出版商务周报》2012 年 2 月 26 日。这里的市场细分板块占有率是指少儿图书各板块(各类图书)的销量(监测数据)与少儿图书总销量(总监测数据)之间的比率。

少儿图书的品种类别与少儿图书的销量有一定关系。比如,同属少儿文学类,少儿小说类图书畅销书较多,少儿童话类图书畅销书较少,少儿散文类图书则市场上日见稀少,少儿诗歌类图书则难觅芳踪,几乎快绝迹。这种局面的形成与少儿阅读的社会环境、成人世界的引导、少儿学校教育等有很大关联,也与出版机构对自己所生产的图书产品是否积极、努力地做了大力传播与营销有关,后文另述。同时少儿图书的读者对象即少儿图书的消费者,也直接影响着少儿图书的生产与销售。

二、读者消费特点

中国少儿出版的读者定位非常关键也非常重要,如果少儿图书的读者定位不准确,势必影响图书产品的销售,也影响少儿读者的阅读与学习。比如给 3 岁孩子看的图书和给 5 岁孩子看的图书是有区别的,给小学生看的图书和给初中生看的图书更是有很大区别,现在有经验的家长买书十分理性,对读者定位不准确、不合适的图书会很快"pass"掉。读者对图书最直接的评价就是买或者不买,选择权在读者手中。

所以有必要对少儿图书的读者群(消费者)作一个分析——是哪些人在购买少儿图书,他们购买少儿图书的目的是什么,他们有什么消费特点?

少儿图书的消费主体是少年儿童和他们的家长(爸爸妈妈、爷爷奶奶、外公外婆、叔叔阿姨、哥哥姐姐等),其次是少儿教育工作者、少儿出版工作者、白领、小资青年,等等。

中国少儿出版的消费主体有一个比较明显的特点,就是很多时候购买者与阅读者是分离的。也就是说,购买者是家长,阅读者是孩子,买书人和读书人不是同一个人。于是常常会出现错位现象:家长喜欢的书,认为对孩子有用、孩子应该读的书,买回家后孩子不领情,要么根本不爱读,要么随便翻翻就扔到一边去了;孩子喜欢的书,觉得有趣、好玩的书,家长却觉得对孩子的学习与生活没什么帮助,认为是闲书、可有可无的书甚至坏书,不给孩子买,不许孩子读。这种购买者与阅读者分离的现象导致少儿出版企业在设计和生产图书产品时既要考虑孩子的阅读需求与审美特点,又要兼顾家长的思维定势与审美习惯,只有找准了孩子与家长需求与审美的契合点才能让少儿图书产品更快地抵达需求者——孩子的手中,并真正促使孩子感兴趣并阅读完,起到图书应有的作用。

孩子越小，选书、读书对家长的依赖度就越大。一般来说，学龄前儿童和低年级小学生购买图书、阅读图书在很大程度上要依赖家长和老师（很多时候是家长出钱，老师出建议与主意），初中生、高中生和高年级小学生则可以自主购买图书、阅读图书。同一个年龄段的孩子，由于家庭经济背景、文化氛围、生活地域等不同，城里的孩子往往比乡下的孩子更有自主购买、阅读图书的机会和能力（中国少儿图书的购买对象主要是大中城市中产阶级家庭的孩子，乡、镇、村一级的孩子除了教材、教辅图书以外基本不购买课外图书，有些地方的孩子连吃饭都成问题，买书、读书自然成了水中月、镜中花），东部地区的孩子往往比西部地区的孩子更有经济实力自主购买图书。"知沟"理论①对此可以做出一定的解释，即越是家庭经济条件好、父母文化水平高的孩子，他们越有可能更多地买书、读书，越是家庭经济条件差、父母文化水平低的孩子，他们越难有机会买书、读书，这使得前者与后者的知识鸿沟变得越来越大，不仅造成社会教育与职业选择的不平等，也导致新的社会不公的形成。所以有学者提出，要让孩子多读书首先要想办法让家长多读书。

由于经济发展的不平衡，"知沟"现象在现实生活中普遍存在，甚至会长期存在，政府和社会需要帮助贫困家庭的孩子解决读书问题，以缩小贫困家庭孩子与富裕家庭孩子之间的"知沟"。政府要充当公平、公益的角色，要充当保护弱者、匡扶正义、维护和谐的角色。中国政府普及九年制义务教育、推广"农家书屋"计划等惠民、利民政策，从本质上讲就是在解决社会"知沟"的问题。

家长购买少儿图书主要是选择他们认为有益、有用的图书，供自己的孩子学习、使用，部分家长购买精美的少儿图书是把这类图书当作礼品赠送给朋友的小孩，考虑的是孩子读书与社会交往两方面的因素。也就是说，家长购买少儿图书的目的主要是促进孩子阅读，其次才是出于社会交往、珍藏增值等其他考虑。

当代家长对于购买少儿图书常常表现出矛盾与困惑的心态：一是从众心态，很多孩子在看的书就是好书，家长会马上给自己的孩子也买一本；二是攀比心态，某本书邻居家（同事家、朋友家、亲戚家等）的孩子都买了，我的孩子也要买一本，怕孩子"输在起跑线上"；三是功利心态，对考试、升学有帮助的

---

① 孟思奇：《探析"知沟"理论在信息时代的新发展》，《山东广播电视大学学报》2009年第3期。

书就给孩子买,允许孩子看,其他则一律不买、不允许孩子看;四是把关心态,现在的社会太复杂,容易把孩子带坏,很多家长给孩子看的书自己要先看一遍,觉得好的就给孩子看,觉得不好、不妥的就不给孩子看,这当然很好,但也容易造成家长以个人好恶取代孩子的实际需求;五是补偿心态,家长自己小的时候错过了很多看书、学习的好机会,所以希望孩子不要像自己小时候那样,希望孩子从小能大量阅读,让孩子来实现自己曾经的梦想与渴望;六是焦虑心态,因为社会竞争的激烈、日常生活的艰辛,有不少家长不知不觉地把自己在现实生活中的各种焦虑转嫁到孩子身上,逼着孩子大量看书、学习,以期孩子未来有实力、有竞争力,能找到一份好工作,找到一个好伴侣……家长或平实或浮躁的心态往往会投射到他们本人及孩子的买书、看书行为中,自然也会影响到少儿图书的出版与销售。

孩子买书、看书大致有这么几个动机:一是学业要求,上课必需的;二是家长、老师、同学、朋友推荐的;三是自己感兴趣的;四是成长过程中需要的。还有一种比较有趣的现象,是少儿读者看成人图书——大多数少年儿童有成人化趋势,希望自己快点长大,所以故意读超出自己年龄段的那类书,以表白和显示自己长大了,与同龄的孩子不一样。很多情况下少年儿童需要在成年人的指导下买书、读书,但少年儿童有自身的阅读特点与审美特征,成年人也需要尊重他们,研究他们,以少年儿童为本,提倡"儿童本位"的阅读。[1] 也就是在遵循少年儿童年龄特征与阅读规律的前提下,引导他们买书、读书,满足他们的阅读需求与成长需要,既不能一味说教,过于成人化、标准化、功利化,也不能一味放纵孩子的阅读喜好,只迎合,不引导。

也就是说,无论是家长给儿童买书还是儿童自己给自己买书,都应该遵循充分尊重儿童的年龄特征与审美需求的原则,因为儿童才是少儿图书最根本的消费主体与阅读主体。儿童的消费角色决定了编辑在策划出版少儿图书、家长在购买少儿图书、成年人在引导儿童阅读少儿图书时都必须遵循"儿童本位"的原则,真正为孩子服务,促进孩子健康、快乐成长。

老师在少年儿童的阅读中起着引导与推动的作用。应该说老师是某个学科的专家,具有很强的专业性和权威性,所以提高老师的鉴赏水平与推荐水平非常重要。老师作为意见领袖,对少儿图书的传播、推广与销售起着十分重要的推动作用。老师推荐了一本好书,可能会让孩子受益良多,甚至在

---

[1] 王春鸣:《儿童阅读:狂欢背后的隐忧》,《社会观察》2011 年第 12 期。

孩子心田种下一颗美好的种子;老师推荐了一本不好、不妥的图书,可能会在孩子心里留下阴影,甚至在孩子心田种下一颗不好的种子。所以,老师在少儿出版中的消费行为(购买、阅读少儿图书)会影响更多学生、家长的消费行为。现在老师常常成为少儿出版企业公关的对象,因而不可避免地会出现老师因为功利的原因、商业的目的而给学生推荐不适合、不恰当图书的现象,这是商业社会的副产品。

教育工作者购买、阅读少儿图书往往是为了作研究,以便自己更好地了解和熟悉少年儿童,寻找少年儿童的成长规律,以便更好地引导和教育少年儿童。正如出版工作者购买、阅读少儿图书往往也是为了作研究、借鉴一样,他们要了解和熟悉当下的孩子喜欢读什么类型的图书,不喜欢读什么类型的图书,为什么喜欢和不喜欢,以便更好地为少年儿童编辑、出版他们喜爱需要的图书。这两者都是基于自己的职业与专业的需要来选择了解、购买、阅读和研究少儿图书,因而他们的观点与意见也常常影响着少儿出版的发展方向。老师和研究者(教育工作者、出版工作者)在少儿出版中的消费角色是自身消费,并影响着学生与家长的消费,是不可或缺的意见领袖。

白领、小资青年购买、阅读少儿图书是近年来出现的一个比较有趣的现象,比如好多白领、小资青年喜欢看"樱桃小丸子""鼹鼠的故事""天线宝宝""喜羊羊与灰太狼""灌篮高手"之类的绘本。原因是多方面的:一是部分白领、小资青年心灵少儿化,由于是独生子女,从小养尊处优,未经世事磨砺,虽然生理上是成年人了,但心理上还保留有少儿心态和情绪,长不大的孩子或者说不愿长大的孩子自然喜欢看少儿图书;二是目前少儿图书有成人化倾向,许多少儿图书里掺杂有白领、小资青年的故事或生活背景,所以白领、小资青年喜欢看;三是部分白领上班时间穷于应付,疲于奔命,非常辛苦,买房、买车、升职、情场的压力等,整个一"压力山大",休闲时间他们便不愿再看内容艰深、话题沉重的成人图书,于是找通俗易懂、风趣幽默的少儿图书来做消遣与放松,以缓解生活压力;四是部分优秀的少儿图书实在是太棒了,图文并茂,文浅意深,小故事蕴含着大道理,小文章折射出想象与创意,不经意间能与读者碰撞出智慧与情感的火花,陶冶性情,滋润心灵,启迪思维,可谓老少咸宜,自然也能抓住白领、小资青年的阅读兴趣,满足他们的心灵需求,甚至他们中有不少人专门从少儿图书中寻找生活智慧,增添生活乐趣;五是许多新型电子阅读终端携带方便,不适合看长篇累牍的文字,反而更适合看图多字少的少儿图书,也就是说少儿数字图书更易于碎片化阅读,满足了白领、小资青年的个性化需求。白领、小资青年对少儿图书的喜爱折射出了新时代少儿出版多元、多层次的特点与趋势，也表明少儿图书不仅培育着少年儿童，也滋润着其他非少儿读者。

以上简要论述了中国少儿出版的读者消费特点。分析、研究少儿出版的读者消费特点有利于少儿出版有的放矢、对症下药，做精细化经营而非粗放式经营，避免盲目生产与盲目营销，从而更好地做好产品、做好服务、做好销售。

三、赢利模式变化

西方"三次售卖理论"认为：媒体第一次销售的产品为有价值的内容信息，在获得读者购买内容费用的同时，也获得特定读者群的注意力；第二次销售的是读者群的注意力，获得广告收益；第三次销售的是媒体自身的无形资产——品牌，通过品牌影响力，取得收益。[1]

对照这一理论，我们可以看到中国少儿图书的赢利模式非常单一，基本上只有一次售卖，即卖内容，卖承载信息内容的图书产品（纸质的或者数字的）。

按照中国现行的图书管理政策与广告法，图书不允许登载广告，于是由图书销售而吸引来的读者注意力就没法转化为广告收益。聪明的出版人会在某些比较畅销或者预计会比较畅销的图书的封底、内页或另做插页登载本社其他图书的相关信息，吸引读者关注与购买，这实际上是出版社在给自己做广告（打政策擦边球），通过一本书传播更多图书的相关信息，通过一本书推动更多图书的销售。

出版企业的整体品牌要直接转化为经济收益也十分困难。比如某家少儿出版企业的整体品牌响亮，其优势在于能吸引更多有忠诚度的读者毫不犹豫或者少一些犹豫来购买这家出版企业的后续图书产品，能吸引更多的合作者，比如作者、经销商、传播媒体等来与这家出版企业合作，但这些没法直接转化为经济收益。某本图书形成了品牌，会有两个优势，一是吸引更多读者来买这本图书（产品），以扩大销量；二是吸引更多读者关注和购买这本图书作者的后续图书。否则除非这本书版权销往国外或者被改编为电视、电影，

---

① 罗颖：《从三次售卖理论看我国网络杂志的盈利模式》，《出版科学》2010 年第 2 期。

不然这本书的品牌就很难直接转化为经济收益。

综上所述,我们可以看到,不独中国少儿出版业,整个中国出版业基本上是靠销售图书产品来赢利。销售图书产品如何赢利? 一是提高书价,定价高,利润率自然高;二是提高销量,销量越大赢利自然越多。但无限度提高书价无意于饮鸩止渴,因为书价高到一定程度,超出读者心理承受能力,购买行为会相应减少,销量达不上去,高定价没有任何作用。据调查,2012 年新书的平均定价已高达 52.23 元,①对于收入不高的普通读者来说,这个价格真的有点超过心里那道无形的坎了。因为图书毕竟不是生活必需品,图书定价过高,会导致更多读者减少购书,选择网上免费阅读甚至不阅读。所以图书要赢利还得靠提高销量。但中国图书的平均销量不过 6000 册,②少儿图书情况略好,一般可以销到 1 万～1.5 万册,按 5000 册平本(保本,无亏损)的行情来推算,1.5 万册的销量也实在不会有多少赢利。中国少儿图书中销量能达到 10 万册的已属凤毛麟角,所以除少数畅销书以外,大多数少儿图书只能是略有赢利。

当一个行业赢利空间较大、赢利机会较多时,这个行业就会充满活力;反之,如果赢利困难,这个行业就会逐渐衰落。显然,中国少儿出版业乃至中国出版业,依靠图书产品销售这种单一赢利模式已经难以支撑和推动整个行业的快速、良性发展,所以开拓更新、更多的赢利模式显得尤为迫切与重要。

中国少儿出版如何赢利? 一种思路是,把一次售卖扩大到两次售卖、三次售卖甚至多次售卖,通过卖产品、卖广告、卖品牌、卖服务等模式来实现赢利。比如把图书销售扩大到教育培训等图书售后服务来实现赢利,比如通过研发衍生品、拓展产业链等方式来实现赢利。后文将就少儿出版产业链的拓展做详细论述。另一种思路是,通过业内、业外合作来赢利。比如用一般图书的平本与微利来烘托、保障和推动少数畅销书的赢利,好比金字塔,塔底的图书平本或者微利即可,让塔尖的图书来实现整个行业的赢利。比如把图书作为一种特殊的文化产品,通过与其他产品的巧妙搭配与结合,激活其他关联产品的畅销,图书产品平本、微利甚至亏损,而关联产品则畅销,从而实现整体的赢利;或者相反,用其他产品的微利或亏损来激活图书产品的畅销,从

---

① 回振岩:《2012 新书平均定价已高达 52.23 元》,《出版商务周报》2013 年 3 月 31 日。
② 吴怀尧:《中国图书调查报告:畅销书的八个终极秘密》,《长江商报》2009 年 11 月 30 日。

而实现整体赢利,在相互竞争、合作与融合中,共同提高。现在有些电商企业就是这样,图书部分基本上是亏损销售,卖得越多亏损得越厉害,但图书的销售吸引了消费者,激活了人脉,使其他高利润关联产品得以顺利销售;甚至有的企业,把图书产品作为文化含量高的一种高价值附赠产品来促销其他产品从而实现赢利。通过版权转让或者自主开发,用图书产品的形象再造延伸、衍生出新产品,也许图书产品本身不赢利,甚至开发的新产品也不一定赢利,但当累积到一定程度时,终于开发出一种全新的赢利的独特产品,让这种独特产品的赢利带动以前不赢利的图书产品、延伸产品赢利。

现在有不少专家提出,少儿出版既然肩负着培养少年儿童健康成长的重要职责,就不要指望它同时也肩负起大量赢利、推动经济发展的重担;甚至有专家提出要给少儿出版减税或免税,以促进其发展和繁荣。应该说,一味要求少儿出版实现利润最大化确实有得不偿失的地方,这是应该引起业界警惕与反省的。

中国少儿出版现有赢利模式依然单一是少儿出版发展的一个瓶颈。

第三节 竞 争 主 体

中国少儿出版的竞争主体在最近几年急剧增多,业内外竞争更趋激烈。中国少儿出版的竞争主体,也是生产主体,目前呈多元化趋势,除传统的专业少儿出版社以外,另有非专业少儿出版社、民营少儿出版工作室(民营少儿出版企业)、中外合资少儿出版公司等加盟到竞争行列。在不久的未来,出版业与其他行业互相融合、互相拓展,可以预见到会有更多主体加入到少儿出版的竞争行列中。

一、专业少儿出版社

专业少儿出版社顾名思义就是专门出版少儿读物的专业出版社。在计划经济时代,中国按行政区域划分,几乎每个省、直辖市、自治区都设有一家人民出版社、教育出版社、文艺出版社、科学技术出版社、美术出版社、少年儿童出版社,部分省、市、区还设有民族出版社。从20世纪90年代起,中国逐渐进入市场经济时代,但中国少儿出版和整个中国出版一样至今仍保留有某些挥之不去的计划经济时代的特征与特点。

中国目前有36家专业少儿出版社,①以下简单介绍下它们的大致情形。

少年儿童出版社,业内简称"上少社",1952年12月28日成立于上海,是新中国第一家以少年儿童为读者对象的专业少儿出版社,现为上海世纪出版集团(成立于1999年2月24日)下属单位。

中国少年儿童出版社,业内简称"中少社",成立于1956年6月1日,直属共青团中央,是中国唯一一家国家级专业少儿出版社,原社址在北京市东城区东四十二条21号。2000年,中国少年儿童出版社与中国少年报社强强联合,组建了中国首家少年儿童传媒集团——中国少年儿童新闻出版总社。2011年,中少总社由北京市东城区东四十二条的狭窄胡同,搬进了矗立在长安街旁的新办公楼——宝钢大厦。

黑龙江少年儿童出版社,成立于1983年,现为黑龙江出版集团有限公司(成立于2008年12月30日)下属单位。

北方妇女儿童出版社,成立于1984年9月,是全国唯一一家出版儿童和妇女读物的专业出版社,现为吉林出版集团有限责任公司(成立于2003年12月12日)下属单位。

辽宁少年儿童出版社,成立于1982年,现更名为辽宁少年儿童出版社有限责任公司,为辽宁出版集团(成立于2000年3月29日)下属单位。

北京少年儿童出版社,成立于1983年6月,现为北京出版集团有限责任公司(1999年成立北京出版社出版集团,2009年5月成立北京出版集团有限责任公司,前身为成立于1956年的北京出版社)下属单位。

新蕾出版社,成立于1979年秋,现为天津出版传媒集团有限公司(成立于2009年12月29日)下属单位。

河北少年儿童出版社,成立于1985年1月1日,现为河北出版传媒集团有限责任公司(成立于2009年)下属单位。

希望出版社,成立于1985年,现为山西出版传媒集团(成立于2006年12月)下属单位。

未来出版社,前身为1983年5月在原陕西人民出版社少儿编辑室基础上

---

① 《2012少儿图书订货会海豚社经典图书亮相》,http://www.bookdao.com/article/47268/。关于中国目前究竟有多少家专业少儿出版社,见诸媒体的报道有33家、34家、35家、36家四种说法,本文取最新的36家之说。

成立的陕西少年儿童出版社,1984 年 10 月 17 日更名为未来出版社,2009 年 10 月 26 日完成转企改制,更名为陕西未来出版社有限责任公司,现为陕西出版集团有限责任公司(成立于 2007 年 12 月 28 日)下属单位。

甘肃少年儿童出版社,成立于 1985 年 6 月,现为读者出版传媒股份有限公司(成立于 2009 年 12 月 24 日)下属单位。

宁夏少年儿童出版社,成立于 1994 年 3 月,2009 年出版转企改制后,宁夏少年儿童出版社更名为阳光出版社有限公司,成为一家综合性出版社,少儿图书的出版是阳光出版社有限公司结构中的重要组成部分。

内蒙古少年儿童出版社,成立于 1982 年,现为内蒙古出版集团(成立于 2009 年 12 月 10 日)下属单位。

新疆青少年出版社,成立于 1956 年 1 月。

明天出版社,成立于 1984 年 1 月,前身是山东少年儿童出版社,1985 年更名为明天出版社,2008 年年底更名为明天出版社有限公司,现为山东出版集团(成立于 2000 年底)下属单位。

二十一世纪出版社,成立于 1985 年 2 月,前身为江西少年儿童出版社,1989 年 2 月更名为二十一世纪出版社,现为江西出版集团(成立于 2006 年)下属单位。

浙江少年儿童出版社,成立于 1983 年,现为浙江出版联合集团(成立于 2000 年 12 月)下属单位。

江苏少年儿童出版社,成立于 1984 年,现为凤凰出版传媒集团(成立于 2001 年 9 月)下属单位。

安徽少年儿童出版社,成立于 1984 年 9 月 26 日,现为安徽出版集团有限责任公司(成立于 2005 年 11 月 28 日)下属单位。

福建少年儿童出版社,成立于 1984 年 8 月 20 日,2009 年 12 月 30 日转企改制,更名为福建少年儿童出版社有限责任公司,现为海峡出版发行集团(成立于 2009 年 12 月)下属单位。

海燕出版社,成立于 1982 年,原名为"河南少年儿童出版社",1985 年更名为海燕出版社,现名为海燕出版社有限公司,为中原出版传媒投资控股集团有限公司(河南出版集团于 2004 年 3 月 28 日挂牌成立,2007 年 12 月 27 日,集团改制组建中原出版传媒投资控股集团有限公司)下属单位。

湖北少年儿童出版社,成立于 1982 年 10 月。2013 年 12 月 26 日,由长江出版传媒股份有限公司(成立于 2007 年 10 月,前身为 2004 年成立的湖北长江出版传媒集团)旗下原湖北少年儿童出版社有限公司联合6家单位共同组建国内首家少儿类出版集团——长江少年儿童出版集团正式揭牌成立。同时,作为集团母公司的湖北少年儿童出版社有限公司宣布启用"长江少年儿童出版社有限公司"的新名称。新组建的长江少年儿童出版集团简称"长江少儿集团",除核心企业长江少年儿童出版社外,成员还包括海豚传媒股份有限公司、武汉长江学习工厂数字科技有限公司、江尚风炫(上海)动漫有限公司、上海安柏文化传播有限公司、北京智慧树文化传播有限公司和湖北马小跳杂志社有限公司六家单位。①

湖南少年儿童出版社,成立于1982年2月21日,现更名为湖南少年儿童出版社有限责任公司,为中南出版传媒集团股份有限公司(成立于2008年12月25日)下属单位。

接力出版社,成立于1990年,现更名为接力出版社有限公司,为广西出版传媒集团(成立于2009年12月)下属单位。

新世纪出版社,成立于1985年,现更名为广东新世纪出版社有限公司,为南方出版传媒股份有限公司(成立于2009年12月28日)下属单位。

四川少年儿童出版社,成立于1980年10月,现更名为四川少年儿童出版社有限公司,为四川出版集团有限责任公司(成立于2008年11月5日)下属单位。

晨光出版社,成立于1986年,2009年12月更名为云南晨光出版社有限公司,现为云南出版集团公司(成立于2005年1月)下属单位。

重庆出版社少儿室,现名为重庆出版集团少儿出版中心。重庆出版集团的前身是成立于1950年12月的西南人民出版社,历史上三设三改,1980年复社更名为重庆出版社。2005年重庆出版社整体转制为企业,注册成立重庆出版集团。

贵州人民出版社少儿室,现为贵州人民出版社有限公司少年儿童读物编辑室,成立于1980年。

青海人民出版社少儿室,青海人民出版社成立于1954年5月,设有少年儿童读物编辑室。

西藏人民出版社少儿室,西藏人民出版社是西藏唯一一家综合性出版单

---

① 卢欢,韩琳婕:《国内首家少儿类出版集团正式揭牌》,《长江商报》2013年12月27日。

位,组建于1984年,期间因机构改革,少儿编辑部与其他部门合并,2004年8月,西藏人民出版社恢复并单独组建了少儿编辑部。经过近年的努力,该社少儿编辑部出版的卡通类读物日益受到广大西藏青少年读者的青睐。

海南出版社少儿室,海南出版社是在原海南人民出版社的基础上于1990年重新组建并发展起来的,设有少年儿童读物编辑室。

中国和平出版社,是中国宋庆龄基金会所属国家级出版社,成立于1985年,主要出版各类少儿读物。2007年12月5日江西出版集团根据双方优势资源,对中国和平出版社进行重组与改制,成立中国和平出版有限公司,同时保留中国和平出版社的名称,其权益变更到中国和平出版有限公司。中国宋庆龄基金会作为主管单位,江西出版集团为主办单位,控股中国和平出版有限公司。①

海豚出版社,成立于1986年,隶属于中国外文出版发行事业局(中国国际出版集团),以出版儿童读物、教育、工具书、社会科学类图书为主。

天天出版社,成立于2009年8月9日,是由人民文学出版社组建的全资子公司,其前身为人民文学出版社副牌外国文学出版社。天天出版社的组建是中国出版集团公司进军少儿图书市场的重要标志(人民文学出版社隶属于中国出版集团公司)。

童趣出版有限公司,成立于1994年,是第一家经国家特许批准成立的合资出版企业,由人民邮电出版社和丹麦艾阁萌集团(Egmont)共同投资,专门从事少年儿童图书、杂志的出版发行工作。

以上统计的36家专业少年儿童出版社分布情况是:每省、市、区各一家(港澳台未计算在内),共31家。其中重庆、贵州、青海、西藏、海南由于历史的缘故目前仍是只设有少儿编辑室,没有单独建制的少儿出版社,但它们的功能基本等同于少儿出版社,因为它们肩负着所在省、市、区少年儿童读物的出版重任,而且每年的少儿出版社社长年会或者少儿出版的其他相关活动,5家出版社或其下属的少儿室均派员参加,分明和其他省、市、区的少儿社没有两样,这是计划经济时代留下的产物,一直延续至今。另有5家比较特别的专业少儿出版社。中国少年儿童出版社(现为中国少年儿童新闻出版总社),是共青团主管的国家级少儿出版社,过去一直是全国少儿出版社的领头羊;中国和

---

① 曾曦:《江西出版集团与中国和平出版社跨区域重组》,《中国新闻出版报》2007年12月10日。

平出版社与海豚出版社不是严格意义上的少儿出版社,但它们出版了大量的少儿图书并以出版少儿图书而闻名,所以业界基本上公认它们为专业少儿出版社;天天出版社是新成立不久的少儿出版社,是人民文学出版社的全资子公司,因为是单独建制,与其他出版社创办的少儿分社不一样;童趣出版有限公司,业界称童趣出版社或童趣社,虽是中外合资创办的少儿出版企业,但历史相对比较"悠久",业界基本上也把它等同于各省、市、区的专业少儿出版社。

36家专业少儿出版社的特点是:基本延续了计划经济时代的"惯例",以所在省、市、区为立足点展开业务,而且被理所当然地并入当地的出版集团(个别例外),地域色彩浓厚,条块分割明显;36家专业少儿出版社在部门设置、人员安排、业务经营等诸多方面基本上是大同小异,没有本质的区别,转企改制后各少儿出版社的名称大多加上了"公司""有限公司"或"有限责任公司"的招牌式后缀,但业界仍习惯用过去的称呼;36家专业少儿出版社从年产值和市场占有率来看,虽有大有小,有强有弱,有的已有5亿元左右的年发货码洋(总产值),有的年发货码洋(总产值)不过两三千万元,相差10~20倍,个别少儿出版社甚至入不敷出,举步维艰,但总体来看,没有特别强的,弱的基本上也能"活"下来,其中没有类似国外的超大、超强的少儿出版公司或少儿出版集团公司。从目前的体制和趋势来看,在中国大陆某家比较强势的少儿出版社兼并、重组其他少儿出版社,也几乎没有可能。

二、非专业少儿出版社

除了36家专业少儿出版社以外,其他非专业少儿出版社近年来也纷纷进军少儿出版领域。非专业少儿出版社出版少儿图书大致有三种情形:一是随机出版少儿图书,有好的选题、合适的选题就做,不拘于过去的专业分工,这是浅度介入型;二是成立少儿编辑室,专门出版少儿图书,这是中度介入型;三是成立少儿分社,把少儿图书当成本社一个重要板块与阵地来做,不断扩张、壮大本社少儿出版,这是深度介入型。据不完全统计,全国580家出版社中已有530多家出版社在出版各类少儿图书。[①]

出版社成立少儿编辑室早已是雨后春笋,蔚然成风,成立少儿分社也是

---

① 邬书林:《总结经验、认清使命,努力提高我国少儿出版水平》,《出版发行研究》2011年第8期。

一样,目前也渐成规模。比如外语教学与研究出版社、北京师范大学出版社、中国轻工业出版社、华东师范大学出版社、北京理工大学出版社、电子工业出版社、龙门书局、中国大百科全书出版社、西安交通大学出版社等出版社就成立有少儿分社,并在少儿出版领域取得了不俗的市场业绩。其中外语教学与研究出版社少儿出版分社成立于1999年,从先前的外研社儿童英语乐园、儿童出版事业部逐渐演变为现在的少儿出版分社,出版范围涉及少儿英语类教材及读物、剑桥少儿英语教辅类图书、学前图画书或绘本、儿童文学、卡通漫画等多个领域,自成立以来,销售码洋以每年50%的速度增长,出版的"快乐星球"少儿影视同期书、"小鲤鱼历险记"卡通动漫图书销量已突破数百万册,成为在中国孩子中拥有较高知名度和支持率的原创少儿文化品牌。①

就全国范围而言,非专业少儿出版社目前所出版少儿图书的品种与码洋已超过了专业少儿出版社所出版少儿图书的品种与码洋,部分出版社的少儿分社在实力上也超过了某些专业少儿出版社。

既然非专业的少儿出版社可以大举"进军"少儿出版领域,是不是专业少儿出版社也可以"进军"其他出版领域?——是,现在确有不少专业少儿出版社也开始出版成人类图书。从定位上讲,大多数专业少儿出版社给自己的定位是出版0~15岁或0~18岁读者阅读的图书,也有部分专业少儿出版社给自己的定位是出版0~25岁甚至0~35岁读者阅读的图书。也就是说,现在各出版社在业务上的互相渗透正日益频繁与活跃,过去计划经济时代的专业划分已被打破。

非专业少儿出版社进入少儿出版领域后,经营情况、发展情况也并非完全相同,大致可分三种情形:一是做得红红火火,比如外语教学与研究出版社少儿出版分社;二是做得差强人意或者不温不火,这种情形的比例还不小;三是进入后因"水土不服"或其他原因铩羽而归,比如中信出版社。中信出版社是国内知名的大社、强社,所出版的财经类图书在业界可谓大名鼎鼎,2006年中信出版社高调宣布进军少儿出版领域,②引发少儿出版界的极大关注与猜想甚至恐慌,有人直呼"狼真的来了",但几年以后因为在少儿出版领域并无

---

① 参见 http://www.exam8.com/zige/gongwuyuan/shiye/201103/1885095.html。

② 张振胜:《联袂美国金桃子,中信社进军少儿图书市场》,《中华读书报》2006年6月7日。

多少建树,没有达到最初的期望值,中信出版社不得不选择悄然离开,与曾经的高调进军形成鲜明对比。

三、民营少儿出版工作室

有许多民营出版企业通过各种方式与国营出版单位合作来参与出版活动,这些从事出版活动的民营企业在社会上有多种称谓,业界常称它们为"民营出版工作室"。据有关部门的不完全统计,目前全国参与出版策划的民营企业总量在 8000 家左右,①它们所生产、经营的各类图书也占到了北京图书市场的四成。② 这其中,有很大一部分民营出版工作室是专门或部分做少儿图书的,它们策划出版的少儿类和财经类图书分别占到同类图书市场的 60% 和 70% 以上。③ 简言之,少儿出版有半壁江山是由民营出版企业所创造。

按照国家现行政策法规,民营出版工作室可以从事印刷、复制、发行等与出版产业有关的营业活动,但没有最后的出版权,这决定了民营出版工作室必须与国有出版单位合作才能参与出版活动。

民营出版工作室与国有出版单位的合作,大致可分为以下七种类型。④

一是版权合作。即民营出版工作室做前期文稿策划、编校、版权转让谈判等工作,然后将较为成熟的文稿提供给国有出版单位,由其负责审稿、印刷和发行,并按合同约定支付版税。

二是项目合作。即民营出版工作室负责策划出版项目,经国有出版单位认可后,双方共同出资运作,所获利润彼此按比例进行分成。

三是资本合作。即双方共同出资成立出版股份公司,股份公司作为企业法人,独立策划书稿并进行编辑加工,国有出版单位派驻专人负责审稿和财

---

① 范军:《现阶段"民营出版工作室"的功能与定位》,《出版发行研究》2012 年第 3 期。唐克:《激烈竞争环境下小型少儿出版社的产品策略》,《出版发行研究》2012 年第 11 期。提到"超过 10 万家民营出版机构中大部分都是以经营少儿出版或以少儿出版起家,产生了海豚传媒、禹田文化等著名公司和品牌"。另外,笔者参加 2013 年北京大学新年论坛出版分论坛,会上有专家提到,目前全国参与出版策划的民营企业已达 1 万多家。本文取"8000 家左右"一说。

② 徐楠:《民营出版工作室将获"孵化"》,《北京商报》2010 年 5 月 23 日。

③ 范军:《现阶段"民营出版工作室"的功能与定位》,《出版发行研究》2012 年第 3 期。

④ 同上。

务监督,国有出版单位负责人负责终审签发,并提供有关出版手续。国有出版单位要求股份公司每年交纳一定的利润,或一定的盈余积累。

四是"全业务"合作。即从策划、编辑到印制、发行全部由民营出版工作室运作,并占有大部分利润,国有出版单位只负责书号申领和内容审查。

五是"书号合作"。即民营出版工作室从策划、组稿、编辑到印制、发行全程操作出版物的制作和销售,并以印刷费、购书款等名义将相当于书号费的钱款打入国有出版单位账户。

六是"挂靠"合作。即国有出版单位为民营出版工作室提供出版资源但不投资,允许其利用国有出版单位的资源进行策划、制作、发行出版物,并按"合作协议"每年向国有出版单位缴纳"管理费"。

七是平台合作。即民营出版工作室通过进入产业园区,以联合出版公司为平台参与出版活动。联合出版公司把握出版选题确定权、内容审定权、印制委托权。民营出版工作室将拟出版的选题计划报联合出版公司,经联合出版公司审查确定出版选题,继而正式出版,且允许民营出版工作室以策划者的名义署名。

民营出版工作室参与出版活动有一定的优势:一是机制灵活,没有国营出版单位那么多条条框框的限制;二是市场化程度较高,创新能力较强,因为关系到基本的生存与发展,且既然投资了就要赢利(资本的逐利性),所以民营工作室对市场异常敏感,并磨砺、锻炼出较强的产品研发能力与市场运作能力。当然,民营出版工作室也有鱼目混珠、良莠不齐的现象,导致"乱象"杂生。

目前,除国营出版单位在大举进军少儿出版领域以外,许多民营出版工作室也在纷纷加盟、涉足少儿出版领域。比如北京禹田文化传媒有限责任公司(禹田文化传媒)就是一家比较大的民营少儿出版企业,旗下有北京禹田翰风图书有限责任公司和北京禹田文化艺术有限责任公司两家子公司。北京禹田翰风图书有限责任公司于1999年6月注册成立,从事专业少儿读物的引进、策划、编辑、出版、发行;北京禹田文化艺术有限责任公司于2002年开始对动漫领域的图书进行探索。禹田文化传媒是首批入驻北京出版创意产业园的少儿民营文化企业,与同心出版社合作多年,出版和制作了大量优秀的少儿图书与动漫电视节目,其从业人员、市场规模、专业化程度、赢利能力等已远远超过了一般的国营出版单位。

其他类似民营少儿出版工作室有海豚传媒股份有限公司(海豚传媒)、金星国际教育集团(金星)、武汉亿童文教股份有限公司(亿童)、学海文化传播集团有限公司(学海)、北京中少新开明书刊发行有限公司(新开明)、济南东图考试图书有限公司(东图)等,可谓不胜枚举。这些公司或涉足中小学教辅图书,或涉足幼儿教育图书,或涉足动漫动画图书……有的已做得风生水起,有的正开疆拓土,虽然企业有大小,业务有长短,发展有快慢,实力有强弱,但业务均瞄准少儿出版及相关领域。

民营少儿出版工作室(民营少儿出版企业)正如雨后春笋般大量涌现,以独特、新颖的方式和力量推动着中国少儿出版的发展与繁荣,它们与国营出版社是既竞争又合作的关系。因为出版政策的缘故它们没有独立的出版权,所以只能选择与国营出版单位合作,这对民营少儿出版工作室来说是不公平的。因为面对的政策环境不公平,竞争自然不公平。很多有识之士呼吁国家给予它们同等"国民待遇",以进一步激活行业良性竞争,提升国家文化创新力。如果国家政策渐次放开,给予它们更多的发展空间,它们绝对是一批生龙活虎且能独当一面的生力军,甚至会发展成国营少儿出版社强有力的竞争对手与合作伙伴。

四、中外合资少儿出版公司

上文已述,中国最早的中外合资少儿出版公司是童趣出版有限公司,早在 1994 年成立,至今已有 20 年的历史,取得了十分骄人的成绩,在业界的知名度也比较高。

自童趣出版有限公司成立以后,国家新闻出版总署对境外资金进入中国出版和中国少儿出版一直控制很严,至 2004 年才有台湾地区的康轩文教集团在南京创立了南京康轩文教图书有限公司,它选择(江苏)凤凰出版传媒集团有限公司作为合作伙伴,强强联合,优势互补,共同研发低幼教育产品,开发学前教育市场,短短几年的时间已做得风生水起,卓有成效。[①] 2005 年夏,台湾地区的信谊基金会在南京设立南京信谊儿童文化发展有限公司[②],与明天出版社合作出版儿童绘本,也取得了颇多成果与业绩。

2005 年 5 月 24 日贝塔斯曼所属的贝塔斯曼集团通过直接与辽宁出版集

---

① 余人:《台湾康轩与南京康轩》,《出版参考》2012 年第 9 下期。
② 南京信谊儿童文化发展有限公司是独资还是合资,未查阅到详细信息。

团合资的方式,取得进入中国图书分销市场的批发许可证,双方共同出资3000万元组建了辽宁贝塔斯曼图书发行有限公司。① 这是国内获准组建的首家中外合资图书发行公司,进入的是以前外资从未进入的中国图书批发领域。

2010年以来,国家新闻出版总署对外资进入中国少儿出版领域的限制似有放宽的迹象。2010年8月31日,历经3年酝酿,中外两大出版巨头凤凰出版传媒集团与法国阿歇特出版集团的合作结晶——凤凰阿歇特文化发展(北京)有限公司挂牌开业,②其目标之一就是进军少儿出版领域。2011年12月,历经3年多孕育与打磨,由麦克米伦出版集团与二十一世纪出版社共同投资的麦克米伦世纪咨询服务有限公司在北京挂牌成立,③其经营方向也是少儿出版。2011年9月2日,广西出版传媒集团有限公司与日本株式会社讲谈社在北京召开动漫领域合作新闻发布会,宣布双方未来将在动漫领域展开战略合作,并在此基础上启动一系列动漫相关的创意合作项目。④ 2012年4月,由广西出版传媒集团有限公司和株式会社讲谈社共同策划、广西科学技术出版社有限公司出版的《劲漫画》正式创刊面世。

此外,还有国外企业独资的少儿文化公司,虽然不直接做少儿出版,但所经营的业务与少儿出版、少儿阅读相关联。比如北京蒲蒲兰文化发展有限公司就是由日本白杨控股有限公司根据2003年公布的《外商投资图书、报纸、期刊分销企业管理办法》于2004年投资注册的文化公司,经营方向包括:图书、报纸、期刊、电子出版物的批发、零售,经营儿童书店蒲蒲兰绘本馆,蒲蒲兰快乐阅读俱乐部的经营,儿童早期阅读活动的策划、执行,设计、制作益智类玩具,营业咨询的推广与代理,销售各类自产产品,版权贸易市场开发与项目代理。

诸多境外、国外知名出版企业与集团看好中国少儿出版,虎视眈眈,意欲进军中国少儿图书市场,这已是不争的事实。境外资本与出版企业抢滩中国

① 喻春来,惠正一:《外资进入出版业,首家中外合资图书发行公司组建》,《第一财经日报》2005年5月25日。

② 王玉梅:《邬书林为凤凰阿歇特文化发展公司揭牌》,《中国新闻出版报》2010年9月1日。

③ 刘蓓蓓:《北京麦克米伦世纪咨询服务有限公司揭牌》,《中国新闻出版报》2011年12月26日。

④ 缪立平:《广西出版传媒集团与株式会社讲谈社签署战略合作》,《出版参考》2011年第9下期。

少儿出版目前渐成趋势,这种竞争与挤压对中国少儿出版来说既是挑战也是机遇。

五、竞争主体增多的原因

如上所述,中国少儿出版的竞争主体(也是生产主体)除传统的专业少儿出版社外,非专业少儿出版社、民营少儿出版工作室、中外合资少儿出版公司等也纷纷加盟。

生产主体并不等于市场主体,因为有不少国营出版单位,设计、生产出少儿图书生产以后,并没有进行有效的市场营销,导致图书滞销,或者过分依赖行政资源、垄断渠道来发行、销售。如果生产主体没有真正成为市场主体,就难以用市场的眼光来审视、生产,难以通过摸索、探寻市场规律来创新、发展,也难以形成强有力的竞争力,一旦市场进一步放开,各种保护与垄断渐次取消,企业所面临的局面将是在市场的激烈竞争中被淘汰。所以有学者提出,企业是市场的重要主体,作为企业的出版社必须真正成为市场的主体,自主依法经营,独立参与市场竞争,遵循优胜劣汰的原则。[1] 当竞争主体增多时,传统专业少儿出版社的危机意识必定增强,市场化程度也会逐渐提高。从好的方面来讲,这对中国少儿出版是一种推动与促进。

据统计,目前中国少儿出版的从业人员包括编辑 3 万多人、作者 3 万多人。[2] 一般来说,在专业少儿出版社,企业的人员构成比例为:总人数＝编辑×(5～8)倍。以此比例来类推,全国范围内少儿出版企业里的所有工作人员不过 15 万～25 万人而已。如果加上与少儿出版相关联的发行企业工作人员、销售企业(书店)工作人员、推广运营企业(媒体)工作人员等,所有从事少儿出版相关工作的总人数估计不会超过 100 万人(当然,有很多人不是全职或者专职的)。相对 3.67 亿少年儿童的数目,这意味着 1 个工作人员至少要为350～400 个少年儿童服务。

目前,从发展趋势来看,有越来越多的相关人员正在进入少儿出版领域。为什么会有这么多出版企业与从业人员热衷于做中国少儿出版?

---

[1] 冯志杰:《出版社转制后应具备的三个主体特质》,《中国出版》2010 年第 8 下期。
[2] 海飞:《中国少儿出版进入"童书蓝海"时代》,《中国新闻出版报》2011 年 9 月 5日。从事中国少儿出版的发行人员和其他相关人员,尚未见有详细的统计数据。

主要的原因是市场利益的驱动——"无利不起早"。因为普天之下，"女人和孩子的钱最好赚"，为中国少儿出版买单的绝大部分是孩子和孩子的妈妈；而且中国社会多年来实现计划生育政策，城市家庭多为一个孩子，农村家庭大多数也不过两个孩子，孩子是家里的宝贝疙瘩，是家庭的重心，现在的年轻父母也比较开明和大方，舍得为孩子的读书、学习投入，舍得为孩子的未来投入；加之中国有3.67亿少年儿童，这是一个庞大的基数，是一个巨大的市场或者说巨大的潜在市场；另外就是少儿出版本身门槛也不高，或者从业人员自认为其门槛比较低，以为少儿图书不过是"哄哄"孩子而已。所以有越来越多的出版企业和工作人员纷纷进入少儿出版领域来挖矿、淘金。

这么多企业与人员参与少儿出版，有其好的一面，一是更多主体参与会带来更多新思维、新方法与新气象；二是激烈的竞争会促使专业分工更加细化，市场细分速度加快、程度加深；三是读者的阅读水平提高、消费理性加强与可选择度加大也会促使从业人员想方设法加强少儿出版的专业性，提高产品质量与服务质量，以提升自己的竞争实力，占领更多市场份额。从不好的方面来讲，大家"跟着感觉走"，一窝蜂地做少儿出版，会导致盲目跟风，产品同质化、浅层化，无序竞争，鱼目混珠，甚至劣币驱逐良币。所以，中国少儿出版竞争主体的增多对少儿出版业来说是喜忧参半，中国少儿出版未来如何发展主要取决于政府的管理水平、企业的经营能力与竞争实力、多元主体的市场博弈等。

六、竞争趋势与特点

目前，中国少儿出版企业已基本形成了好、中、差三个梯队，市场的激烈竞争和少儿出版企业的相互对抗与合作加剧，将给未来中国少儿出版市场带来一些新变化：一是国内专业少儿出版社之间争夺出版资源将更加激烈，浙江少年儿童出版社从接力出版社囊中拿走了著名童书品牌"马小跳"的版权已经拉开了这个序幕，未来的竞争将更趋白热化；二是国内一些老牌专业出版社凭借强大的实力参与争夺少儿出版市场，如外研社、电子工业社、人民教育社等；三是民营公司和个体书商的实力不可小觑，他们参与争夺少儿出版市场会使国内少儿出版市场格局更加复杂；四是外国出版社或传媒集团巨头，比如迪士尼公司、美国在线-时代华纳公司、贝塔斯曼集团、麦克劳-希尔、培生教育集团等，想方设法进入中国少儿出版市场，并且已取得了一定成效，他们通过合办刊物的中文版、开办读者俱乐部、成立文化公司、开展版权收购等形式大举抢占中国市场,其资金实力、图书质量、管理方式、市场营销水平都是内地童书出版界难以与之一争高下的。①

中国少儿出版在市场竞争方面有以下几个特点和趋势:②

一是从竞争主体来看,形成了全行业参与竞争的举国出版体制。全国580家出版社中有530多家出版社在出版各类少儿图书,也就是说全国有超过91%的出版社在出版少儿图书。举国出版使得少儿出版成为竞争最为激烈的出版板块。中国少儿出版一方面面临着同业竞争,即行业内的专业少儿出版社、非专业少儿出版社、民营少儿出版工作室、中外合资少儿出版公司等的相互竞争;另一方面面临着异业竞争,即行业外的毗连行业,比如少儿影视、少儿游戏、少儿培训、少儿用具、少儿玩具等通过各种形式、携带相关业务跨界进入少儿出版领域而形成的与少儿出版相关联的竞争。中国少儿出版不仅面临着国内竞争,还面临着国际竞争。当然,在竞争的同时,中国少儿出版也会迎来更多合作机会与创新机遇。

二是从竞争规模来看,两极分化日益加剧,强者愈强,规模效益明显。2011年、2012年,二十一世纪出版社、明天出版社、浙江少年儿童出版社、江苏少年儿童出版社、接力出版社等,销售码洋已基本达到4亿元乃至5亿元,回款率和利润率都非常可观,而部分规模较小的少儿出版社年销售码洋才几千万元,不及上述几家出版社的销售零头。未来这种两极分化还会更加明显。如果国家政策进一步放开,甚至会有少儿出版社倒闭或被其他出版社与企业兼并、重组的现象产生。

三是从市场策略来看,对系统采购的依赖性逐渐减弱,零售市场的重要性日益凸显。专业少儿出版社最初的发展都离不开教材、教辅出版的巨大支撑,但随着国家教育体制的改革,教材、教辅的出版更趋规范与严谨,利润率被大大压低,由此引起的竞争更趋白热化。有实力、有眼光的少儿出版社会大力开拓一般图书的零售渠道,减少对系统采购的依赖性,这样图书结构也发生了根本性的变化,少儿主版图书(即不算教材、教辅的本版图书)逐渐成为少儿图书市场竞争的重点。除纸质图书以外,少儿数字图书特别是少儿数

---

① 杨小彤:《文化战略趋势下的童书出版大时代到来——2012中国童书出版观察》,《出版广角》2013年第2期。

② 唐克:《激烈竞争环境下小型少儿出版社的产品策略》,《出版发行研究》2012年第11期。

字教育类图书有可能越来越丰富,市场占有率会越来越大。

四是从产品策略来看,已进入全产品竞争的"大少儿"出版时代。少儿主版图书和零售市场的不断扩大,使少儿图书不断丰富,现在中国年出版少儿图书3万多种,品种数仅次于美国。有实力、有眼光的少儿出版社纷纷拓展出版领域,产品覆盖了少儿图书的各个类型,少儿出版已成为名副其实的大众出版、大门类出版。未来少儿出版还有可能突破行业局限,向业外拓展,整合资源,互利共赢。

目前少儿出版以及通过少儿出版引导、融合的文化创意所创造的商业价值为历史上所罕见,更有不断攀高、变强的趋势。中国少儿出版要在世界范围占有一席之地,必须大力提升文化价值与商业价值,两者缺一不可。中国少儿出版的快速、良性发展,不仅有利于满足国内少年儿童的阅读需求,而且也有利于与国外出版竞争、抗衡力量的增长,有利于中国文化硬实力的建设与文化软实力的提升。

第四节　流　通　渠　道

中国少儿出版是出版企业(出版社、出版公司)负责生产图书(产品),发行企业(流通渠道)负责发行、销售图书(产品)。出版企业与发行企业或者发行企业与发行企业之间的图书购销形式,主要有包销、经销、经销包退和寄销四种。包销是指图书专有销售权由出版企业向发行企业整体转移的购销形式;经销是指发行企业按订货数量向图书所有者进货,转而销售,不退货的购销形式;经销包退是发行企业按订货数量向图书所有者进货,转而销售,未能销售的图书可以退货的购销形式;寄销是图书所有者将图书以寄卖方式委托发行企业销售的购销形式,还可分为基数主发式寄销、主动发货寄销、滚动式寄销。

中国出版业包括中国少儿出版业目前比较通行的是寄销制(以寄销制为主,以其他形式为辅)。寄销制最主要的特点是,发行企业先销货,后结账,可退货。即发行企业按协议时间根据实际销售量与出版企业结算书款,未销出的图书可以退货。由于目前图书市场是买方市场,图书销售是资金回笼、周转的关键环节,所以在资金链上发行企业处于强势地位,出版企业处于弱势地位。很多书店、书城、发行商奉行图书销售不畅则"退货没商量",这样,图书风险基本由出版企业一方承担,给出版企业造成了很大压力。

中国少儿出版的产品(图书)是如何抵达消费者(少儿读者)手中的? 大致有5种渠道:新华书店渠道(主渠道)、民营发行渠道(二渠道)、网上书店渠道(电商渠道)、专有渠道(行政渠道或其他垄断渠道)、杂货渠道。

中国少儿出版应努力利用和拓宽这5种流通渠道,甚至开辟、开拓新的流通渠道与销售渠道,让图书产品顺利抵达消费者(少儿读者)手中,更好地为读者服务,并通过这些流通渠道传播产品信息,强化图书品牌,吸引更多合作者,以扩大图书产品的销售,也顺利营销后续图书产品及其衍生品,激活和繁荣少儿出版。

一、新华书店渠道

新华书店是传统的图书发行、销售渠道,业内俗称"主渠道"。它的优点一是历史悠久,业务成熟。1937年4月成立于延安("新华书店"的题字为毛泽东于1948年12月在河北所题)的新华书店,历经70多年,积累了丰富的发行、销售经验,业务相对全面而成熟。二是自成体系,资源丰富。每个地区的省、市、县三级都有新华书店,甚至有的发达地区乡镇一级也有新华书店,截至2006年全国共有14 000多个发售网点,其发行与销售的渠道与网络遍布全国,拥有全方位、大面积的覆盖率,渠道资源与网络资源都非常丰富。三是信誉度比较高。作为国营的发行与销售商,新华书店在与出版社结算、回款等方面建立了比较成熟的保障机制与体系,积累了良好的口碑与品牌,赢得了同行的支持与信任。

当然也有其不足之处。各地新华书店一般来说都是综合性书店,所经营的图书多而全,鲜有专门经营少儿图书的,大而全的格局使得相关业务在广度方面有优势,在深度方面则有待挖掘,服务质量也有待提高。也因为家大业大的缘故,新华书店多年来形成了按部就班、四平八稳的风格,缺乏灵活运营、快速反应的机制,且多为粗放式经营(各地新华书店大多一个面孔、一种模式),缺乏精细化、特色化经营与管理,在竞争日益激烈的当下,新华书店总给读者和同行"慢半拍"的感觉,沉稳有余而创新不足。此外,教材、教辅是很多基层新华书店的主要经济支柱,对教材、教辅图书的过分依赖,使得新华书店的市场造血功能相对孱弱,市场敏感性与市场运营能力相对欠缺。

当然,一般的新华书店门市部都有专门负责少儿图书的部门或专柜。尽管有诸多有待改进的地方,新华书店目前依然是少儿图书发行、销售的主要渠道。特别是一些大书城,依然是家长和孩子最爱去的地方之一。每到暑假、寒假、周末,有些家长会不假思索地带孩子到大书城去转悠、淘书,甚至在寒暑假期间,有的家长早晨上班时把孩子带到书城,傍晚下班时再去书城接孩子回家,放心让孩子在书中陶冶一整天。

由于目前新华书店对一般图书的销售呈停滞甚至下滑趋势,销售周期呈缩短趋势,给出版社的回款时间呈延后趋势,加上很多情况下是"退货无商量",利润可以分享但风险难以共担,导致新华书店与出版企业的合作多有不畅,不少优质资源流失,自身的竞争力也在无形中下降了很多。

在新的历史时期,新华书店如何更新观念、改进作风、拓宽营销渠道、提升竞争实力,是一道旧习题,需要有新注解。特别是青少年读者逐渐养成了网上阅读与网上购书的习惯,实体书店面临着顾客流失的严峻局面,如何应对挑战,新华书店需要有新招。新华书店应成为传播信息、销售产品、延伸服务的立体平台,才能更好地发展和壮大。

二、民营发行渠道

民营发行渠道是新兴的以民营资本为主导的图书发行、销售渠道,业内俗称"二渠道",也即"主渠道"的补充渠道。它的优点一是反应敏捷,机制灵活,市场开拓能力、运营能力相对较强;二是相对于国营新华书店来说程序少、环节少、内耗少,付款周期短,资金周转快;三是市场划分更精细,服务保障更到位,根据当地的实际情况辟有专门的文学书店、法律书店、少儿书店、教辅书店等,针对性强,读者定位比较精准,服务也做得比较到位,能满足不同读者的个性化需求,因而市场适应能力强,赢利空间大,发展机会多。

其不足之处又有二,一是在初期到中期由于规模较小,地域性强,地区差别性大,渠道、网络覆盖面小,整体运营能力远不能和新华书店相比。二是由于是民营企业,也即私营企业,其竞争的惨烈性比国营新华书店更激烈,其信誉度则相对要低,大的民营发行企业可能资金方面不是问题,小的民营发行企业则有朝不保夕、资金链难以维持之虞,甚至有极个别民营发行企业赚了钱(一锤子买卖)或者亏了本(经营不善)即玩"人间蒸发"游戏,赖账或者转嫁危机,在一定程度上损害了行业形象,降低了自身品牌,引发了行业信任危机。

总体来说,民营发行企业创办的不同类型的少儿书店各具特色,服务也比较到位,受到了少儿读者的欢迎,也赢得了合作伙伴(出版企业)的信任,因而业务发展迅速。特别是学校、社区附近的少儿书店,由于找准了小读者的实际需求,且兼具天时地利人和的诸多便利条件,因而备受欢迎,优势明显。

经过十几年的摸爬滚打,民营发行企业的市场占有率现在已有大幅度提升,几乎占到半壁江山,可以和国营新华书店相抗衡。现在业内提到二渠道基本上是与主渠道相提并论,而不是过去漠视与不屑的心态。

无论是主渠道还是二渠道,它们绝大部分都是以实体书店的形式进行经营。如果说过去图书发行与销售主要是主渠道与二渠道之间的竞争,两者此消彼长,互相促进,那么到了最近几年,网上书店日益强盛,业务有突飞猛进的发展趋势,对实体书店形成强烈冲击,造成国营新华书店的门市部(发售网点)逐年减少,不少民营书店要么迁移到相对偏僻的街道与社区以减少费用开支,要么关门停业(当然,实体书店的举步维艰与倒闭也不全是网络书店冲击的原因)。目前基本上形成了新华书店(实体)、民营书店(实体)与网上书店(虚拟)三分天下的局面。

民营书店目前已赢得社会承认,业务也基本成熟,作为实体书店它所面临的问题和国营新华书店一样,就是如何更新观念、改进作风、拓宽营销渠道、提升竞争实力,保持过去的优势,延续并再创辉煌。如何应对和解决物价上涨、费用增加、消费者流失、营业额下降等实际问题,民营书店也需要有新招。

三、网络书店渠道

网络书店实际上是销售图书的网站(网页),也即网上售书平台,是纸质图书的另一种形态的宣传与销售渠道,是读者在网上搜索到相关图书信息后,通过网上订购来实现交易的一种方式。网上书店配送、交易的仍然是纸质的实体图书,而非数字图书。消费者(读者)从网站上得到的,只是这些出版物的相关信息,而不是"书"。也就是说,网络书店本身只是一个出版物与消费者之间的中介,而不是被消费的主体。

网络书店的优点一是藏书丰富,不受仓储与库存的限制;二是检索方便,可节省读者查找图书的时间;三是信息全面,一方面读者可以看到图书的介绍文字,试读部分篇章,另一方面读者可以快速地"货比多家",选择自己最需要、最中意的图书。

网络书店和新华书店一样,基本上是综合性的书店,但它的分类、细化工作做得比较到位,由于在网上检索方便、快捷,读者更能在较短时间内准确查找到自己所需要的图书并下单订购。对读者来说,可以节省大量逛实体书店所耗费的时间,确实是方便多了。再加上网络书店有更多打折、积分的机会,又比实体书店购买图书要实惠。

目前网络书店大致可分为两类:一是传统书店所开设的网上书店,比如北京图书大厦网络书店、北京新华书店王府井书店网上书店;二是电子商务网站所开设的网上书店,比如当当网旗下的图书网、亚马逊中国旗下的图书网、京东商城旗下的图书网、天猫商城旗下的书城网、苏宁易购旗下的图书网,等等。①

绝大多数网络书店都开辟有少儿图书专栏,只是名称略有差异,有的叫"儿童",有的叫"少儿",有的叫"青少读物"。在少儿图书之下还有更精细的分类,如0～2岁、3～6岁、7～10岁、11～14岁、启蒙、科普、绘本、文学,等等。

少儿网络书店主要是为年轻的父母特别是白领阶层的父母提供选书和购书方便。网上购物消费者的年龄段主要集中在35岁以下,而小学生和初中生由于学业时间、自我认知、学校管理、家庭管理等方面的限制,几乎不可能自己上网购书,所以网络少儿图书购买是典型的购买者与阅读者分离的购买行为。

网络书店销售的绝大多数是纸质图书,采用的方式多是订购后送货上门,验货付费;只有少量数字图书采用的是付费下载阅读等方式。

很多电商开辟网上书店、书城,目的不在于赚钱,而在于赚"人气"(其他项目赚钱),所以出现了不少网络书店亏本赚点击的奇怪现象,由此引发更多光怪陆离的现象。比如有的读者在实体书店看到某本中意的图书后不会马上在实体书店购买,而是去网络书店购买,因为后者卖得便宜。也就是说,不少实体书店在不自觉中居然演变成网络书店的产品展示和信息发布窗口,不自觉中充当了为网络书店做广告的角色,这实在是实体书店所始料未及的。

网络书店的迅猛发展与年轻读者网络购书习惯的逐步养成不无关系,这对实体书店形成了强烈冲击,导致了网络书店与实体书店的某些不公平竞争,加之自身原因和其他一些综合因素,实体书店目前面临诸多挑战与困境,越来越举步维艰。

---

① 更多网络书店(网上书店)可参见 http://www.shu-dian.com/所提供的网址。

网络书店目前有越来越受年轻读者欢迎的趋势,但如果网络书店只是依靠打折来吸引消费者,只是充当其他产品赢利的人气集聚"添加剂",则它在未来的可持续发展中会充满变数。网络书店应打开思路,广开门路,寻求与包括实体书店在内的文化企业合作,整合资源,互补优势,共谋发展。

四、专有渠道

专有渠道是指利用行政管辖、行业协会、企业培训、馆配制度(图书馆配书、购书制度)、粉丝团队等形成的直销渠道,多为团体消费。比如教育行政管理部门要求学生阅读某本图书,组织教育系统把图书直接销往所在地区的各中小学校;比如少年儿童的相关协会组织倡导读书活动、评奖活动,以此为契机形成的某些图书的集中销售;比如企业出面组织的培训、辅导而形成的图书团购;比如各省(区)、市、县少年儿童图书馆定期或不定期购买、配备的少儿图书;比如某位作家、演员的粉丝团、书迷会推荐的图书,等等。

专有渠道除馆配渠道是一种制度化渠道外,其他多为非常态渠道。专有渠道的指向是垄断或部分垄断,依赖的多为公权力,损害的是市场公平竞争原则。如果专有渠道过分依赖行政管理强制手段,势必给少年儿童造成过重的经济负担。过去教育部门提出给学生"减负",有很大一部分就是要减去强加在学生身上的各种购书、读书负担。但也不能一概而论说专有渠道就是不好的,诸如行业协会组织的少年儿童读书活动,少年儿童图书馆配备的优秀少儿图书等,应该说对少年儿童的阅读、学习与成长是有益的。

专有渠道所占的市场份额相对较小,不足以改变少儿图书市场的发展进程与趋势,但出版企业、发行企业若能巧用专有渠道开辟图书市场则也不失为一种新思路与新方法,有可取之处。

五、杂货渠道

杂货渠道是指近年来形成的少儿图书进入超市、饭店、机场、车站、报刊亭、街头地摊等非传统图书销售市场的各种渠道。

应该说杂货渠道是一种有益的尝试,是专业书店的必要补充,对促进国民阅读意识的提高与阅读习惯的培养大有裨益,也在一定程度上方便了消费者(读者)选书、读书。比如家长逛超市,把孩子放在超市的图书区自由看书、选书,家长可以放心地去购物,购物后有可能帮孩子买一两本书,也有可能不买,但这种在超市里开辟图书区的做法确实使家长感到很温馨、很舒心,也使孩子从小融入读书的氛围,尽管这种书香浸染、"润物细无声"所带给孩子的良好熏陶与感染可能要等若干年后才能显现出效果。同时,超市里开辟图书区的做法也有可能帮助超市集聚人气,在某种意义上也是一种促销行为,也许图书没有盈利,但超市在别的商品和别的方面盈利了,也有可能图书也能盈利。这是图书产品与其他产品在推广营销方面日益融合、互相促进的一种新表现。

杂货渠道和专有渠道一样,所占的市场份额相对较小,但可以作为新华书店渠道、民营发行渠道、网络书店渠道的必要补充,出版企业、发行企业巧用杂货渠道可以激活图书市场,另辟蹊径,也许能有意外收获。

需要打开思路的是,上述5种流通渠道不能简单满足于仅仅传播图书信息与销售图书产品,应寻求更多合作与立体发展,把生产、传播、销售、服务的渠道打通。

第五节 差 距 与 不 足

从上述现状分析可以看出,中国少儿出版的整体形势有喜有忧。喜的是,从纵向比,即和自己的过去相比,中国少儿出版已经取得了长足进步,成就辉煌,形势喜人;忧的是,从横向比,即和全球范围内的少儿出版特别是发达国家的少儿出版相比,中国少儿出版的影响力还十分有限,贸易逆差(输出与引进比)悬殊,产值与赢利相对较小,未来的发展难题较多。

一、存在诸多不足

中国少儿出版还存在诸多不足。[①]

一是中国少儿出版至今未打造出国际知名品牌。像安徒生童话、格林童话、《一千零一夜》《彼得兔》《蓝精灵》"哈利·波特""冒险小虎队""樱桃

---

① 余人:《提升中国少儿出版的原创力与传播力》,《出版广角》2011年第5期。第一、二、三、四点引自此文。

小丸子"鼹鼠的故事"天线宝宝"等让全世界的孩子都喜闻乐见的图书(包括由少儿影视、少儿动画改编的少儿图书),我们现在还没有。我们至今没有生产、打造出具有世界影响力的少儿图书与作品。中国少儿出版缺乏有影响力、有国际竞争力的品牌出版社、品牌作家、品牌画家、品牌图书,我们的少儿出版还不强或者说还不够强,这与我们人口大国、经济大国的地位是不相称的。

二是中国少儿畅销图书和国外的少儿超级畅销图书相比,距离、实力还相差很大。到目前为止,广受中国小读者欢迎与喜爱的国产少儿图书"十万个为什么"新世纪版(12册)总销量为6000万册(历年来各种版本的"十万个为什么"累计销量为1亿册①),"淘气包马小跳"(20册)总销量为2300万册,"皮皮鲁总动员"(70册)总销量为3000万册,《草房子》(单行本)总销量为200万册。而风靡世界的"哈利·波特"(7册)全球总销量为4.5亿册,②"鸡皮疙瘩"(137册)全球总销量为3.5亿册。③ 对比一下,我们就能真切地感受到,中国少儿出版要打造在世界上称雄的超级畅销童书尚有很长的路要走。

三是中国少儿原创图书还相当匮乏。除去引进版少儿图书、教材教辅图书,以及编著编选性质的作品、改编作品、演绎作品,中国原创少儿图书只占到年出版少儿图书的10%左右。④ 以2011年为例,全国出版少儿图书22 059册(其中初版14 077册),原创少儿图书不过2200册左右。这2200册原创少儿图书里能成为精品的少儿图书比例更小,估计就在200册左右。这200册左右的精品是否真正做好了传播与推广,是否真正深入少儿读者内心起到了应有的作用,也是未知数。少儿原创匮乏导致中国少儿出版后劲不足,延伸、拓展乏力,严重影响可持续发展。

国内少儿出版与国外相比,核心差距是原创能力。虽然国家不断加大支持力度,但引进多于输出的局面并未得到根本改变。换句话说,我们是对引进版权图书进行简单的翻译和加工,而人家则是创造。比如,当前国内少儿

---

① 龚海:《〈十万个为什么〉成传奇:总发行量超过1亿册》,《齐鲁晚报》2011年12月12日。

② 孙行之:《J.K.罗琳和哈利·波特一起"长大成人"》,《第一财经日报》2012年7月16日。

③ "马小跳""鸡皮疙瘩"销量数据,"皮皮鲁总动员"销量数据,《草房子》销量数据,分别来源于接力出版社、二十一世纪出版社、江苏少年儿童出版社公布的相关信息。

④ 郗书林:《总结经验、认清使命,努力提高我国少儿出版水平》,《出版发行研究》2011年第8期。根据文中数据推算出原创少儿图书的比例。

图书市场上热销的图画书(绘本)中,引进版图画书占尽风头,而真正原创本土少儿图画书却寥寥无几。①

四是中国少儿图书的推广、营销还非常弱。许多少儿图书出版上市后基本处于自生自灭的状态,目前针对少儿图书所做的推广、营销都非常不足,弱化了少儿图书对读者特别是少儿读者的深度与持久影响。

五是中国少儿出版的格局不尽合理、不够科学。② 当前这种"社社出童书""满天星"式、"散沙型"的少儿出版格局,力量太散,个头太小,缺乏以资本、人才、市场为导向的大型少儿出版集团,缺乏集约发展的前景。

六是中国少儿出版赢利模式单一、陈旧。中国少儿出版还停留在传统的靠卖书赢利的初级阶段,即"一种内容一次售卖",而没有做到"一种内容多次售卖",缺乏国际上成熟且成功的少儿出版产业链赢利模式,缺乏贯通少儿出版、少儿游戏、少儿影视、少儿用具、少儿玩具等"大少儿文化"的大市场运作能力,缺乏通过品牌形象深加工来赢利、通过资本运作来赢利的能力。一般来说,国内少儿图书出版从组稿、印刷到把书卖出去,出版流程就算完成了。可是,国外少儿图书出版的链条却被一步步拉长:第一步,图书在本国出版销售;第二步,向外输出版权;第三步,开发各种衍生产品。③

七是中国少儿出版数字化进程缓慢。传统的少儿出版对数字出版这个市场最大、变数最多、发展最快的新业态出版领域缺乏深度尝试与探索,缺乏应有的"话语权"。少儿数字出版开拓乏力,未来可持续发展前景令人担忧。

从整体讲,目前中国少儿出版的原创力、拓展力、传播力等还相当弱,这导致了中国少儿出版产值小、文化影响力弱,难以走向世界。

中国少儿出版要参与全球竞争,一方面要发挥已有的优势,在过去所取得成绩的基础上,再接再厉,再创辉煌;另一方面要不断克服自身不足,努力做好转型与升级,寻找新的途径,创造新的机遇,进一步增强活力,提升实力,打造核心竞争力。

---

① 贾宇:《如何让孩子亲近阅读——专访中国少年儿童新闻出版总社社长李学谦》,《光明日报》2012 年 5 月 30 日。
② 海飞:《让农村儿童与城市儿童站在同一阅读起跑线上——我国少儿出版与农村儿童阅读现状分析及发展对策研究》,《中国出版》2011 年第 12 上期。第五、六、七点引自此文。
③ 贾宇:《如何让孩子亲近阅读——专访中国少年儿童新闻出版总社社长李学谦》,《光明日报》2012 年 5 月 30 日。

二、面临强劲挑战

最近十年,是中国经济快速增长的黄金十年,但中国本土图书包括少儿图书的单本平均销量却不见增长,一直在 6000 册左右徘徊,而来自西方的畅销书特别是少儿畅销书,却销量激增,在中国掀起一次又一次的阅读风暴,也轻而易举地掏走了中国读者口袋里的真金白银。

2000 年 9 月,英国女作家 J.K.罗琳的《哈利·波特与魔法石》正式引进中国,十年间"哈利·波特"系列共引进七种,每一种的平均销量都达到了惊人的 300 万册,罗琳本人并没来过中国大陆,却不费吹灰之力从中国赚走了9550 万元的版税,这超过了中国任何一个本土畅销书作家的版税收入。中国图书虽然也在积极寻求海外市场,但非常遗憾的是,至今没有一种中国图书包括中国少儿图书能真正在海外畅销。①

媒体公布的 2010 年中国作家富豪榜上排在第一名和第三名的是儿童文学作家杨红樱、郑渊洁(前 25 名入选作家中有 2 位儿童文学作家),版税收入分别为 2500 万元、1950 万元人民币;2010 年在华外国作家富豪榜上排在第一名和第二名的是儿童文学作家 J.K.罗琳、托马斯·布热齐纳(前 25 名入选作家中有 7 位儿童文学作家),版税收入分别为 9550 万元、3000 万元人民币。②这是个残酷的现实,即在中国本土,中国少儿畅销书的销量和版税都远远不及引进版少儿畅销书。

2011 年中国作家富豪榜上排在第三名、第四名的是儿童文学作家郑渊洁、杨红樱(前 25 名入选作家中有 2 位儿童文学作家),版税收入分别为 1200万元、1100 万元人民币。③ 2012 年中国作家富豪榜排在第一名、第三名的是儿童文学作家郑渊洁、杨红樱(前 25 名入选作家中有 2 位儿童文学作家),版税收入分别为 2600 万元、2000 万元人民币,④均未超过 J.K.罗琳和托马斯·布热齐纳 2010 年在中国所创造的版税记录。如果要论全球版税,中国少儿图

---

① 彭志强,蒋庆,平静,陈卓:《媒体发布 2010 年中国作家富豪榜,杨红樱居首》,《成都商报》2010 年 11 月 15 日。

② 同上。这两个富豪榜在统计时未必完全准确,但相关数据还是能说明一定的问题。

③ 华西都市报编辑部:《2011 中国作家富豪榜发布,郭敬明居首郑渊洁第三》,《华西都市报》2011 年 11 月 21 日。

④ 任翔,李昊皎:《第七届作家富豪榜主榜单今日发布莫言高居第二》,《华西都市报》2012 年 11 月 29 日。

书更没法与国外少儿图书相比。虽然版税不能说明全部问题,但我们可以把它作为参照物之一,来考察中国少儿出版在国内和世界的影响。

2010年中国作家富豪榜

出品人 吴怀尧

排名	作家	版税(￥)
1	杨红樱	2500万
2	郭敬明	2300万
3	郑渊洁	1950万
4	当年明月	950万
5	曾仕强	780万
6	郎咸平	600万
7	李可	580万
8	韩寒	460万
9	尹建莉	448万
10	天下霸唱	420万
11	王树增	375万
12	金庸	350万
13	李敖	300万
14	南派三叔	285万
15	麦家	280万
16	龙应台	260万
17	星云大师	255万
18	钱文忠	250万
19	笛安	240万
20	六六	210万
21	袁腾飞	200万
22	小桥老树	190万
23	周国平	180万
24	王蒙	175万
25	贾平凹	160万

在中国最赚钱的外国作家富豪榜

出品人 吴怀尧

排名	作家(国籍)	版税(￥)	代表作
1	J.K.罗琳(英)	9550万	《哈利波特》
2	托马斯·布热齐纳(奥)	3000万	《冒险小虎队》
3	丹·布朗(美)	1800万	《达·芬奇密码》
4	村上春树(日)	1250万	《1Q84》
5	斯蒂芬妮·梅尔(美)	1200万	《暮光之城》
6	R.L.斯坦(美)	700万	《鸡皮疙瘩》
7	霍金(英)	660万	《时间简史》
8	斯宾塞·约翰逊(美)	630万	《谁动了我的奶酪》
9	米兰·昆德拉(捷克)	600万	《不能承受的生命之轻》
10	东野圭吾(日)	530万	《嫌疑人X的献身》
11	黑柳彻子(日)	500万	《窗边的小豆豆》
12	柯尔(美)	480万	《神奇校车》
13	罗伯特·T·清崎(美)	450万	《富爸爸,穷爸爸》
14	渡边淳一(日)	420万	《失乐园》
15	卡勒德·胡塞尼(美)	400万	《追风筝的人》
16	威尔·鲍温(美)	290万	《不抱怨的世界》
17	约里波瓦(法)	280万	《不一样的卡梅拉》
18	理查德·A.纳克(美)	220万	《魔兽·上古之战三部曲》
19	玛莉—阿丽娜·巴文(法)	200万	《小兔汤姆系列》
20	帕慕克(土)	185万	《我的名字叫红》
21	乔斯坦·贾德(挪威)	180万	《苏菲的世界》
22	赫塔·米勒(德)	150万	《呼吸秋千》
23	卡罗琳·帕克丝特(美)	120万	《巴别塔之犬》
24	马克斯·苏萨克(澳)	110万	《偷书贼》
25	莎拉·格鲁恩(美)	100万	《大象的眼泪》

注:本榜单是2000年至今,外国作家在中国大陆地区的版税总收入,相关数据以图书版税为基础,换算方式为 发行册数×定价×版税(8%~12%)。

图1-2 2010年第五届作家富豪榜

表 1-4 2011年第六届中国作家富豪榜①

排　名	作　家	版税(万元)	经典畅销代表作
1	郭敬明	2450	《小时代》
2	南派三叔	1580	《盗墓笔记》
3	郑渊洁	1200	《皮皮鲁总动员》
4	杨红樱	1100	《淘气包马小跳》
5	安妮宝贝	940	《春宴》
6	江南	790	《龙族》
7	韩寒	600	《青春》
8	当年明月	575	《明朝那些事儿》
9	郎咸平	485	《郎咸平说》系列
10	蔡康永	450	《蔡康永的说话之道》
11	金一南	400	《苦难辉煌》
12	宋鸿兵	380	《货币战争》
13	王树增	300	《解放战争》
14	桐华	290	《步步惊心》
15	何马	260	《藏地密码》

表 1-5 2011年第六届中国作家富豪榜子榜——漫画作家富豪榜

排　名	作　家	版税(万元)	经典畅销代表作
1	朱德庸	6190	《大家都有病》
2	几米	2500	《向左走·向右走》
3	周洪滨	1830	《偷星九月天》
4	猪小乐	1700	《阿衰 on line》
5	敖幼祥	1360	《乌龙院》
6	朱斌	1200	《爆笑校园》
7	Hans	420	《阿狸·梦之城堡》
8	阿桂	400	《疯了！桂宝》
9	颜开	310	《星海镖师》
10	陈翔	270	《神精榜》

---

① 表 1-4 至表 1-6 是根据 http://news.163.com/11/1121/06/7JC564UL0001124J_all.html 提供的相关数据整理而成。

续　表

排　　名	作　　家	版税(万元)	经典畅销代表作
11	穆逢春	230	《斗罗大陆》
12	魔王S	196	《暗夜协奏曲》
13	猪乐桃	170	《世说新语·八周刊》
14	阿尤	150	《逍遥奇侠》
15	夏达	100	《子不语》

表1-6　2011年第六届中国作家富豪榜子榜——外国作家富豪榜

排　　名	作家(国籍)	版税(万元)	经典畅销代表作
1	马尔克斯(哥伦比亚)	1100	《百年孤独》
2	J.K.罗琳(英)	900	《哈利·波特》
3	布热齐纳(奥)	750	《冒险小虎队》
4	村上春树(日)	620	《1084 BOOK3》
5	东野圭吾(日)	480	《白夜行》
6	艾萨克森(美)	460	《史蒂夫·乔布斯传》
7	黑柳彻子(日)	365	《窗边的小豆豆》
8	R.L.斯坦(美)	320	《鸡皮疙瘩》
9	斯蒂芬妮·梅尔(美)	300	《暮光之城》
10	丹·布朗(美)	250	《失落的秘符》
11	约里波瓦(法)	240	《不一样的卡梅拉》
12	稻盛和夫(日)	235	《活法》
13	泰勒·本-沙哈尔(以)	160	《幸福的方法》
14	朗达·拜恩(澳)	130	《力量》
15	杰夫·金尼(美)	100	《小屁孩日记》

表1-7　2012年第七届作家富豪榜①

排名	作家	籍贯	版税(万元)	年龄	经典畅销代表作
1	郑渊洁	河北石家庄	2600	57	《皮皮鲁总动员》
2	莫言	山东高密	2150	57	《丰乳肥臀》

---

①　根据 http://news.sohu.com/20121129/n358982954.shtml? qq－pf－to＝pcqq. c2c 提供的相关数据整理而成。

续　表

排名	作家	籍贯	版税(万元)	年龄	经典畅销代表作
3	杨红樱	四川成都	2000	50	《笑猫日记》
4	郭敬明	四川自贡	1400	29	《小时代》
5	江南	安徽舒城	1005	35	《龙族》
6	于丹	北京	1000	47	《于丹:重温最美古诗词》
7	韩寒	上海	980	30	《韩寒文集》
8	安东尼	辽宁大连	900	28	《这些都是你给我的爱》
9	南派三叔	浙江嘉善	850	30	《藏海花》
10	当年明月	湖北武汉	700	33	《明朝那些事儿》
11	笛安	山西太原	580	29	《南音》
12	饶雪漫	四川自贡	450	40	《那些女生该懂的事》
13	黄晓阳	湖北大冶	430	58	《阳谋高手》
14	落落	上海	320	30	《剩者为王》
15	蔡骏	上海	310	34	《地狱变》

再来看 2009 年当当网年度少儿畅销书排行榜,[①]前十名居然全部为引进版少儿图书。

表 1 - 8　2009 年当当网年度少儿畅销书排行榜前 10 名

排　　名	图　　书
1	不一样的卡梅拉(6 册)
2	窗边的小豆豆系列(6 册)
3	斯凯瑞金色童书·第一辑(4 册)
4	噼里啪啦系列(7 册)
5	小兔汤姆系列(第一辑)(6 册)
6	苹果树上的外婆——国际大奖小说
7	法布尔昆虫记(儿童彩图版)(10 册)
8	青蛙弗洛格的成长故事(3～6 岁)(12 册)
9	神奇校车1(10 册)
10	I SPY 视觉大发现系列(8 册)

---

① 《2009 年当当少儿榜》,http://static.dangdang.com/book/topic/2018_17297.shtml。

未找到 2010 年当当网年度少儿畅销书排行榜。

2011 年当当网年度少儿畅销书排行榜,[①]前 10 名中 9 种是国外的,1 种是中国台湾地区的(《小牛顿科学馆套装》)。

表 1－9　2011 年当当网年度少儿畅销书排行榜前 10 名

排　名	图　　书
1	丁丁历险记·大开本经典收藏版(全 22 册)
2	不一样的卡梅拉(全 6 册)
3	神奇校车图画书版(共 11 册)
4	法布尔昆虫记(共 10 册)
5	国际大奖小说系列(共 59 册)
6	学会爱自己(3 册)
7	斯凯瑞金色童书·第一辑(共 4 册)
8	可爱的鼠小弟(1～12)
9	小牛顿科学馆套装(共 60 本)
10	小熊宝宝绘本(全 15 册)

2012 年当当网年度少儿畅销书排行榜,[②]前 10 名中 9 种是国外的,1 种是中国内地的(中少社版《植物大战僵尸·武器秘密故事系列》)。

表 1－10　2012 年当当网年度少儿畅销书排行榜前 10 名

排　名	图　　书
1	神奇校车图画书版(共 11 册)
2	小牛顿科学馆套装(共 60 本)
3	不一样的卡梅拉(全 6 册)
4	国际大奖小说系列(共 59 册)

---

①　《童书榜 2011 年度畅销榜》,http://bang.dangdang.com/book/tongShu/? type＝year&year＝2011& catpath＝01.00.00.00.00.00&catname＝%CD%BC%CA%E9&show＝T&pc＝20。

②　《童书榜 2012 年度畅销榜》,http://bang.dangdang.com/book/tongShu/? type＝year&year＝2012& catpath＝01.00.00.00.00.00&catname＝%CD%BC%CA%E9&show＝T&pc＝20。

续　表

排　名	图　书
5	法布尔昆虫记(共 10 册)
6	小屁孩日记(共 10 册)
7	植物大战僵尸·武器秘密故事系列(共 16 册)
8	小熊宝宝绘本(全 15 册)
9	和朋友一起想办法(全 8 册)
10	斯凯瑞金色童书·第一辑(共 4 册)

　　尽管网络书店和实体书店有差异,当当网也不能代表所有的网络书店,上面的排行榜可以说只是局部情况的反映,但网络书店的主要消费群体是白领阶层,如果三十岁上下的白领父母大多数倾向于给自己的孩子买洋童书(多为图画书),那么这种状况就颇令人担忧了——现在的中国孩子读着国外图画书长大,已经很了解"邻居家吃什么喝什么",却对自己家一知半解,"不了解爸爸妈妈、爷爷奶奶是什么样的人,不知道自己是谁"①。这种文化断层(中国文化源代码未能尽早烙印在孩子心底)会带来很多麻烦,可能会严重到我们的下一代、下下一代忘了自己是中国人,连身份认同都成问题。这不是危言耸听,因为现在已有类似现象发生。这不仅仅是商业上的竞争,还是文化上的竞争,是我们作为文化传播者不能不重视、不能不未雨绸缪的一个问题。

　　笔者也曾深深怀疑当当网的少儿图书排行榜是否哗众取宠,有虚构成分。所以又查阅了开卷网(北京开卷信息技术有限公司)数据。开卷网主要以地面实体书店销售数据为监测对象,数据较当当网要全面、客观。2010年 12 月 30 日开卷网公布的最近五年少儿畅销书排行榜中,前 10 名图书中引进版少儿图书占了 8 种,与当当网不同的是,当当网的少儿畅销书多为幼儿图画书,而开卷网的少儿畅销书多为儿童文学书(文字书),后者监测数据相对要全面、客观一些。这是 2010 年的数据,显示出的中外少儿图书在中国本土的竞争局面颇令人担忧。2011 年、2012 年的数据显示,这种局面已有较大改观。

---

① 　吴越:《邻家虽好非吾乡,"十本童书九本洋"》,《文汇报》2011 年 5 月 10 日。

表 1-11　开卷 5 年少儿类畅销书排行榜①

排名	ISBN	书　　名	定价(元)	出版社名称	作　者
1	7544222977	窗边的小豆豆	20	南海出版公司	黑柳彻子
2	9787020063659	哈利·波特与死亡圣器	66	人民文学出版社	J.K.罗琳
3	7020053238	哈利·波特与混血王子	58	人民文学出版社	J.K.罗琳
4	7532733416	夏洛的网(译文经典)	17	上海译文出版社	E.B.怀特
5	7020033431	哈利·波特与魔法石	19.5	人民文学出版社	J.K.罗琳
6	7534242371	超级成长版冒险小虎队(内附特种解密卡和纸化破案小工具)-会流泪的骷髅	12.8	浙江少年儿童出版社	托马斯·布热齐纳
7	7539731656	108集大型动画电视连续剧精品书系-虹猫蓝兔七侠传(20)	9.8	安徽少年儿童出版社	苏真
8	7506337320	杨红樱校园小说系列-女生日记(新版)	19	作家出版社	杨红樱
9	7534242339	超级成长版冒险小虎队-被诅咒的海底城堡(内附特种解密卡和纸化破案小工具)	12.8	浙江少年儿童出版社	托马斯·布热齐纳
10	7534233771	超级版冒险小虎队-鬼屋惊魂	12.5	浙江少年儿童出版社	托马斯·布热齐纳

表 1-12　开卷 2008 年少儿类畅销书排行榜②

排名	ISBN	书　　名	出　版　社	作　者	定价(元)
1	7544222977	窗边的小豆豆	南海出版公司	黑柳彻子	20
2	9787020063659	哈利·波特与死亡圣器	人民文学出版社	J.K.罗琳	66
3	9787544802895	淘气包马小跳系列-侦探小组在行动	接力出版社	杨红樱	13.8

---

　　① 《开卷 5 年少儿类畅销书排行榜》，http://www.openbook.com.cn/Information/2140/934_0.html。

　　② 《开卷 2008 年少儿类畅销书排行榜》，http://www.openbook.com.cn/Information/2140/320_0.html。

续　表

排名	ISBN	书　　名	出　版　社	作　者	定价(元)
4	9787533255916	笑猫日记-蓝色兔耳朵草	明天出版社	杨红樱	15
5	9787533256722	笑猫日记-小猫出生在秘密山洞	明天出版社	杨红樱	15
6	7534242371	超级成长版冒险小虎队(内附特种解密卡和纸化破案小工具)-会流泪的骷髅	浙江少年儿童出版社	托马斯·布热齐纳	12.8
7	7115136246	女孩子必读的100个公主故事	童趣出版有限公司	美国迪士尼公司	58
8	753461872X	曹文轩纯美小说系列-草房子	江苏少年儿童出版社	曹文轩	15
9	7532733416	夏洛的网	上海译文出版社	E.B.怀特	17
10	7534242339	超级成长版冒险小虎队(内附特种解密卡和纸化破案小工具)-被诅咒的海底城堡	浙江少年儿童出版社	托马斯·布热齐纳	12.8

表 1-13　开卷 2009 年少儿类畅销书排行榜①

排名	ISBN	书　　名	出　版　社	作　者	定价(元)
1	7544222977	窗边的小豆豆	南海出版公司	黑柳彻子	20
2	9787544806138	淘气包马小跳系列-小英雄和芭蕾公主	接力出版社	杨红樱	13.8
3	9787533261269	阳光姐姐小书房-巧克力味的暑假	明天出版社	伍美珍	16
4	9787533260958	笑猫日记-樱桃沟的春天	明天出版社	杨红樱	15
5	7532733416	夏洛的网(译文经典)	上海译文出版社	E.B.怀特	17
6	9787544802895	淘气包马小跳系列-侦探小组在行动	接力出版社	杨红樱	13.8

---

① 《开卷 2009 年少儿类畅销书排行榜》, http://www.openbook.com.cn/Information/2140/321_0.html。

续 表

排名	ISBN	书 名	出 版 社	作 者	定价(元)
7	9787539140032	神奇宝贝角色解密大图鉴	二十一世纪出版社	木村光雄	18
8	9787020063659	哈利·波特与死亡圣器	人民文学出版社	J.K.罗琳	66
9	9787533256722	笑猫日记-小猫出生在秘密山洞	明天出版社	杨红樱	15
10	7506337320	杨红樱校园小说系列-女生日记(新版)	作家出版社	杨红樱	19

表 1-14　开卷 2010 年少儿类畅销书排行榜①

排名	ISBN	书 名	出 版 社	作 者	定价(元)
1	7544222977	窗边的小豆豆	南海出版公司	黑柳彻子	20
2	9787534429248	赛尔号精灵集合大图鉴(2010 年官方第 1 版)	江苏美术出版社	上海淘米网络科技有限公司	20
3	9787533262556	笑猫日记-一头灵魂出窍的猪	明天出版社	杨红樱	15
4	9787534429927	赛尔号精灵集合大图鉴(2)	江苏美术出版社	上海淘米网络科技有限公司	20
5	9787534648908	喜羊羊与灰太狼-虎虎生威(电影连环画)	江苏少年儿童出版社	山石卡通	18
6	9787533263317	笑猫日记-球球老老鼠	明天出版社	杨红樱	15
7	9787533263423	阳光姐姐小书房-没有秘密长不大	明天出版社	伍美珍	16
8	9787533261986	笑猫日记-那个黑色的下午	明天出版社	杨红樱	15
9	9787534256301	动物小说大王沈石溪品藏书系-狼王梦	浙江少年儿童出版社	沈石溪	18
10	9787533262334	阳光姐姐小书房-六(四)班的追星族	明天出版社	伍美珍	16

---

　　① 《开卷 2010 年少儿类畅销书排行榜》, http://www.openbook.com.cn/Information/
2140/321_0.html。

表 1-15　开卷 2011 年少儿类畅销书排行榜①

排名	ISBN	书　名	出　版　社	作　者	定价(元)
1	9787544250580	巴学园系列-窗边的小豆豆	南海出版公司	黑柳彻子	25
2	9787533264369	笑猫日记-绿狗山庄	明天出版社	杨红樱	15
3	9787533266097	笑猫日记-小白的选择	明天出版社	杨红樱	15
4	9787534256301	动物小说大王沈石溪品藏书系-狼王梦	浙江少年儿童出版社有限公司	沈石溪	18
5	9787533264215	阳光姐姐小书房-生命流泪的样子	明天出版社	伍美珍	16
6	9787532733415	译文经典-夏洛的网	上海译文出版社	埃尔文·布鲁克斯·怀特	17
7	9787534618727	曹文轩纯美小说系列-草房子	江苏凤凰少年儿童出版社	曹文轩	18
8	9787115245588	喜羊羊与灰太狼(3)-兔年顶呱呱(电影连环画)(全真剧照抓帧)	童趣出版有限公司	广州原创动力文化传播有限公司	19.8
9	9787539942087	洛克王国宠物大图鉴(2)	江苏凤凰文艺出版社	深圳市腾讯电脑系统有限公司	22
10	9787533256722	笑猫日记-小猫出生在秘密山洞	明天出版社	杨红樱	15

表 1-16　开卷 2012 年少儿类畅销书排行榜②

排名	ISBN	书　名	出　版　社	作　者	定价(元)
1	9787544250580	巴学园系列-窗边的小豆豆	南海出版公司	黑柳彻子	25
2	9787533267209	笑猫日记-孩子们的秘密乐园	明天出版社	杨红樱	15
3	9787534256301	动物小说大王沈石溪品藏书系-狼王梦	浙江少年儿童出版社有限公司	沈石溪	18

　　① 《开卷 2011 年少儿类畅销书排行榜》，http://www.openbook.com.cn/Information/2140/1875_0.html。

　　② 《开卷 2012 年少儿类畅销书排行榜》，http://www.openbook.com.cn/Information/2140/2424_0.html。

续　表

排名	ISBN	书　　名	出　版　社	作　　者	定价(元)
4	9787533269005	笑猫日记-永远的西瓜小丑	明天出版社	杨红樱	15
5	9787534618727	曹文轩纯美小说系列-草房子	江苏凤凰少年儿童出版社	曹文轩	18
6	9787533266097	笑猫日记-小白的选择	明天出版社	杨红樱	15
7	9787115271426	喜羊羊与灰太狼-开心闯龙年(电影连环画)	童趣出版有限公司	广东原创动力文化传播有限公司	19.8
8	9787514804676	植物大战僵尸武器秘密故事(1)	中国少年儿童出版社	葛冰	12
9	9787514804669	植物大战僵尸武器秘密故事(2)	中国少年儿童出版社	白冰	12
10	9787534266744	墨多多谜境冒险系列-查理九世(9)：羽蛇神的黄金眼	浙江少年儿童出版社有限公司	雷欧幻像	15

　　经过全国出版人和读者多年的努力,少儿图书的引进版与国产版的比例终于由以往的7∶3逐步改变为5∶5,产品结构开始趋于合理。① 从开卷网公布的历年少儿畅销书排行榜中也能看出这种变化。但严格来讲,在中国本土,引进版少儿图书占了半壁江山;而走出国门,中国少儿图书却无甚建树。这样的局面尽管相对过去而言是有了一些进步,但从整体来看依然十分不理想。在中国本土,国产少儿图书依然面临着引进版少儿图书的强劲挑战。

　　中国少儿出版究竟落后在什么地方? 中国少儿出版拿什么和世界竞争,怎么和世界竞争? 这是摆在出版人面前不能不面对和思考的问题。

第六节　小　　结

　　中国少儿出版的基本现状是:市场规模继续扩大,赢利模式依然单一,竞

---

　　① 吴尚之:《中国少儿出版业异军突起,产业规模快速提升》,《中国新闻出版报》2010 年 6 月 20 日。

争主体急剧增多,销售渠道有待拓宽,整体形势有喜有忧。

从相对规模来看,中国少儿出版在国内的市场占有率不断扩大,在与中国出版一起成长、发展的过程中,各项指标的上升速度高于整体上升速度,是一个非常活跃的板块。从绝对规模来看,中国少儿出版的总体规模依然比较小。从发展趋势来看,中国少儿出版除纸质少儿图书以外,应努力开拓更多数字图书产品和其他产品。中国少儿出版应和全社会一起努力,推动少儿阅读,提高全国少儿阅读率,让更多孩子从阅读中受益。

中国少儿出版的赢利模式依然单一,主要通过营销图书产品来获取利润。图书产品主要有少儿文学类图书、低幼启蒙类图书、卡通漫画类图书、古典启蒙类图书、科普益智类图书、游戏益智类图书、少儿艺术类图书、思想教育类图书等8类,其中以少儿文学类图书所占比例最大。消费主体是少年儿童和他们的家长以及少儿教育工作者、少儿出版工作者、白领、小资青年等,这些消费者各有特点,且购买者与阅读者常常是分离的,即购买者是家长,阅读者是孩子,购买者与阅读者常常不是同一主体,所以少儿出版企业应作针对性、精细化营销。少儿出版企业还应更新赢利模式,把传统的一次售卖扩大到两次售卖、三次售卖甚至多次售卖,并通过业内、业外的立体合作创造更多赢利模式与机会。

中国少儿出版的竞争主体(也是生产主体)日趋增多,除传统的36家专业少儿出版社以外,另有500多家非专业少儿出版社、几千家民营少儿出版工作室、越来越多的中外合资少儿出版公司进军少儿出版领域,少儿出版成为竞争日趋激烈的出版板块。

中国少儿出版的流通渠道主要有新华书店渠道(主渠道)、民营发行渠道(二渠道)、网络书店渠道、专有渠道、杂货渠道等。中国少儿出版应拓宽已有的流通渠道,开辟新的流通渠道,以顺利完成传播信息、销售产品、打造品牌、推动衍生品开发与售卖等。

中国少儿出版的整体形势有喜有忧,已取得的成就十分辉煌,然而存在更多不足:至今未打造出国际知名品牌;与国外的少儿超级畅销图书相比,实力还相差很大;少儿原创图书还相当匮乏;少儿图书的推广、营销还非常弱;少儿出版格局不尽合理、不够科学;赢利模式单一、陈旧;数字化进程缓慢。中国本土少儿图书依然面临引进版少儿图书的强劲挑战。

第二章　中国少儿出版转型争议分析

上文对中国少儿出版的现状作了较全面、详细的分析,我们可以看到,中国少儿出版一方面取得了不俗的业绩,另一方面也存在着诸多不足,面临不少困难与挑战。

中国少儿出版正在经历前所未有的转型,比如观念的更新,出版形态的增多,营销模式的优化,数字出版的探索,等等。因为在转型的过程中出现了不少新问题,转型带来了不少负面影响,有些还相当突出和棘手,所以,业内外有不少人质疑:中国少儿出版是否需要转型,已经开始的转型是否要继续,会不会越转型反而变得越差劲?

笔者对此的回答是:确实需要转型,应该继续转型;转型可能会带来新问题,但不转型问题会越积越多,更难解决。

中国少儿出版转型的方向是:由传统出版向数字出版转型,传统出版与数字出版共存并行,互相促进,共同发展,不可偏废。转型的路径是:中国少儿出版转型主要是少儿出版企业转型,少儿出版企业通过理念、内容、技术、人才、经营模式、管理方式等方面的转型,一是在生产准备阶段努力提升原创力,二是在生产准备阶段与后续生产阶段、营销阶段努力提升拓展力,三是在生产阶段努力提升编辑力,四是在出版全程特别是营销阶段努力提升传播力,真正打造少儿出版的核心竞争力;同时政府管理部门与行业协会也要通过转型提高工作效率,更好地为少儿出版企业保驾护航,做好服务。

第一节　转型带来的悖论

中国出版已步入产业化时代。中国少儿出版作为中国出版的重要组成部分,产业化进程也在提速中。这是从计划经济向市场经济的转型,也是出版机构从事业单位向企业单位转型(转企改制)的市场化行为。

所谓出版产业化就是把出版业作为国民经济体系所属产业中一个相对独立的部门,面向市场实行专业化、集约化、规模化运作,实现出版资源的优化配置和生产要素的优化组合,使之成为强质产业的过程。[1] 产业化是指以市场为导向,以效益为中心,通过规模经营与体系建设,实现出版资源的优化配置与生产要素的优化组合,以取得更多社会效益与经济效益。产业化的具体表现就是市场化、专业化、数字化、资本化、国际化。

逻辑学把两种同时可以得到证明的矛盾命题,称为悖论。在自然科学及现实生活中,各种悖论不时可见。悖论并非谬论,但因为它似是而非,或者似非而是,容易影响人们对事物的正确认识。诸如客观上时空、生态、前提、规则等发生了变化,或主观上各人立场、角度、思维方式、认知能力的不同等,都会导致对矛盾现象的不同解读。对悖论的误判,常常会使工作受到挫折,多走弯路。[2] 这种悖论,在少儿出版业也同样存在。

中国少儿出版通过产业化实践取得了巨大成就,实现了初步繁荣,但也积累了一些深层矛盾,面临着一些新的难题,有待化解与破局。

一、商业价值与文化价值

中国少儿出版是做商业还是做文化?

少儿出版如果只是做文化,不能盈利,谁愿意亏本做文化? 没有利润回报,做文化也不可能持久。如果只是做商业,没有文化含量或者文化含量越来越少,这个商业只对出版者有利,对少年儿童又有何益? 做商业就背离了

---

[1] 于友先:《现代出版产业发展论》,苏州:苏州大学出版社,2003 年。转引自李庭华:《出版产业化与改革创新初探》,《改革与战略》2009 年第 9 期。

[2] 刘国颖:《如何解读出版悖论》,《中华读书报》2012 年 1 月 12 日。

少儿出版的初衷,少儿读者和家长恐怕也不会买账,做商业也难以为继。

这个矛盾实际上是过去"做出版是先考虑社会效益还是先考虑经济效益"争论的延续。当然,现在做出版的从业人员在接受上岗培训时就学过,出版业"既有文化属性又有商业属性",要"社会效益与经济效益两者兼顾,不可或缺"。但究竟怎么个兼顾法,才能使两者完美结合,相得益彰,其实是有很多矛盾需要化解的,不少从业人员甚至出版企业的领导对此的理解其实是含混不清或者似是而非的。

做文化还是做商业,是所有出版都存在的矛盾与面临的挑战,不独少儿出版,但少儿出版显得尤为突出。因为不少从业人员本来就存有认识误区,认为少儿出版简单、易操作,不需要多少文化含量——无非是哄哄孩子们,需要多少文化? 正因为有这样的认识误区,少儿出版的粗放式、商业化显得"顺理成章",而精细化、专业化、经典化仍十分稀缺。

中国少儿出版是做文化还是做商业? 当然是既要做文化又要做商业。可现实中的少儿出版,有些做着做着就变味了,不见文化的影子,只见商业的招数,不见往孩子心田播撒真善美的种子,只见往孩子和家长的口袋里掏票子。比如,没有市场回报的书稿,一律不出,有市场回报的书稿,只要不是太"过",就可以出,甚至一些含有暴力、色情内容的童书也能盛行一时;能创利的编辑是好编辑,不能创利的编辑就是差编辑……不知从什么时候起,衡量一本书好与坏、判断一个编辑优与劣的标准竟然演变成单纯的经济指标(赢利数字),少儿出版在这方面表现尤甚。

可反过来说,不用经济指标来评判与考核,用什么来评判与考核? 过去用评奖(社会效益)来做标准(其实主观性也很强),结果大家只顾埋头做案头,不做市场或者不怎么做市场,好书也难以销出去。再优秀的图书,如果只是躺在书库里,没有多少读者购买、阅读并从中受到良好影响,其社会效益又如何体现出来?

所以,从出版业(自然包括少儿出版业)文化与商业这对矛盾来说,文化属性是必须永远坚守的,出版人绝不能唯利是图而迷失文化担当。为了出版事业更大发展的需要,有时在抓商业经营及产业发展的同时,暂时降低乃至舍弃某些局部的文化要求,这也是合理和必要的。① 但基本的文化底线要守住,不能缺失。一旦少儿文化产品没有文化或者缺少文化,对孩子、对社会造

———————————

① 刘国颖:《如何解读出版悖论》,《中华读书报》2012 年 1 月 12 日。

成的伤害是潜在的,有些伤害甚至是不可逆转的,因为孩子的健康成长需要良好的少儿出版读物,需要良好的文化氛围与文化环境。

解决好文化与商业的矛盾,找准文化与商业的契合点,探索文化经营与文化发展的市场规律,既传播优秀文化,又赢得可观利润(利润最大化),是少儿出版乃至成人出版提升文化软实力(文化影响力)与文化硬实力(文化产值与利润)的必由之路。只注重文化或者只注重商业都是有失偏颇的,也会得不偿失。两者都注意了,但处理不当,经营不善,同样难有收获。

二、城市孩子与农村孩子

中国少儿出版是为城市孩子服务还是为农村孩子服务?这是前面一个问题的延续——是做商业还是做文化?怎么吸纳财力、维持动力把文化一直做下去?

少儿出版是为孩子服务的,自然包括城市的孩子和农村的孩子。可不少农村的孩子,由于家庭贫寒,连饭都吃不饱,哪有钱买书?大多数专业少儿出版社都有过惨痛的教训,把某本或某套图书的读者定位为农村孩子,但图书根本就销不出去,结果亏损严重甚至血本无归。这样的事情多了,久而久之,出版社就本能地把目标读者定位为城市孩子,最后少儿出版就演变成了为城市孩子服务。有时出版社有心想为农村孩子服务,做些价廉物美的图书,但发行商却不配合。为什么发行商不配合?因为销往农村地区的图书,一是价格低廉,发行商费了很大力,但所获利润却非常微薄甚至有可能无利或者亏本;二是销往农村地区的图书,为了节省成本往往用纸较次,易于破损,且造成不必要的损失;三是农村读者购买力弱,发行商难以完成预期销售。费力不讨好的事情,赔本的生意,谁会去做?即使偶尔从公益的角度去做几宗这样微利或者赔本的买卖,也不可能成为常态。少儿出版作为企业行为,不可避免地要追逐利润、追求商业回报。一方面是广大农村孩子迫切需要大量优秀的少儿图书,另一方面是农村孩子购买力弱,少儿出版在农村地区难以赢利,少儿出版企业没有积极性做农村市场。这个矛盾如何解决?

如果只是解决了城市少儿阅读的问题,广大农村地区的少儿阅读没有得到实质性改进与提高,则对整个民族和国家来说,依然是一个重大的缺憾与不足,也会影响中国未来的发展与进步。中国少儿出版如何既为城市孩子做好服务,也为农村孩子做好服务,考量着少儿出版人的勇气与智慧,也考验着管理部门的执政能力与水平。

除了通过社会改革促进农村经济发展,增加农民收入,提高农村少儿读者购买力以外,解决少儿出版为农村孩子服务难的问题,还需要政府出面,企业参与,大家集思广益,共同担当。

三、奢华之气与简朴之风

中国少儿出版是倡导奢华之气还是简朴之风?

绝大多数少儿图书在内容上一直谆谆教导孩子们要勤俭节约,但越来越多的少儿图书却在形式上不由自主地透射出"骄奢淫逸"之气,内容和形式的自相矛盾,让少儿读者和少儿家长感到迷惘、困惑。比如,我们的少儿图书做得越来越大,越来越厚(不厚也想办法把它"撑"厚,比如用轻型纸,看上去就显得很厚;比如把文字排得不可思议的稀疏,图书自然就变厚),越来越艳丽,越来越精美,越来越豪华,同时价格也越来越高。如果说整个中国少儿出版都弥漫着奢华之气那是言过其实了,但说中国少儿出版的简朴之风越来越淡薄则是无可争辩的事实。当少儿读者面对浮华、奢靡的阅读环境时,他们不知不觉中可能也会受到感染与熏陶而变得崇尚浮华与奢靡。为什么会有"宁肯坐在宝马车里哭,也不坐在自行车后面笑"的赤裸裸的拜金主义?因为有滋生这种思想与情感的土壤与温床。奢华之气的负面影响可能要到孩子成年之后才会显现,这更容易让追逐商业利润的少儿出版企业以及家长、老师有意无意地忽视。

再看看少儿图书的广告语:"全球儿童文学典藏书系独家珍藏版""全球超级畅销经典儿童图书""美国孩子的行为教育之父,孩子第一时间的启蒙书,行销美英等国40余年,全球发行2.4亿册,影响两代人"(贝贝熊系列)"最经典的情商教育绘本,凯迪克大奖得主代表作"("乔治和玛莎")[1]"闪亮登场""震撼上市""倾情奉献""隆重推出""万众瞩目"……类似这样的广告语市面上比比皆是。平心而论,有没有大言不惭、言过其实甚至虚张声势的忽悠成分?这些还算是比较"朴实"的,还有比这更夸张、更煽情、更没有底线的。

为什么我们的社会容易浮夸、浮躁?孩子们从小生活在这样的环境里,长大以后很难说会不会将这样的风气"接力"下去,"发扬光大"?——很多时

---

① 王春鸣:《童书出版与儿童阅读环境》,《编辑学刊》2011年第5期。

候是成年人教坏了孩子。

做少儿图书的编辑们可能会觉得很冤枉:整个社会都浮夸、浮躁、崇洋媚外、"语不惊人死不休"……大家都"好"这一口,我不说点过头的话,我不来点煽情的,怎么吸引读者眼球,怎么把图书销售出去? 我不这样做,别人也会这样做,吃亏的总是老实人。可最后受害的是谁? 孩子们在不知不觉中正经受着浮夸、浮躁的侵蚀。

因为要赢利,因为要好看的数据,因为要市场业绩,中国少儿出版已经没有耐心"十年磨一剑","短平快"已成常态,所以精品越来越稀少,也离孩子们越来越远。因为要忙着挣钱,忙着"大干快上",所以一些本该坚持的要求会不自觉地舍弃,一些本该坚守的底线有时会失守。

中国少儿出版有没有在一定程度上对不良社会风气起推波助澜的作用? 有没有有意或无意地误导孩子与家长? 少儿出版人要有扪心自问与自我解剖的勇气。中国少儿出版如何为孩子们撑起一片晴朗的天空? 少儿出版人要有社会责任和社会担当。

四、消解童年与捍卫童年

中国少儿出版是消解童年还是捍卫童年? 做少儿出版的编辑们不能不思考这个问题。

尼尔·波兹曼在《童年的消逝》一书里说:"大多数人已经不理解,也不想要传统的,理想化的儿童模式。发生这一切的原因是因为电视试图反映普遍的价值和风格。在我们目前的情况下,儿童的价值和风格以及成人的价值和风格往往融合为一体。"[1]他认为童年社会预示着未来,但是直观化、平面化的电视媒体不仅模糊了成人和儿童的界限,还向儿童迅速平等地揭示了成人世界的全部内容。凝聚了成人社会阴暗面的信息,没有必要留给下一代,留给未来,如果不能作为秘密保留,那无异于在文化上扼杀了童年。[2] "作者的基本论点是,电视文化取代印刷文化,这是导致童年消逝的根本原因。中国当今的现实却是,不但电视文化,而且印刷文化,二者共同导致了童年的消逝,

---

① 尼尔·波兹曼:《童年的消逝》,吴燕莛译,桂林:广西师范大学出版社,2004 年,第180 页。

② 《现代媒介中的儿童现象研究之缘起》,http://blog.sina.com.cn/s/blog_4df7d5370100xroj.html。

因而消逝得更为彻底。"①

中国少儿出版一是"揠苗助长"的现象较为严重。有一个十分极端的例子,某本幼儿图书里的算术题居然好多读过硕士、博士的家长也做不出来。二是"城市化"现象也日益严重,少儿图书里的儿童生活多是城市儿童的生活,农村题材的少儿图书越来越少,大自然题材的少儿图书也越来越少。孩子们不仅身体远离大自然,而且心理、心灵也远离大自然,他们常常是通过电视画面与网络图片来接触大自然、了解大自然,很少有机会到真实的大自然里去走一走,亲身感受和体会真实的动物与植物。生活在钢筋水泥中的孩子们越来越缺少童真、童趣与童心。有一档电视节目,一个8岁的男孩一上台就说要和主持人姐姐谈朋友,博得满堂"喝彩"——相信在起哄的背后会有更多感慨与无奈:为什么现在的孩子不说"孩子话",都说"大人话"?

现在少儿出版成人化、污浊化现象已十分严重。2010年12月,一本名为《令人战栗的格林童话》的"童书"因充斥色情、暴力等内容,受到众多媒体和读者的谴责,出版方因此受到停业整顿的处罚。这样一本格调低下、低俗荒谬的作品,在其出生地日本,是被视为成人消遣读物的;而在中国,不仅改头换面,以童书面目混淆视听,而且十年之间三换出版社,如此前赴后继、接踵联翩地跟进,令各方人士惊诧不已。这一借低俗化、浅薄化和娱乐化图书谋求经济利益的极端案例,反映出在市场大潮冲击下,文化理想已被有意无意地忽略,文化产业中的"文化"正面临从"中心到边缘"的惨淡景观,值得人们反思和警惕。②"有不少童书中充斥着恶搞、早恋、暴力、悬疑等内容,这些内容在抓住孩子猎奇心理的同时,也影响着他们的价值观。""过度成人化的少儿读物造成许多孩子'被长大',这一现象值得引起社会反思。"③

少儿图书日益系列化、批量化、标准化、标签化、工业化,是否会泯灭孩子的个性与天性,生产出流水线上统一规格的孩子?孩子变得不像孩子,成人腔、模式化、小大人,是受谁的影响?中国少儿出版究竟有没有导致孩子们的童年消逝或正在消逝?童年的消逝对孩子的健康成长有什么危害,对未来有什么影响?

少儿出版"揠苗助长""远离大自然"、成人化、污浊化等现象,违反了孩子

---

① 周国平:《拯救童年》,《群言》2005年第10期。

② 贺圣遂:《过分逐利让出版滑向娱乐化,应发掘传播优秀文化》,《人民日报》2011年3月15日。

③ 谢樱:《童书"成人化"泛滥,亟待加强监管》,《河南日报》2013年3月20日。

的认知规律与成长规律,污化了孩子的成长环境,导致人为"催熟"孩子、扭曲孩子,孩子的童年因而变得越来越短暂甚至正在消逝,同时也在孩子内心造成心理阴影与潜在伤害,这些阴影与伤害可能成人没有注意到,短时间内也难以显现,但对孩子的成长却十分有害,会留下很多"后遗症",成为未来社会的棘手问题。这是少儿出版必须认真思考并加以解决的。

五、迎合读者与引导读者

中国少儿出版是迎合儿童还是引导儿童?

中国少儿出版有两种出版观:一种是"成人本位",即从成人的良好愿望出发,觉得孩子应该读什么书就出什么书;一种是"儿童本位",即从孩子的年龄特征与成长实际出发,发现孩子应该读什么书就出什么书。这两种出版观当然是后者更有利于孩子的健康成长。但在现实生活中,主观常常和客观交织在一起,难以分辨。比如,什么是孩子的年龄特征与实际需要,成人往往也是从自己的角度去思考、总结的,这不成了"成人本位"?所以,关于成人本位与儿童本位的争论一直没有停止过。

孩子喜欢的就一定是孩子需要的吗?孩子不喜欢的就一定是违反孩子年龄特征和成长规律的吗?比如,几乎所有的孩子都好奇,那是不是少儿图书就可以毫无顾忌地把一切猎奇的内容全盘托给孩子?孩子大都喜欢幽默搞笑、妖魔鬼怪,是不是所有的少儿图书就一定要幽默、快乐、魔幻,而不要严肃、庄重、现实?孩子不喜欢被管束,不喜欢被教育,是不是少儿图书里就不能有教育、管束的内容和形式?

中国少儿图书过去出现过一种偏差,就是居高临下,过分说教,把教育提高到至高无上的位置,什么东西都要往教育上面套,弄得图书内容了无情趣,令人生厌,难以卒读;[1]现在则出现另一种偏差,就是过分强调孩子的天性与爱好,甚至放纵和迎合孩子的喜好,弄得图书过于娱乐化,缺乏厚重与隽永,缺乏庄严与崇高,缺乏应有的教育与引导。

因为有很大一部分少儿图书是由家长购买给孩子阅读,家长在购买图书时会根据自己的主观经验作筛选,因而目前也出现不少少儿图书一味投家长

---

① 也有学者认为教育功能依然是少儿图书的根本,可参考:眉睫:《没有教育理念的童书出版是无源之水》,《中国图书商报》2012 年 9 月 20 日。

之所好的现象,迎合乃至误导家长的片面认识与追求。

少儿图书可以适当迎合孩子与家长,但不要一味迎合孩子与家长;少儿图书不要一味说教,但必要的引导不可或缺。

中国少儿出版是迎合儿童还是引导儿童?是俯视儿童还是平视儿童或者仰视儿童?是娱乐儿童还是教育儿童?是"寓乐于教"还是寓教于乐?是纯粹消费儿童还是真正服务于儿童?这是出版人不能回避和含糊的问题。

专业化、精品化应是所有出版少儿图书的企业所追求的,少儿出版企业要为孩子和家长提供专业的少儿出版与少儿阅读服务,而不是相反。

六、强化功利性与弱化功利性

功利化目前是全社会的问题。中国少儿出版应该强化功利性还是弱化功利性?是功利化出版导致了功利化阅读还是功利化阅读导致了功利化出版?

中国少儿出版无疑有比较严重的功利化倾向。不少出版企业决定是否出版某本少儿图书的标准是,这本书是否盈利。如果能盈利,则出,反之,则不出。那么,如何判断这本书是否能盈利?那就要做市场调查,看这本书是否受少儿和少儿家长的欢迎,销量估计会有多少,历史上同类图书或者相似图书的销售如何,目前的走势如何?当下少儿和少儿家长喜欢什么类型的图书,他们有什么特别的阅读爱好与倾向……如果单纯从商业的角度来讲,这样做非但无可厚非,反而本应如此,不如此不足以了解市场、占领市场,并取得一定的业绩。

同样,中国孩子的阅读也有比较严重的功利化倾向。对学业有用的,对将来考级、升学、求职、择业、竞争等有帮助的,能立竿见影取得目标实效的图书,家长便认为是有用的书,要求自己的孩子一定要看,反之,则是无用的"闲书",禁止自己的孩子看,以免耽误时间、白费精力,甚至受到"误导"。也就是说,很多家长认为少儿阅读要以应试、考学、求职、带来实际利益为目标,部分学生也持类似观点。

这样,就出现了一种倾向:出版企业把出版少儿图书当成谋生、赢利、多拿奖金的手段,图书成为一种必须获得较大利润的产品,也成为一种必须给出版企业和相关责任人带来实际好处的工具。少儿和少儿家长则把阅读当成一种取得谋生技巧与本领的手段或者历练谋生本领的手段,图书实际成为了谋取实利的工具。

当少儿出版越来越重视图书的销量、利润时,出版企业也会越来越重视少儿和少儿家长的兴趣与口味,越来越重视读者会不会来买这本书而不是读者能不能从这本书里获得什么启发与教益;当少儿和少儿家长越来越重视少儿图书能给他们带来多少实际的"知识""信息""本领"与"帮助"时,他们就越要求少儿图书有实际功用,甚至是立竿见影、一蹴而就的实际功用,出版企业也越重视去研究和迎合他们的这种期待或者说潜在期待。当出版企业的策划、设计与读者的需求、期待正好吻合时,图书就有可能广受欢迎,大行畅销。

功利化少儿出版与功利化少儿阅读使得少儿图书的品种有越来越集中到某些"实效"类型的趋势,这会导致少儿图书的内容趋于功利化与同质化,少儿出版的路也会因之越走越窄,很多不盈利或者不怎么盈利的图书品种就有可能被断然舍弃,①这对少儿阅读和少儿出版来说都将是难以弥补的损失。

中国历史上曾经是诗的国度,诗歌的发达与繁荣曾经滋润和培育了我们的祖先与我们的民族,可目前少儿诗歌已难觅芳踪,寓言、少儿散文等也日渐稀少,孩子们除了儿歌与古诗词以外也不再读什么诗歌。缺少诗情的孩子不仅缺乏想象力,也会缺少人文情怀。这种"诗歌消失"现象发生的原因在哪里? 根本原因就在于诗歌只能陶冶人的性情,没有多大实际功用,创作诗歌、出版诗歌与阅读诗歌都不大可能带来什么实际利益,甚至诗歌作者、编辑也挣不到基本的生活费,久而久之诗歌被冷落、被淘汰,不再被出版。可以预测一下,如果照此情形发展下去,不久的将来,寓言、童话、少儿戏剧、少儿散文等文体也有可能因"创利困难"而不受待见,甚而被淘汰。如果少儿文学最后只剩下少儿小说、少儿动漫"两家独秀",对孩子来说是不是太过单调? 对孩子的心灵滋润是否有太多缺失? 消失和正在消失的阅读文体对少年儿童来说,是幸福还是灾难? 对未来会有什么影响? 少儿出版与少儿阅读如果一味

---

① 甘琦:《出版业:向美国学习,还是从美国的错误中学习——记美国独立出版人安德烈·西弗林》,《读书》2011 年第 6 期。该文指出,美国著名的兰登书屋曾一度实行"单本核算制","即每本书都要做一个盈亏表,不赚钱的书不赚钱的系列则没有出版的必要。"目的是"利润最大化、风险最小化。如果诗歌赔钱,很简单,砍掉。翻译书赔钱,砍掉。慢慢地,严肃类别越砍越少。"结果是图书结构越来越单一,雄心勃勃的商业计划并没能如愿以偿地实现,赢利率相对以前也有下降。

功利化,其结果是不堪设想的。

但少儿出版不功利化,不去挣钱,也不可能。因为少儿出版已经产业化,如果不赢利,少儿出版将难以可持续发展,难以长远发展。

究竟是先有了少儿阅读的功利化才导致少儿出版的功利化,还是先有了少儿出版的功利化才导致少儿阅读的功利化?这个问题就像"是鸡生蛋还是蛋生鸡"一样让人抓狂。同样,是应该强化少儿出版的功利性还是应该弱化少儿出版的功利性?强化,少儿出版一切向钱看,上文已述,肯定会问题多多;弱化,少儿出版不讲功利目的,不以盈利为目的,不盈利、少盈利,那少儿出版怎么持续发展?这个问题就像前面提到的"少儿出版是做商业还是做文化"一样,是个两难的问题,但这两方面都要兼顾,都不能偏废。

少儿出版与少儿阅读的功利化也会带来新的阅读困惑与阅读悖论,比如什么样的书才是有用的书,什么样的阅读才是有意义的阅读,[1]孩子应该读什么不应该读什么,等等。

少儿出版为什么会功利化?因为生存压力大、发展压力大,企业要赢利,职工要奖金,大家要找饭吃。少儿阅读为什么会功利化?因为少儿教育功利化(能上一所好的小学、初中、高中,将来就能考上一所好的大学,上了名牌大学将来才能找到好工作,有了好工作才会有好生活……),导致孩子阅读不可避免地会功利化。只要我们的教育还是围着升学的指挥棒转,只要我们的社会还是围着文凭的重要性转,这类现象就难以避免。教育功利化必然导致阅读功利化、出版功利化,少儿阅读功利化、少儿出版功利化是少儿教育功利化的延伸与衍变,也反过来刺激、推动少儿教育的进一步功利化。少儿出版与少儿阅读的功利化必然导致少儿与少儿家长愈加短视,导致社会上实用主义、拜金主义更加盛行。

整个社会都这么功利,要少儿出版与少儿阅读独善其身似不可能。一定程度的功利化也许未必全是坏事,因为功利化也能激发编辑与读者的创造力,但永无止境地功利化就非常危险了,因为功利化很容易造成一叶蔽目、因小失大。

问题是,"一定程度"究竟是一个什么样的程度?如何把少儿出版与少儿阅读的功利化限制在可控范围之内?

---

① 聂震宁:《阅读的悖论》,《中华读书报》2011 年 11 月 16 日。

七、纸质出版与数字出版

中国少儿出版未来的方向是加强纸质出版还是开拓数字出版,或是两者兼顾?

关于纸质出版与数字出版的争论已有多年,出版界已基本形成共识:纸质出版还将长期存在,而数字出版将逐渐取代纸质出版成为出版的主流。但具体到少儿出版,情况可能会更复杂一些,争论也会更多。

一方面,少儿读者是纸质出版的天然读者。如果说有一天全世界的成人读者都不需要纸质图书了,可能少儿和老人依然还需要纸质图书。为什么?这是由少儿和老人的生理机制决定的,他们的视力不适合看数字出版物,除非数字出版已经改进、完善到对他们的视力无任何伤害与妨碍的程度。

少年儿童处在发展、变化、成熟的过程中,过多的"屏阅读"不仅会伤害孩子的眼睛,也会影响孩子的身心成长,因为"屏阅读"会造成孩子与现实世界、与大自然的分离与隔膜,长期的"屏阅读"会造成孩子对周围世界反应迟钝与冷漠,影响孩子的正常发育与成长。过去在"纸阅读"时期,英国 DK 公司就专门生产过一类"半玩具"图书,并把版权销往世界各地,受到了世界少儿读者的欢迎与喜爱。所谓"半玩具"图书即在纸质少儿图书里有规律地夹杂、穿插一些实物,比如动物毛发、植物纤维等,让孩子尽快感知、认识、了解周围的物质世界。在"屏阅读"时代,这种努力不仅不应废止,反而更应加强。

即便是在普通的民众家庭,文化水平不高的父母都不会让自己的孩子多看电视、多玩电脑,为什么? 因为对着屏幕看久了肯定对眼睛有伤害。他们怎么知道会对孩子的眼睛有伤害,有科学根据吗? 因为成年人自己看久了都会觉得眼睛很不舒服,更何况是孩子! 这是基本的常识推理。那些鼓吹"屏阅读"对孩子视力与身体无任何伤害的论者面临着举证困难、论证困难。在我们周围,越来越多的孩子近视、弱视或者感染其他不可思议的疾病,越来越多的年轻人患上一些莫名其妙的疾病,甚至有报道说年轻人中生育能力低下甚至无生育能力的比例也在提高,所有这些已经无可争辩地说明了人类发明的许多高科技玩意儿其实对孩子是有伤害的,只是具体到哪一样或哪几样东西在伤害孩子、怎么伤害的,伤害的程度有多深范围有多广等,大家还不甚明了。在科学还没有给出明确结论与答案之前,民众只能根据自己的生活常识和主观感受来作出判断。

培养孩子的阅读习惯,要从纸本阅读开始。用电脑或电子阅读器难以培养儿童的阅读习惯,相反,容易让孩子沉迷于电子游戏以致上瘾。以前,家长教育孩子通常会给他讲故事,陪他看书,帮助孩子逐步培养阅读能力与读书习惯。然而到了今天,很多家长因为忙碌或不耐烦孩子的纠缠,就买个 iPad 让孩子玩,把 iPad 变成了"孩子的保姆"。iPad 里面内容极为丰富,而且有交互功能,但也有不利的影响:孩子与父母的互动大大减少,与真实的社会接触减少,与现实的同伴接触大大减少,那将来这些人是不是会越来越孤独,且不善于交流? 如果孩子沉迷于电子游戏以致上瘾,那么这些电子阅读器就无异于"鸦片"。这些问题今天虽然已有所表现,但还不是普遍现象,不能否认由 iPad"保姆"带大孩子是个趋势,这种情况会越来越普及。孩子只玩游戏,没有阅读的习惯,不是我们想看到的结果。①

关于数字媒介给儿童健康成长带来的诸多危机,有学者总结为五条:一是身体危机,主要是对儿童视力的伤害,还有不利于儿童骨骼发育;二是思维认知危机,主要是儿童自主阐释空间被缩小,想象力、理性思维能力、对信息的沉淀和消化能力等难以得到充分锻炼;三是日常生活危机,原先儿童在纸质媒介中可以培养的各种文化技能相应被减少了发展机会,数字媒介过于泛娱乐化,导致一旦娱乐退场,儿童会立即陷入一种巨大的空虚与无所适从的茫然之中;四是行为习惯危机,数字媒介中的暴力、色情等不良信息侵扰儿童,会导致儿童盲目模仿与行为失范;五是人际交往危机,儿童过分沉溺于电子媒介会导致在现实中与他人沟通与交流的时间与机会减少,阻碍儿童在现实世界中人际交往能力的发展。而保持纸质媒体的存在是儿童生理认知结构与文化构造的需要。②

所以,少儿出版有理由长期保留和发展纸质出版,就为了孩子的健康成长。可以大胆想象一下,未来社会很有可能是学龄前儿童普遍使用纸质图书,以确保孩子的眼睛、大脑等正常发育、健康生长,进入小学以后孩子逐步开始使用数字产品,进行数字阅读;成年以后则几乎全部为数字阅读;到了老年,由于身体机能的退化、视力下降等原因,人们有可能又回归纸质阅读。这种人生的两极(童年、老年)流行纸质阅读而人生的中间(青壮年)流行数字阅

① 王余光:《培养孩子的阅读习惯要从读纸本图书开始》,《光明日报》2013 年 2 月 26 日。
② 耿姝、张博:《新媒介背景的儿童类纸质媒体发展取向》,《重庆社会科学》2012 年第 11 期。

读的现象,极有可能在不久的将来发生。

另一方面,少儿读者又是数字出版的天然读者。孩子好奇心强、悟性强、学习能力强、操作能力强,电视、电脑、手机、学习机、电子书、iPhone、iPad 之类,有时成人捣鼓好久还不一定能弄得明白、操作熟练,可孩子三下五除二,虽然不一定明白原理是什么,但他们已经会熟练操作了。孩子几乎是天然地比成人会学习、使用高科技产品,自然包括数字出版的各种玩意儿。

数字出版互动性强的特点,能更好地吸引、激发孩子参与阅读:一是引发目标读者的主动阅读,二是增加读者个性化阅读体验,三是帮助孩子单独学习知识。因为数字出版有彩图插画、原文朗读、背景配乐、同步动画等,孩子可以自主选择阅读方式,不识字或识字不多的孩子可以通过看图、听音、复述等方式来实现阅读。有的数字图书会在书中设置若干停顿,要求儿童完成相应互动行为后,才可实现下一步阅读,这能激发和提高孩子的参与热情和探究兴趣,孩子在阅读的过程中可以讲故事、玩游戏、做手工,这也有利于孩子综合素质与能力的提高。①

一般的数字出版可能需要海量内容、要碎片化、要有互联网的分享和开放精神等,但这并非数字出版的金科玉律,②少儿数字出版就不需要海量信息。比如低幼读物,学习 10 以内加减法,内容还和“纸阅读”时代一样,无非是10 个数字翻来覆去作加减运算,数字出版通过文字、图像、声音、色彩、故事等的融合,用全新的形式对古老的内容进行展示与诠释,形成新的数字图书产品,对孩子构成很强的吸引力,孩子的学习效果会比使用纸质图书要好得多。这就是数字出版对纸质出版的超越与提升。

此外,通过数字出版技术做成电子书包(数字教材)可以代替目前正在使用的中小学纸质教材,更利于学生循环使用,更利于节约资源、保护环境、提高教学质量。③

教材循环使用是一件利国利民的好事,对国家而言,每年可节省一大笔开支,可减少资源浪费,减少环境污染;对老百姓而言,有孩子的家庭每年可节省一笔不算小的开支,还能培养孩子的环保意识与良好习惯,对孩子的健康成长大有助益。据报道,目前已有不少省市的中小学校开始实施教材循环

① 孙利军、邵甜甜:《数字童书的互动性初探》,《文化产业导刊》2013 年第 2 期。
② 《版业数字化转型发展突破口何在》,http://www.bookdao.com/article/30532/。
③ 余人:《电子书包:离循环教材之路有多远》,《中国新闻出版报》2012 年 11 月 28 日。

使用,有的甚至已经实施了三四年,取得了比较明显的成效。但存在的问题似乎也不少,归纳起来,大致有以下三点。

一是教材真正循环使用难度大。目前各地中小学所使用教材的质量较为一般,一个学期下来,好多教材已基本破损,没法让下一年度的学生继续使用;主课程的教材使用频率高,教材破损率相对也高,增加了学校的管理难度,同时学生也感到使用教材受到了较严格的限制(不少学校是上课时把教材发给学生,上完课就收走教材),学习起来不是很方便,所以有些学校只循环使用副课程教材;卫生问题难解决,特别是传染病高发季节,孩子用别的孩子用过的教材,家长颇为担心,如何消毒成为一个非常现实的问题。

二是出版商和学校缺乏积极性。国家实行九年制义务教育,中小学生的教材是政府买单。政府集体采购,是政府行为,甚至是政治任务,政府从减少开支的角度出发自然要把教材的购价压得比较低,这样教材的利润空间就会变小,现在又要循环使用,那么每年教材的需求总量趋小,出版商就更没有多少利润了,所以出版商对此难有积极性。2012年6月,国家教育部出台新政策,允许循环使用教材可适当提价,这当然是一件好事,一定程度上调动了出版商的积极性。但如何让出版商把教材做得质优价廉,以确保教材经得住学生"折腾",能真正循环使用,还有许多细节需要落实。此外,教育部门和学校要为教材的循环使用投入额外的资金与精力,之所以说是"额外",是因为以前教育部门和学校可以不用考虑诸如添置保管循环教材的图书馆或者仓储间,配备专业的管理人员发放、收回、保管教材等工作,各任课老师还要教育、引导学生养成良好的读书习惯,不在书本上涂写、乱画,保持书本整洁。不少地方的教育部门和学校对这些"额外"的投入与付出感到难以承受,因而持"多一事不如少一事"的心态。

三是家长缺乏积极性。本来教材循环使用是一件好事,家长是大力支持的。但因为执行过程中缺乏统一的认识与程序,有些管理方法还在摸索中,可能有欠周全、欠妥当之处。当家长们看到学校不让孩子把教材带回家,不让孩子动笔在教材上写字,教材只在上课的时候才发到孩子们手上,其他时间都是躺在学校的储存室里,有些家长就不乐意了,认为这影响了孩子的正常学习(没法预习、复习)。个别家长还有珍藏孩子用过的物品(自然包括教材),待孩子长大以后留做纪念的习惯,这种爱好自然也没法满足了。现在的孩子大多是独生子女,是家里的小太阳、宝贝疙瘩,家长自然不愿意因为节省一点钱而误了孩子的学习,得不偿失的事情谁愿意去做?所以有些家长就不怎么支持教材循环使用了。

"地球人都知道"，教材循环使用是一件大好事。可好事情要完美实现，也并不容易，会遇到这样那样的困难与阻力，有些是利益层面的，有些是管理层面的，还有一些是习惯层面的，这需要大家共同努力来解决这些问题。同时，除国家的宏观政策以外，各地教育部门需要有配套的执行细则，这样才能确保教材循环使用顺利进行。

中小学教材循环使用要持之以恒地坚持下去，政府必须加大投入、强化管理，要保证出版商、经销商有足够的利润空间，以发挥他们的积极性；要保证教材的质量足够好，学生能循环使用三至五年；要保证教材的使用与管理科学、合理、有效，既方便学生学习又能真正做到循环使用。这些是需要我们算算细账的，比如政府增加的投入、各地教育部门和学校增加的管理费，是否低于教材循环使用所节省下来的费用。如果前者超过了后者，就需要反思，是否得不偿失；如果前者确实低于后者，但学生、家长、老师普遍感到不方便与不妥当甚至不愿意，那也要反思，是否方法得当，是否人为增加了负担，是否确保了孩子的基本学习需求，等等。我们不能为循环而循环，不能只做表面文章，不注重实效，形式大于内容。

从长远看，数字图书逐渐取代或者大部分取代纸质图书已是大势所趋，不可逆转。纸质教材的循环使用到底能持续多久，这是我们不能不思考和面对的一个问题，我们必须要有足够的前瞻性和预见性。现在与其在纸质教材的循环使用上踌躇、纠结、费力，不如在数字教材的开发与应用上多下工夫，多作探索，另辟蹊径。我们可以一方面认真落实国家的相关政策，坚持纸质教材的循环使用；另一方面努力探索数字教材的开发与应用，为未来的教材转型与更新作准备。

笔者以为，电子书包是未来最好的可循环使用教材。电子书包的硬件——终端设备，不管是目前的 PC 电脑、iPad 还是未来研制出的新式移动终端、学习终端，持续使用三至五年是绝对没有问题的，有的甚至可以使用十几年；电子书包的软件——数字教材（数字内容），尽管存在着需要不断修订、完善的可能，但每套成熟的数字教材循环使用三至五年也是没有问题的，即便是修订、完善，预计费用也不会很高；电子书包的平台——数字教材（数字内容）的免费或付费下载平台，学校教学时的课堂演示、展示平台，老师、学生、家长的交流、互动平台，等等，这需要逐步建设，在探索中完善，一旦走上正轨，老师、学生和家长的操作就十分便捷了。在不久的将来，电子书包的硬件、软件、平台成熟或者趋于成熟时，数字教材的循环使用就能水到渠成，也可避免目前所遇到的众多麻烦，其所带来的社会效益也将十分可观。

当然，推广、使用电子书包需要对老师、学生和家长做培训，相关费用也会比较高，但这类费用是阶段性支出，不会对社会造成短时间内的重大负担。也可以培养骨干力量，通过学习与自我学习来减少培训费、推广费。

国家实行九年制义务教育，每年对中小学教育有固定投入，甚至每年的投入会逐步加大。笔者以为，国家与其大面积投入相对落后的纸质教材的更新、完善与循环使用，不如下气力投入相对先进的电子书包的研制、更新与推广，未雨绸缪，早作谋划，以解决未来教材的循环使用问题。

现在电子书包的研发、试点与推广仍然是"雷声大，雨点小"，原因当然很复杂，但归根到底是各种利益的纠葛没有理清导致互相掣肘的缘故。因为电子书包投入大、风险大、回报大，巨大的利益吸引着很多部门和企业已经或将要进入这个领域，同时巨大的风险也让许多部门和企业踌躇不前，不敢贸然进入或深入。所以，国家要有明确的政策引导，要制定相关政策法规与规则，以鼓励和指导政府、企业、组织与个人合力推动电子书包的良性发展。现在电子书包是由教育部、工业和信息化部、新闻出版总署三方联合主导还是由某一个部门来主导，尚无定论，电子书包的行业标准与发展路径也无细则，这种大方向上的不明晰导致整个行业多是自发式探索而非自觉式探索，于是出现了各自为政、重复研发、多方试点、资源浪费、聚焦困难、合作不顺等问题，这对整个行业的健康、快速发展是不利的。

所以，我们有必要换一种思路或者尝试一些新思路。一方面，国家可从宏观层面上加以引导，用政策、法规甚至法律的形式来规范和引导电子书包开发与推广过程中的政府行为、企业行为等；另一方面，企业可作多方探索，过去硬件优先的研发、推广之路走得不顺畅，能不能改走软件优先的研发、推广之路？比如先研发小学低年级的数字教材，让老师们尝试使用电子白板来教学（台湾地区在这方面就做得比较有成效），等数字教材的教学（数字化教学）比较成熟了，再试点让学生"人手一个"来学习使用电子书包。如果电子书包能真正做到让老师轻松教学、学生高效学习、家长快乐助学，电子书包的推广与普及就为时不远了。

无论是纸质教材的循环使用，还是数字教材（比如电子书包）的循环使用，只有把老师、学生、家长的积极性调动起来，只有让参与各方均能从中受益，才能真正出成果，才能实现可持续发展。

综上所述,为了孩子能更好地接受现代化教育,更好地学习与进步,少儿出版有理由加快发展与开拓数字出版。

那么,中国少儿出版是应该大力加强纸质出版还是努力开拓数字出版,抑或是两者兼顾、平均用力？笔者认为,少儿出版和成人出版不一样,因为面对的读者多是未成年人,有诸多特殊性,所以少儿出版应该既加强纸质出版同时也努力开拓数字出版,两者兼顾,两者并重,互相促进,共同发展。

越是年纪小的孩子越需要纸质出版提供的各类图书,以减少、减轻有可能对孩子造成的视力伤害和其他伤害,同时努力培养孩子的阅读兴趣与阅读习惯；越是年纪大的孩子越需要数字出版提供的各类数字图书,因为阅读数字图书,体验更丰富、感受更强烈,能调动身体的更多器官参与活动,学习与娱乐的效果会更好。但与此同时,为了减轻数字出版有可能对孩子造成的负面影响甚至伤害,成人应引导孩子更多参与集体活动,学会与人交往,更多融入到大自然中去感受客观事物、认识客观世界,训练孩子的观察、思考与判断能力。也就是说,在现在和未来的"屏阅读"时代,少儿应从"纸阅读"开始,逐步走向"屏阅读",并结合"社会阅读""大自然阅读"来训练与培养综合素质与综合能力。我们要充分考虑到优势与劣势、机遇与风险,未雨绸缪,早作谋划。纯粹的数字阅读(屏阅读)确实有许多未知的、不可控的潜在风险,应引起成人社会的足够重视与警惕。

是大力加强纸质出版还是努力开拓数字出版和其他新型出版,这是中国少儿出版的发展方向问题,对行业未来有着规划作用与战略意义,所以业界不能不早作思考与准备。

以上所述产业化给中国少儿出版带来的深层矛盾与诸多难题,有待于少儿出版通过转型来逐步加以解决。

第二节　转型带来的争议

中国出版包括中国少儿出版要不要转型所带来的争议主要集中在四点：一是怎么转型,往哪个方向转；二是产业化转型带来商业化浪潮冲击社会道德底线,导致文化低俗化或荒漠化,引发社会矛盾与社会问题增多,[①]诸如功

---

① 雷新：《出版产业化缺乏评估体系》,《人民政协报》2007年3月6日。

利主义、拜金主义、资源浪费、环境污染、价值观扭曲、社会浮躁、诚信缺失等，不少人认为有些方面转型还不如不转型，越转越糟了；三是数字化转型有可能造成对孩子的隐性伤害，不少家长和业内外人士对此表示忧虑与质疑；①四是数字版权比较混乱，引起作者不满、质疑和有识之士的忧虑。②

一、转型与不转型

坚持转型的业内外人士认为，转型可能解决不了中国少儿出版存在的所有问题，但通过转型可以逐步解决所存在的大部分问题。事物总是发展变化的，转型正是中国少儿出版业发展的必然，有必要在发展、创新中解决前行的阻力与矛盾。中国和世界的出版主流目前均处在转型之中，如果中国少儿出版固守过去的出版思维与出版领地，不去做开拓与创新，很有可能会坐失良机。

坚持不转型、慢转型的业内外人士认为，转型有可能不仅解决不了少儿出版已有的矛盾与问题，而且还会产生新的矛盾与问题；转型不能盲目转型，也不能"一刀切"全部转型，而是要经过调查研究，确定哪些需要转型，哪些并不需要转型。

比如，为什么民国时期的老课本受孩子和家长欢迎，而现在的很多少儿图书包括课本不受孩子和家长欢迎？"《开明国语课本》由叶圣陶亲自编写，全部是创作或再创作。以发展儿童的阅读能力和表达能力为目标，内容紧系儿童生活，从儿童周围开始，逐渐拓展到社会。材料活泼有趣，文体兼容博取，词、句、语调切近儿童口吻，以适应儿童学习心理。初年级课本的文字用手写体，由丰子恺写并绘插图。特点是图画与文字有机配合，这在当时同类教科书中是很新颖的做法。课本于1932年初版后印行40余版次。""近来，小学语文课本一直被诟病不断，主要表现在虚伪空洞说教。""曾有专家指出，现行语文课本存在四大缺失，即经典的缺失、儿童视角的缺失、快乐的缺失和事实的缺失。很显然，这些缺失在还原我们所谓素质教育本来面目的同时，更

---

① 蒋林：《电子书包推广放慢：电子教材取代纸质课本备受质疑》，《广州日报》2012年4月14日；向晋榜：《电子书包的现状与发展中面临的问题》，《中国教育信息化·基础教育》2011年第3期。
② 张洪波：《数字出版产业发展亟待破解版权问题》，《中华读书报》2012年3月28日。

烘托出功利教育的主流现实。"①"就内容方面,几套课本虽已时隔近百年,今人展阅之际仍为溢出笔墨的情意美与文字美而深深感动,这或正是老课本畅销的深在原因。""学校所习的课业,除几门切实有用的课程外,唯有国文毕业后大概还使用着。此固因其在生活中的运用更广阔些,亦因在国文中多少能找到一点生活情意的发现。换言之,国文课不止培养儿童识字书写的能力,在生活情意上,更负有重大的开发责任。国文教科书最大最易犯之弊病,即易成为廉价政治道德的规训读本,学生于此只是不停接受类似训导主任的训教,或盲从社会一般媒体似是而非的宣传,自身失却了对生活情意发现、感知与体味的能力和兴头。若此,则日后出了学校,为着生活的艰困与茫然,发现早年充溢于耳的道德训教和规则到社会上少有用处,亦无抉发生活情意的心力,便找一点低级趣味的读物来看,遂致社会一般的文化日趋低落尘俗。正因敏于此,这些老课本力求在内容选材上加大日常生活的比例。""老课本在文字的运用上亦足可称赏。""老课本相较今日的教材,更多强调人人习知的常识。"②

很多读者和专家担心的是,少儿出版所谓"改革"与"转型",改来改去、转来转去,把我们传统的好东西改没了、转没了,空留下一些花哨的新玩意儿。比如把好的内容、思维、文风等改没了、转没了,空留下一些说教、功利的东西或者高科技的空壳。又比如数字出版、电子书包有可能滋生"数字病""电子病",伤害到孩子。现在有不少孩子上网成瘾或者玩游戏成瘾,正是数字出版、电子书包、电子游戏等惹的祸。

甚至有专家提出,中国少儿出版肩负着培育少年儿童健康成长的历史使命,对其文化创新方面要高标准、严要求,对其经济创利方面就没有必要求全责备,能保本、微利就可以了,国家应该放宽政策扶持少儿出版,因为少儿出版关系到我们的孩子和祖国的未来。全国少儿出版一年的总产值也不过 80.8 亿元,利润也就 5～6 亿元,而中石油一天的纳税额就是 8.72 亿元,③一个月即有 261.6 亿元,国家缺这 80.8 亿吗? 社会应该多用文化杠杆来衡量、评估少儿出版,而不是习惯性地用经济杠杆来衡量、评估少儿出版。年

---

① 陈庆辉:《78 岁"老课本"很给力,"贴近生活,真情实感"是秘诀》,《广州日报》2010年 12 月 25 日。

② 《民国老课本为何受欢迎》,http://view.news.qq.com/a/20111025/000009.htm。

③ 《中石油称去年日均纳税 8.72 亿元》,http://money.163.com/11/0321/16/6VMD4G19002524SO.html。

产值仅 80.8 亿元的中国少儿出版业,在经济创利上根本没法和国企中石油相提并论,但它撬动的却是国家与民族的未来——中国少儿出版为孩子们做好了服务与培育,它所创造的潜在文化价值与经济价值是没法用 80.8 亿来考量的。

笔者认为,中国少儿出版如果只是一味地固守传统纸质少儿出版的一亩三分地,未来的路将会越走越窄,不用国外少儿出版来和我们竞争,我们自己就有可能先垮掉了;中国少儿出版不仅需要转型,而且需要加速转型,否则和发达国家少儿出版的差距会越来越大;中国少儿出版目前确实存在一些比较突出的问题,比如读者和专家所尖锐指出的内容缺乏童趣、原创比较匮乏、营销过于功利化、推广急功近利、管理不尽完善等,但不能因为转型过程中出现了一些负面影响和难题就否定转型的必要性与紧迫性,也正因为有过去一直存在的、未得到解决的老问题,和伴随改革、转型而出现的新问题,就更显得转型非常必要与迫切;转型绝不是全盘否定过去的成绩,另起炉灶,把好的、坏的全改掉,转型是在已有成绩与优势的基础上进行开拓与创新,是在传承优良传统、发挥已有优势的基础上拓展新空间,注入新活力;转型不是为转型而转型,不是跟着国外或者国内大势一个模式、一刀切地转型,转型是为了更好地发展与进步;中国少儿出版不能因为转型和改革,舍弃过去的优良传统与文化底蕴;中国少儿出版也不能"等、靠、要",坐等国家来扶持。中国少儿出版应打开思路,主动进取,积极转型,扬帆远航。

二、转型的方向

中国少儿出版的转型应以发挥已有优势为基础,以不断创新为目标。

中国少儿出版转型的方向是:由传统出版向数字出版转型,传统出版与数字出版共存并行,互相促进,共同发展。前文已述,固守传统出版很容易故步自封以致举步维艰,舍弃传统出版有可能丢失很多优良传统与优质资源,得不偿失;数字出版是现代出版的发展方向,将给少儿出版带来很多新机遇,但潜在的风险也不能忽视;少年儿童的年龄特征与学习需求,决定了少儿出版领域传统出版与数字出版均不能偏废,应充分利用两者的优势,相互拓展,共同提升。

中国少儿出版转型主要是少儿出版企业的转型,因为所有的转型最后都要落实到企业生产出合适的产品(图书),更好地为少儿读者服务。转型的路径是：少儿出版企业通过理念、内容、技术、人才、经营模式、管理方式等方面的转型，一是在生产准备阶段努力提升原创力，二是在生产准备阶段与后续生产阶段、营销阶段努力提升拓展力，三是在生产阶段努力提升编辑力，四是在出版全程特别是营销阶段努力提升传播力，真正打造少儿出版的核心竞争力；同时政府管理部门与行业协会要通过转型提高工作效率与效果，更好地为少儿出版企业服务。

中国少儿出版企业的转型主要包括四点内容。

一是出版理念的转型。过去我们比较习惯的思维是做单一的纸质出版，现在我们要更多考虑做"大出版"，即复合出版、多元出版；过去我们只考虑做出版，现在我们要考虑出版怎么与影视、动漫、游戏、玩具、音乐、旅游等联姻，互相渗透、延伸与拓展，甚至通过资本的运作来撬动包括出版在内的文化产业。

随着以 3G 网络为代表的核心技术的推广应用，现有的新闻出版发行业、广播电影电视业、网络文化服务业、娱乐业、广告业等多种产业类型可能会被整合为一种新型的文化产业。传媒深度融合将成为未来传媒业发展的一道亮丽风景线，即实现报纸、广播、电视、杂志、音像、电影、出版、网络、电信、卫星通信等媒介信息跨媒共享、资源跨行配置、文化跨域交流，并且凸显以传媒为核心的关联产业涟漪式发展。[①]

中国少儿出版要更多地考虑怎么在文化产业的大环境中利用各种优势与资源做更多形态与功能的产品，做更多途径与方式的研发、生产、传播与营销。只有先在思维、理念上创新，才有可能在行动上创新，在产品上创新，在营销上创新，在整合上创新。

二是出版产品的转型，过去做纸质图书，只能实现"一种内容一次售卖"，如果我们做数字出版，把出版与广播、电视、电影、动漫、玩具、游戏、服装、音乐、旅游等嫁接、糅合起来，就可实现"一种内容多次售卖"[②]，就能充分挖掘和利用优质内容的价值。

---

① 李学谦：《向数字化战略目标转型》，《中国新闻出版报》2010 年 6 月 21 日。
② 李芊：《基于"三次售卖理论"的赢利模式体系构建与运用》，《编辑之友》2009 年第 1 期。西方流行的"三次售卖理论"是指：卖内容（销售内容信息）、卖读者群（销售读者群的注意力以获得广告收益）、卖品牌（利用品牌资源发展衍生产品）。如果做数字出版，做产业拓展，则内容、广告、品牌三个层面与维度都可以用多种形式、形态来展现、开发、销售，形成更多次售卖与赢利，把优质内容所创造的优势发挥到极致。

少儿出版产品的转型包括少儿出版产品内容与形式的转型。同一种内容,通过改编、演绎,可衍生出更多新的内容,如果说过去少儿出版的内容只是文字与图片,那么现在少儿出版的内容除了文字、图片以外还有声音、图像(音频、视频)等;同一种内容可用不同的载体来展示和体现,如果说过去少儿出版的载体是图书、报纸、杂志等纸媒,那么现在少儿出版的载体有纸、声、光、电、磁等,终端形式有图书、音像、磁带、电脑、电子阅读器、点读笔、点视笔、iPad、智能手机等,可谓五花八门、应有尽有。少儿出版通过在内容和形式上作转型与升级,能极大地优化产品、提升产品、丰富产品,并更具个性化、专业化,以满足不同年龄、不同层次少儿读者的阅读爱好与需求。

三是经营模式与管理方式的转型,过去少儿出版只是单纯地卖产品(少儿图书),现在要既卖产品(除少儿图书以外的更多形态的产品),又卖广告、卖品牌(通过品牌授权寻求更多合作)、卖服务(围绕产品进行的推广、培训以及新产品的开发、周边产品的开发等等);既自主开发、自主经营,又联合开发、联合经营、互利共赢,以降低成本与风险,提高效率与利润;既开发纸质图书,又开发数字图书与其他衍生品,进行全媒体出版[1]与跨界合作;管理上要跟上时代的步伐,用综合管理、宏观管理与法制管理来解决出现的新情况与新问题。

四是出版技术与人才的转型,少儿出版要实现以上三个方面的转型,必须要有技术和人才作支撑。新的出版技术比如数字技术、跨业融合技术,从业者特别是年轻的从业者要努力研究和学习,努力开拓和创新。企业对人才的培养与政府、高校对人才的培养是不一样的,政府、高校培养的一般是普适型人才,而企业则可根据岗位的专业、特点等培养适合的专业性人才。企业不仅要培养人才,更重要的是吸引人才、留住人才、用好人才,让各种人才发挥综合效应,发挥出应有的作用,以提高企业的综合实力。

少儿出版的本质和成人出版一样,是要做好内容,通过创新内容、夯实内容来传播科学知识与文化信息,真正服务于少年儿童;转型的实质就是要抓住出版的内容这个核心,更好地展示内容、表现内容、丰富内容、拓展内容、传播内容,以服务于少儿读者。

---

① 郝振省:《数字时代的全媒体整合营销——中文在线全媒体模式案例剖析》,北京:中国书籍出版社,2009 年,第 98 页。

三、转型的路径

政府管理部门从宏观层面作转型,行业协会从中观层面作转型,少儿出版企业从中观与微观层面作转型。

传统出版的流程为:编辑—印刷—发行,三个环节。改良以后的传统出版流程为:编辑—印刷—发行—推广,四个环节,增加了推广(营销)环节。如果加上最上游的作者与最下游的读者,传统出版的产业链为:创作(作者)—编辑(出版企业)—印刷(印刷厂)—发行、推广(出版企业、书店、经销商)—消费(读者)。

数字出版的产业链为:创作(作者)—发布(网络平台、移动平台、其他平台)—消费(读者网上阅读或下载阅读,或手机、阅读器等终端下载与接收阅读)。数字出版的优点是省去了出版企业这一环节,"发行"的速度也非常快;缺点是编辑的力量相对比较薄弱,差错率比较高。当然,这里提到的只是数字出版产业链最基本的三个环节。在现实生活中,作者创作时直接做成数字内容,并不一定就符合发布平台的要求,这就需要专门的数字编辑进行加工、制作;发布平台、传播渠道也需要诸多专业技术作支撑;接收终端也需要专门的硬件……这样,数字出版产业链就拉得比较长,大致有:内容提供商(内容创意)—内容服务商(生产制作)—平台运营商(传播渠道)—分销商与零售商(联系终端),①此外还有技术提供商、终端(硬件)制作商、平台(网站、网络)服务商、渠道运营(传播)商、广告服务商、品牌开发商等。

如果说过去是平面出版——纸质图书出版(一种内容一种形式售卖),那么现在就是立体出版——包括纸质图书出版、多媒体出版、全媒体出版、跨界合作、版权转让和形象授权(一种内容多种形式售卖)。

少儿出版企业应该通过什么样的路径来实现自身的转型? 如果把少儿出版分成三个阶段:生产准备阶段、生产阶段、销售阶段,那么少儿出版要融合、兼顾传统出版与数字出版,在这三个阶段通过各种转型努力提升企业综合实力。

一是在生产准备阶段努力提升原创力,即策划选题、组织原创作者、打造优质独特内容。

---

① 曹胜玫:《当前数字出版产业链的相关问题及思考》,《编辑之友》2009 年第 3 期。

二是在生产准备阶段与后续生产阶段、营销阶段努力提升拓展力，即策划选题、设计产品、组织再创作者、从内容与形式上打造优质独特内容，并利用品牌与形象开发延伸产品，作产业链拓展，把成果扩大到图书以外的邻近行业。

三是在生产阶段努力提升编辑力，即组织内容、设计产品、制作产品，把优质内容转化为优质产品，过硬的产品是传播、拓展、营销的基础。

四是在出版全程特别是营销阶段努力提升传播力，即组织媒体、传播内容、营销产品、回收款项、收集反馈意见、改进今后工作，使产品广受关注与欢迎，促进产品的销售与品牌的打造，并为新一轮的设计、研发、生产、制作、推广、营销作准备。

此外，在出版全程提升整合力、运作力，把少儿出版与相关文化产业联系起来，配置、优化各种资源，充分运用各种资源，使少儿出版社会效益最佳化，经济效益最大化。整合力、运作力应在三个阶段分解、融合到原创力、拓展力、编辑力与传播力中。

出版理念的转型、出版产品的转型、经营模式与管理方式的转型、出版技术与人才的转型，应贯穿少儿出版的三个阶段，每个阶段都存在理念、内容、技术、人才、经营模式、管理方式等方面的转型。转型的目的是要提升少儿出版的综合实力，少儿出版的综合实力主要体现在原创力、拓展力、编辑力、传播力这四个方面。所以，本书后面几章将重点从提升少儿出版的原创力、拓展力、编辑力、传播力四个方面来详细论述少儿出版的转型问题。

第三节　小　　结

中国少儿出版已步入产业化时代。通过产业化实践中国少儿出版取得了巨大成就，实现了初步繁荣，但也积累了一些深层矛盾，面临着一些新的难题，包括但不限于以下几点：是做商业还是做文化？是为城市孩子服务还是为农村孩子服务？是倡导奢华之气还是倡导简朴之风？是消解童年还是捍卫童年？是迎合读者还是引导读者？是强化功利性还是弱化功利性？是加强纸质出版还是开拓数字出版？这些矛盾与难题，有待少儿出版通过转型来逐步加以解决。

中国出版包括中国少儿出版要不要转型所带来的争议主要集中在四点：

一是怎么转型,往哪个方向转;二是产业化转型带来商业化浪潮冲击社会道德底线,导致文化低俗化或荒漠化,引发社会矛盾与社会问题增多;三是数字化转型有可能造成对孩子的隐性伤害,不少家长和业内外人士表示忧虑与质疑;四是数字版权比较混乱,引起作者不满、质疑和有识之士的忧虑。转型可能解决不了中国少儿出版存在的所有问题,但通过转型可以逐步解决所存在的大部分问题。中国少儿出版不能因为转型过程中出现了一些负面影响和难题就否定转型的必要性;转型也不是全盘否定过去的成绩,转型是在已有成绩与优势的基础上进行开拓与创新,转型是为了更好地发展与进步。

中国少儿出版转型的方向是:由传统出版向数字出版转型,传统出版与数字出版共存并行,互相促进,共同发展。中国少儿出版转型主要是少儿出版企业转型。转型的路径是:少儿出版企业要通过理念、内容、技术、产品、人才、经营模式、管理方式等方面的转型,努力提升原创力、拓展力、编辑力与传播力,真正打造少儿出版的核心竞争力;政府管理部门与行业协会通过转型提高工作效率与效果,更好地为少儿出版企业服务。

第三章　中国少儿出版原创力分析

　　按出版流程来看,中国少儿出版在生产准备阶段就应该做出清晰规划,准备出版的作品是原创作品还是再创作品,是否需要作延伸与拓展;在生产阶段则应在作品的编辑、加工、提炼、提升、传播、运营等方面下足工夫,做足文章;在销售阶段则应重点做好传播、推广、营销等方面的工作。中国少儿出版要通过理念、内容、技术、人才、产品、经营模式、管理方式等方面的转型,努力提升原创力、拓展力、编辑力、传播力,以打造出版企业的核心竞争力。其中拓展力与传播力的打造与提升贯穿出版全过程。

　　中国少儿出版已从过去单一的、平面的纸质出版向多元的、立体的纸质出版与数字出版共存并行的方向发展,少儿出版与其他文化产业的融合速度不断加快,界线趋于模糊,少儿出版的赢利模式也从过去单一依赖纸质图书赢利转向依赖纸质图书、数字产品、版权贸易、形象授权、衍生品开发等的多元赢利,其中衍生品的开发渐成常态,成为一种发展趋势。①

第一节　原　创　力

一、原创力的重要性

　　所谓原创是指作者首创,非抄袭模仿的、内容和形式都具有独特个性的作品。原创不同于整理,不是简单地从别人的作品里选择、剪切、选编;原创

---

　　① 余人、徐艺婷:《论图书衍生品开发与出版产业链拓展》,《出版广角》2013年第4期。

也不同于改编和演绎,不是以别人的作品为蓝本来进行新的创作。当然,原创未必都是有创见、有创新的;而整理、改编、演绎也未必就不能富有创见和创新。但没有原创,整理、改编、演绎则无从谈起,无从做起。原创是源、是本,整理、改编、演绎是流、是末。原创的价值与作用在于它是根本、是基础、是源头、是起点、是开风气之先、是引时代潮流。①

　　所谓原创力,是指自主运用创造性思维,进行创新、研发、首创的能力。原创力包括原始创新、集成创新、融合创新等。

　　提升中国少儿出版的原创力意义重大而深远,不仅有利于中国出版整体实力的打造,更有利于中国优秀文化的传承与传播。在信息全球化时代国际间文化交流日益频繁,文化硬实力与文化软实力在国家整体实力与国家整体形象的打造上所起的作用、所充当的角色越来越重要,甚至决定一个国家的兴衰成败。全球化背景下我国的文化安全正面临着西方"话语霸权"的严重威胁,②西方少儿图书对中国少年儿童所进行的"文化渗透""文化侵略"必须引起我们的高度重视与警觉。中国少儿出版中,引进版少儿图书与原创少儿图书目前是5∶5,平分秋色,这是经过多年努力到目前才达到的最佳局面,这既是一件好事,也是一件令人忧虑的事情。从好的方面来讲,少儿出版速度加快,基本能做到与世界同步,中国孩子从小就可以及时读到世界上最优秀的少儿读物,对拓展思维、拓宽视野、培养综合素质、培养全球意识无疑会有很大帮助。从不好的方面来讲,如果不加区别一味只看引进版少儿图书而不重视接受本土优秀原创文化,孩子就有可能在潜移默化中受到西方文化的过多浸染,形成"亲"西方文化而"轻"中国文化的思维定势与审美情趣,从而为国家未来的安全与发展埋下隐患。这并非危言耸听,目前有数量不少的年轻人言必称美国或西欧,以吃洋食品、过洋节日为高雅、荣耀,说起美国或西欧,头头是道,口若悬河,谈到中国,要么一无所知,要么不屑一顾,这种妄自菲薄、崇洋媚外的言行与心理就是一种很不好的表现与征兆。某件商品,用洋名称要比用中国名称卖得好;新开发的高档小区纷纷起洋名……这类怪现象的一再发生,是很值得我们思考和警惕的。我们的图书特别是少儿图书有没有对这类社会现象形成推波助澜之势?毋庸讳言,是有的。少儿出版应该反省、警惕,努力为孩子们营造良好的阅读氛围与阅读环境,努力为孩子们提供

　　① 余人:《提升中国少儿出版的原创力与传播力》,《出版广角》2011年第5期。
　　② 陈向阳:《有效应对西方"话语霸权"挑战》,《求是》2010年第10期。

积极的、多元的、丰富的、有时代特色和民族特色的少儿阅读产品。

  同时,我们也可以看看国外的少儿图书,能流传后世、广为传播的,基本上是原创经典居多:《彼得兔》从 1902 年诞生至今 112 年,《丁丁历险记》从1929 年诞生至今 85 年用 77 种语言出版,《鼹鼠的故事》从 1957 年诞生至今 57 年,《蓝精灵》从 1958 年诞生至今 56 年,它们的生命力正是来自其超越时空的原创性,那是一种非凡的创造与创新,这么多年过去了,我们重读这些经典,没有恍如隔世,而是感觉仿佛就是发生在昨天和今天的故事,这正是原创的魅力、价值之所在。同样,为什么我们中国的《西游记》《三毛流浪记》《十万个为什么》等经典名著能一直流传下来,原因也在于其超越时空的原创性。

  此外,引进国外优秀少儿图书,目的一是要及时吸收国外优秀文化,让中国孩子能同步阅读世界优秀少儿图书,开阔视野,拓展思维,从小培养孩子的全球意识与世界眼光;二是要通过引进国外优秀少儿图书促进本土优秀少儿原创图书的健康、快速发展。但目前我们的引进在一定程度上存在偏差,从经济效益考虑得比较多,从文化效益以及对中国少儿原创的推动方面考虑得比较少。以少儿文学图书为例,一是翻译作品份额巨大,比例失当,当当网近几年来少儿读物排行榜前 60 个(系列)作品中,故事类读物全部是国外翻译引进作品,而在前 100 个作品中译介作品占到 80%以上;二是重复引进,译本泛滥,像《安徒生童话》《格林童话》《一千零一夜》等名著动辄就有几十、近百个大同小异的翻译版本,《小王子》近 10 年在国内就有超过 80 家出版社出版过近 100 个翻译版本,甚至还有从韩语和日语转译过来的《小王子》;三是系列丛书跟风引进,鱼龙混杂,《托马斯和朋友》热销,类似的《巴布工程师》也被搬到中国;四是翻译粗糙,质量低劣,东拼西凑、选词古怪、语义生涩、童趣缺乏等翻译现象正日益增多,[①]这类翻译、引进行为定位不准、目光短视,既难以真正引进优秀的外版少儿图书,也不利于促进和推动优秀的本版少儿原创。

  所以,努力提升中国少儿出版原创力,让少年儿童读到更多的中国少儿原创图书,在珍惜、重视、传承中国优秀文化的同时吸收外国优秀文化,同时自觉抵制外国文化中的不利因素,培养民族自尊心、自信心,培养自我创新能力,其意义非同凡响。[②]

---

① 孙世权、石春让:《儿童文学翻译、出版的怪现状》,《编辑之友》2012 年第 12 期。
② 余人:《提升中国少儿出版的原创力与传播力》,《出版广角》2011 年第 5 期。

二、提升原创力的方法

谁来提升中国少儿出版原创力？如何提升中国少儿出版原创力？提升中国少儿出版原创力要靠政府引导、企业推进、作者实践、全社会共同努力。

一是国家要从战略高度进行政策鼓励，宏观规划，着力打造国产少儿原创品牌。国家要在政策上对少儿原创作品予以倾斜，支持和鼓励更多的出版企业与作者加入到原创队伍，挖掘原创潜力，增强原创实力，打造原创品牌，让原创呈现燎原之势，让更多的人从原创中得到实惠，让原创作品成长壮大。要让全社会都重视原创，并通过原创追求人生梦想、获得应有收益、实现人生价值。社会的舆论导向与国家的政策支持对中国少儿原创力的打造与提升有着重要的支撑与指导作用，它们倡导的是一种方向与目标，会激励更多的个人与集体参与原创。比如，从 2006 年 8 月开始原国家新闻出版总署启动"三个一百"原创工程，①就是很好的政策导向与政策激励，至今已收到十分显著的成效。比如"全国儿童文学奖""宋庆龄儿童文学奖""冰心儿童文学新作奖""陈伯吹儿童文学奖"（上海）国内四大儿童文学奖，对中国儿童文学的原创就有很大的推动与促进作用，特别是上海的儿童文学原创在全国首屈一指，这与激励政策及上海重视儿童文学原创的传统有很大的关系。如果政府能制定更多激励与引导政策，探索更多管理办法，相信效果会更加明显。

二是少儿出版企业要加大推广、营销力度，让精品原创能开花结果，获得读者喜爱与市场认可。为什么我们的原创作者积极性不高？因为不少原创作者呕心沥血创作的作品，好不容易出版了，但市场反响不大，作品销量有限，影响力小，作者所得稿费或版税少，甚至入不敷出，作者做原创没有获得应有的经济收益，付出与得到不成正比，这就使不少作者缺乏创作动力与信心。所以，出版企业要遵循文化传播规律，加大宣传、推广、营销力度，努力经

---

① 《新闻出版总署关于组织出版"三个一百"原创图书的通知》，http://www.gapp.gov.cn/cms/html/21/508/200608/448436.html。"三个一百"原创图书出版工程是国家新闻出版总署贯彻落实中共中央、国务院颁布的《关于深化文化体制改革的若干意见》，为了推动文化创新、鼓励原创出版和推进"走出去"战略而实施的一项重大举措，自 2006 年 8 月开始组织实施，每两年评选一次。该工程分人文社科、科学技术、文艺少儿三个类别，每类选出百种具有原创价值的图书。"三个一百"收录原创图书均为国内作者编著、国内出版社出版、确属精品力作的图书，是在中国出版界具有广泛影响力、公信力和权威性的国家级荣誉。另参见 http://baike.baidu.com/view/9214992.htm。

营好原创少儿图书,让优秀的原创少儿图书能更快、更好地走近读者、走进读者,得到少年儿童、家长、老师的更多关注、重视与阅读,让原创作者在作品获得社会好评的同时也能获得更多经济收益,劳有所得。良好的市场回报,能极大地刺激和推动少儿原创的蓬勃发展,因为榜样的力量是无穷的。

比如杨红樱、郑渊洁、曹文轩、秦文君、张之路、沈石溪、伍美珍、晓玲叮当等儿童文学作家,由于他们的作品自身品质高,加上出版企业经营有方,图书广受欢迎,异常畅销,这些作家在获得社会认可与肯定的同时也获得了非常可观的版税收入。出版企业的成功经营造就了作家们的成功,作家们的成功便进一步吸引、激发、鼓励更多的人来创作、生产、传播优秀的原创少儿作品,推动原创向前发展。反之,如果出版企业经营不善,推出的作家、作品无人问津,没什么影响,导致的将是原创沉寂,后续乏力。出版企业出版优秀作品、打造良好品牌与作者创作优秀作品是相辅相成、互相促进的。

需要特别指出的是,出版企业自己并不生产原创,原创本是由作者创作、提供的,版权在作者手里,出版企业只是把原创作品按一定的要求与规格加工后做成合适的图书产品和其他产品,那么出版企业如何提高自己的原创力?出版企业的原创力表现在出版了多少独特的有影响力的原创作品,表现在出版的原创作品为文化硬实力与文化软实力作出了多少贡献。出版企业首先要重视原创,吸引原创,组织原创;其次要提升原创,经营原创,传播原创,打造原创品牌。出版企业要用自己的专业水平与运作实力赢得作者的认可,赢得作者的版权,赢得作者的合作,并通过自己的努力经营,让所出版的原创作品熠熠生辉,为作者赢得读者、赢得市场、赢得社会的尊重与认可。少儿出版企业要努力提升原创力,就是要努力出版精品少儿原创,并通过少儿原创作品占领更多市场,影响更多读者,赢得更多利润,获得更多收益。

三是执法机关与行业协会要加强监管,打击盗版,净化风气,优化环境,保护原创作品不受侵害。现在出版界有一种不良心态——就是不愿种树,只愿摘果。很多出版企业不愿培养作者、培育市场,担心付出后得不到应有的回报,所以心里总想着投机取巧、少付出多回报。比如,某一个作者,出版企业好不容易培养出来,开始出成果了,却被别的出版企业高价挖走;某一个领域,经过长时间的市场培育,终于有收获了,大家却一哄而上,都来抢占和瓜分这个市场。开拓者仅是先驱、先烈,并不在收获者、受益者之列。更有盗版者、伪版者见利忘义,或暗度陈仓或明目张胆地巧取豪夺。这样的事情多了,久而久之出版企业就变得故步自封,不愿在原创上下工夫。引进版少儿图书之所以备受各出版单位的青睐,是因为引进的大多是国外的成熟品牌,省去了培育的过程与费用,也少去了被人挤占、抢夺的忧虑,同时也迎合了许多读者或多或少的"外国月亮比中国的亮""外国童书比中国的好"的心态与意识。但长此以往,我们的原创力就会越来越萎缩,可持续发展就会难以为继。"十万个为什么"畅销,遍地的"为什么"风起云涌;"淘气包马小跳"走红,无数的"淘气包"此起彼伏……所以有人说,一本书畅销会导致一类书做死、做绝。比如,2000年前后《素质教育在美国》《哈佛女孩刘亦婷》相继热销,于是"素质教育"类图书遍地开花、过度开发,导致这类图书至今不能翻身。这种跟风、仿造、模拟是一种低水平重复,让原创价值被稀释,让开拓者成果受侵蚀,是原创力的无形杀手。

因为盗版猖獗,"跟风"成风,因为反盗版执行不力,使不少原创作者和出版原创作品的出版企业利益受损,积极性受到伤害,严重影响了原创的发展与繁荣。如果全社会形成"抵制盗版,拒绝跟风,保护原创"的良好风气,如果执法部门能依法严厉打击盗版行为,行业协会能通过行规约束跟风行为,相信会有更多个人、团队与出版企业加入原创队伍,潜心挖掘原创、打造原创,我们的原创力就一定会大有提高,大有进步。

四是少儿图书作者要积极进取,努力实践,潜心创作,多出精品。作者是少儿原创的主力军,是少儿原创的最直接主体。尽管少儿出版企业的策划、编辑、推广、营销非常重要,国家政策的引导、扶持、激励也非常重要,但少儿原创的执行者、落实者是作者,他们的严谨态度与扎实作风是做原创的基础,是出精品的保障。如果少儿作者心态浮躁,急功近利,原创的质量就难以保证,难以提高。政府管理部门和企业用稿单位要遵循创作规律,努力为作者做好各种服务,为他们创造潜心创作的有利条件,让他们在良好的氛围与愉悦的环境中挖掘潜力,激发热情,认真创作,努力创新,用"十年磨一剑"的严谨、认真来努力出精品、出成果,并积极传播、推广、营销,把他们的作品、成果转化为生产力,让更多的读者、消费者从中受益。如果有更多优秀的作者加入和坚持原创,我们的少儿出版原创力一定会持续提高。

三、案例:浙江少年儿童出版社

浙江少年儿童出版社(以下简称浙少社)在业界享有盛名,一是整体经营状况良好,二是原创非常突出。浙少社已连续10年保持全国少儿图书市场占有率第一,成为少儿图书市场的"隐形冠军",全国每销售 10 本少儿图书,就有 1 本来自浙少社。[①]

在北京开卷图书零售市场监测系统提供的 2013 年 1 月、2 月两个报告中,浙少社又分别以 9.41% 和 9.12% 的市场占有率领跑少儿图书市场,跻身全国 500 多家出版社综合排名前 5 位,这也是浙少社时隔两个月之后再次打破自己在 2012 年 10 月创下的 8.94% 市场占有率的纪录,实现了地方出版的最佳表现。因此,浙少社被业界称为"中国少儿出版的一面旗帜"。

浙少社的大发展首先得益于文化体制改革。20 世纪末开始的出版体制机制改革让浙少社率先剥离了计划内的教材教辅,迈出了市场化运作的第一步。为了尽快适应市场,寻找生路,浙少社大胆试行了在用人制度、分配机制及产品选题上的"三项制度改革"。之后,浙少社又多次对内部机制进行了企业化管理、市场化运作的改革,调整了组织机构,实行了岗位工资制。改制后的浙少社更进一步完善了用人机制、分配机制,每一位员工的积极性和创造力都被充分调动起来。

对高品质图书的长期坚持,是浙少社受到市场青睐的另一个原因。不管环境如何变化,优质的产品才是出版社的名片,不断优化的产品结构才是出版社安身立命之本。"整体推进、重点突破,优化结构、丰富品牌"是浙少社的出版思路,力求畅销书和精品书齐头并进,畅销书是重点书,但重点书又不局限于畅销书,通过打造齐整的产品线,通过整体优势满足不同年龄段孩子的不同阅读需要。浙少社追求——整体强才是真正强,其中对原创孜孜不倦与精益求精的追求,成就了浙少社响亮的少儿原创品牌。

浙少社在提升原创力方面的策略是抓作家、抓作品、树品牌,形成良性循环。

针对目前诸多画家、作家版权竞争激烈的现状,浙少社率先在作者资源的整合方面迈出了第一步。浙少社不仅与蔡皋、王祖民等 15 位知名儿童插图画家签约,并将这些中国儿童插图画家的作品以整体面貌集体推出国门,在德国、日本、西班牙等国举办中国当代儿童插图画家精品展,集中展示当代儿童插画的精品。同时,浙少社还通过签订战略合作框架协议,与任溶溶、张之路、沈石溪、汤素兰、周锐及台湾的管家琪、桂文亚等国内诸多著名儿童文学

---

① 张贺:《浙少社连续 10 年童书市场占有率第一,成为童书市场的"隐形冠军"》,《人民日报》2013 年 3 月 21 日。

作家进行整体战略合作。一方面,各签约作家将自己作品的首选权及首发权交给浙少社;另一方面,浙少社也整合专业的编辑、营销、出版力量,全力打造品牌作家的优质图书,为少年儿童提供健康向上的精神食粮。

摘获"翻译文化终身成就奖""上海文艺家终身荣誉奖"等奖项的任溶溶老先生2013年已90高龄,早在几十年前便与浙少社建立了深厚的友情,精通多门外语的老先生不仅翻译了《安徒生童话全集》《小熊阿噗》等世界经典之作,而且还交由浙少社出版了《没头脑和不高兴》《我是一个可大可小的人》等原创童话、童诗作品集,给几代小读者留下了快乐阅读的美好记忆。曾经有家上海主流媒体自嘲,本土的"国宝级大家"任溶溶竟被当初名不见经传的地方小社浙少社捷足先登,肥水流入了外人田,颇有愤愤不平之意。

在维系作家资源的过程中,浙少社培养锻炼了一批骨干团队,出版了大批原创儿童文学作家精品力作的文学读物编辑中心就是典型代表之一。据了解,该编辑中心以总体11人,其中90%人员为35岁以下青年的团队规模,实现了年出版新书150余种、年销售码洋2.54亿、销售收入1.19亿元的辉煌战果,该业绩甚至超过了某些出版社整体的生产规模。浙少社文学读物编辑中心也因此被业界同行戏称为"中国第一少儿编辑中心"。保持文学板块的优势,打造"中国原创儿童文学基地"这一可持续发展的目标已被浙少社提上了日程。

浙少社一直把原创作为本社的核心产品来经营。

1993年浙少社开始推出"中国幽默儿童文学创作丛书",至今已持续出版21年,推出作品60多种。丛书首批5种推出后,并没获得市场的认可。第二批12种推出后,部分作品荣获中国作协全国优秀儿童文学奖、文化部蒲公英奖金奖、宋庆龄儿童文学奖等,因此丛书面市不到半年即开始连连重印。第一批5本书重版再印,市场亦开始接纳。这说明,在读者方面,阅读趋向的多元化已开始呈现;在出版方面,图书的市场化意义正日益凸显;在儿童文学创作方面,多样性写作已变得越来越重要。中国儿童文学开始进入了常态的发展。①

在充分发挥少儿文学畅销书市场优势的同时,浙少社精心布局了多板块开花、多领域提升的产品结构。在科普知识板块,加大了原创科普读物的研发力量,出版了由国内近20位知名科普作家携手创作的原创读物《中国少年儿童科学阅读》,同时借助媒体力量推出了由路甬祥主编的《改变人类生活的

---

① 孙建江:《儿童文学的"艺术性"与"大众性"》,《文学报》2009年5月21日。

119个科学瞬间》；在低幼家教领域，推出了《七彩童书坊》《半小时妈妈/爸爸》等学前启蒙亲子读物，丰富了品种规模；在图画书、桥梁书板块，推出了由国内十多位知名儿童图书插画家创作的《中国原创绘本精品》系列、《大嘴鲸桥梁书》系列，引进了精品绘本《小问号小叹号绘本》等；在动漫板块，引进了日本人气读物《家庭教师》系列，推出了《校园爆笑王阿U》原创系列。除传统细分板块，浙少社也尝试在网游领域推出了相关重点图书，如《赛尔号宇宙大冒险》《摩尔庄园荣耀前传》《摩尔勇士》等系列正在热销中。①

　　作为较早走上阅读推广之路的出版社之一，浙少社的名家人文行活动从最初只在浙江、江苏等地开展，到现在已经走进新疆、云南、宁夏、辽宁、山西、天津等全国近20个省份（含直辖市），在业内及读者当中产生了广泛而深刻的影响。为了更好地营造阅读氛围，形成健康阅读的示范效应，2012年世界读书日前后，浙少社经过多年筹备的阅读示范基地创建工作正式落地启动。据了解，经过层层筛选和对各地学校阅读情况的调研，浙少社在浙江、江苏、山东、安徽、深圳等五省市遴选了包括杭州绿城育华小学、安徽芜湖凤鸣实验小学、山东青岛嘉峪关学校、深圳后海小学等10所在当地颇有影响力的小学，设立为首批"浙少社全国阅读示范基地学校"。浙少社组织张之路、沈石溪、周锐、管家琪、董宏猷、汤素兰、杨红樱等诸多儿童文学作家先后走进学校，为孩子们带去丰富多样的主题讲座。此后，阅读推广活动的主题也从文学阅读进一步拓展到"与科学家面对面"的科普知识领域。浙少社有关负责人表示，全国阅读示范基地，特聘海内外名家为阅读指导专家顾问，并利用名社、名家、名师、名作的优质资源，配合学校的读书节、书香校园等文化项目，提供名家讲座、名师培训、优秀精品读物等服务。这也是浙少社构建整体营销体系，逐步完善"推广作品—推广作家—推广阅读"营销价值链，形成良性互动、良性循环，从而真正实现品牌营销、文化营销的整体提升。

　　从上述情况我们可以看到，浙少社在提升少儿出版原创力方面，一是重视少儿原创，在20年前别的少儿出版社还没有充分意识到少儿原创的重要性时，浙少社就开始认真抓原创，并持之以恒，积累了丰富的原创资源，包括作品资源、作者资源、渠道资源、品牌资源等，使自己一直处在少儿原创出版的领跑地位，其出版理念、出版产品、经营模式、管理方式等很早就开始转型，在

---

　　① 桂琳：《浙少发力少儿出版首次闯入综合排名前五》，《中华读书报》2012年11月28日。

少儿出版领域是领先的甚至是超前的;二是重视少儿原创的人才培养,一方面培养原创作者包括文字作者、插画作者,另一方面培养本社策划、设计原创作品的优秀编辑(年轻化、专业化),为人才的培养不断创造和优化条件,鼓励更多作者、作家、编辑成长、成才,通过培养人才吸引更多作家、作者加盟浙少社,在浙少社的宽广平台上创业、创新,实现自己的人生理想;三是注重少儿原创作品的推广与营销,形成了专门的推广制度与推广渠道,整合并优化了已有资源和潜在资源,让少儿原创品牌发挥出更大作用,创造出更多价值;四是原创品种不断增多,所占市场比例不断增大,除把少儿文学图书作为立社之本重点培育与经营之外,浙少社还开发了少儿科普、少儿动画、少儿网游等类型的图书,原创图书所占市场份额也越来越大,不仅在本社而且在全国,其原创少儿图书的比重与影响都在不断扩大,为浙少社的可持续发展奠定了坚实的基础。

第二节　再　创　力

所谓再创就是在原创的基础上通过各种形式与手段进行整理、改编、演绎、演化、延伸、拓展。所谓再创力,就是在原作基础上进行创编、创写、延伸、拓展的能力。

在数字化日益普及的今天,出版业要想单一依赖纸质图书来赢利已是捉襟见肘,难以为继,如果赢利有困难或者持续赢利有困难,图书的文化传播力与文化影响力势必日渐式微,从业人员的生存、生计也有可能会出现问题。所以出版业一方面要努力做原创、做精品,这是基础,是进一步发展的"根据地";另一方面也要打开思路做再创,大力开发图书延伸品、衍生品,把优秀原创作品的优势与内涵挖掘出来、扩展开去,努力实现"一种内容,多次售卖"或者"一种内容,延伸、衍生出更多新的内容,尽可能多地传播、销售与赢利",从而把优秀原创的精髓更好地利用起来,加以演化与改编,传播给需要的读者,以丰富文化内涵,提升传播能力,拓展赢利空间。

如果说原创是本质创新、基础创新,那么再创就是再次创新、升级创新,是另一种形式的创新。当然,也有平庸的再创,"剪刀＋糨糊"、东拼西凑就是平庸的再创。有创意的再创、提升型的再创、在原创基础上融入新理念与新活力的再创,才是创新。我们要努力做与众不同的再创、非同寻常的再创、

"更上一层楼"的再创,而不是千篇一律的再创、老生常谈的再创、让读者看了开头就知道结尾的平庸化的再创。再创要有生命力,就必须既汲取原创的精华、精髓,又有新的开拓、探索。少儿出版和成人出版一样,要力戒复制式的简单化再创和无创新含量的平庸化再创。

再创包括"物理"属性较多的延伸与"化学"属性较多的拓展,将在下一章即第四章做详细论述。

第三节　小　　结

中国少儿出版按出版流程来看,在生产准备阶段就应该做出清晰规划,即准备出版的作品是原创作品还是再创作品,是否需要作延伸与拓展。中国少儿出版在生产准备阶段要通过转型努力提升原创力。

原创力是指自主运用创造性思维,进行创新、研发、首创的能力。原创力包括原始创新、集成创新、融合创新等。提升中国少儿出版的原创力意义重大而深远,不仅有利于中国出版整体实力的打造,更有利于中国优秀文化的传承与传播。

提升中国少儿出版原创力要靠政府引导、企业推进、作者实践,全社会共同努力。一是国家要从战略高度进行政策鼓励、宏观规划,着力打造国产少儿原创品牌;二是少儿出版企业要加大推广、营销力度,让精品原创能开花结果,获得读者喜爱与市场认可;三是执法机关与行业协会要加强监管,打击盗版,净化风气,优化环境,保护原创作品不受侵害;四是少儿图书作者、作家要积极进取,努力实践,潜心创作,多出精品。

浙少社自成立以来,一直坚持做原创,团结和吸引了一大批优秀的原创作家,出版了一大批优秀的原创作品,打造了响亮的原创品牌,近年来又致力于做阅读推广,提升了出版社的原创力与整体竞争力,形成了整体良性互动与循环。浙少社已连续 10 年保持全国少儿图书市场占有率第一,成为少儿图书市场的"隐形冠军",全国每销售 10 本少儿图书,就有 1 本来自浙少社。

再创是在原创的基础上通过各种形式与手段进行整理、改编、演绎、演化、延伸、拓展。再创力,就是在原作基础上进行创编、创写、延伸、拓展的能力。再创力主要包括延伸力与拓展力。

第四章　中国少儿出版拓展力分析

中国少儿出版的再创力包括延伸力与拓展力。拓展力在某种程度上包含了延伸力,也即再创力主要就是拓展力。中国少儿出版在生产准备阶段与后续生产阶段、营销阶段要通过转型努力提升拓展力,提升少儿出版企业的核心竞争力。

第一节　提升延伸力的方法

所谓延伸本指在宽度、大小、范围上向外延长、伸展,借指在少儿出版领域内做内容与形式的平移、增删、改写、引申、演化、演绎,而形成新的内容与产品。延伸力是指对图书选题作各种延伸而创造新选题、新产品的能力。

一、延伸的种类与方法

少儿出版的延伸开发至少有三条路径,一是在形式上作延伸,二是在内容上作延伸,三是在形式与内容上同时作延伸。

在形式上作延伸,即相同或相似的内容用不同的形式或者不同的载体来展现,以满足不同读者的不同爱好与不同需求。比如《三国演义》,可做成精装本、平装本、插图本或者普及版、典藏版、升级版;比如《登上健康快车》,可做成老年版、中年版、青春版、成人版、少儿版;比如《十万个为什么》,可做成纸质图书、CD、VCD、DVD、电子书、手机读物、数据库等。形式上的延伸开发,出版界已有很多尝试与探索,并取得了较为丰富的经验与较为不凡的成果。

在内容上作延伸,即对图书作增删、改写、重组、延续、演化等而衍生出新的图书。比如《三国演义》,可以做成改写本、注释本、点评本、动画本、戏说本等;比如《窗边的小豆豆》登上少儿畅销书排行榜后,出版公司马上出版了续篇《小时候就在想的事》;比如《历史是什么玩意儿》一炮走红后,出版公司马上推出同名续篇,以延续良好口碑,扩大品牌优势,抢占更多市场,获得更多利润。内容上的衍生开发,出版界已有很多尝试与探索,也取得了不少经验与成果。

在形式与内容上同时作延伸,即以图书的某一个人物、某一个情节、某一个方面为出发点,在内容与形式上作立体的、全面的构思与创造,从而衍生出新的作品(产品),这新的作品(产品)有可能仍是图书,也有可能是非图书。比如杨红樱创作的儿童小说"淘气包马小跳"系列受到孩子们的欢迎与喜爱后,杨红樱即以"马小跳"故事里马小跳的表妹杜真子养的宠物猫——笑猫为主人公,创作了系列童话"笑猫日记",同样也受到了孩子们的欢迎与喜爱;迄今为止,"淘气包马小跳"已成为中国原创儿童文学图书里销量最大的经典作品(总销量2300多万册),历时十多年而不衰,"笑猫日记"也同样稳居少儿畅销书排行前列;"马小跳"还衍生出动画电视剧、动画图书、漫画版图书、马小跳作文、马小跳杂志等。又比如J.K.罗琳的"哈利·波特",由图书衍生出电影、DVD、录像带、电视片、游戏、广告、玩具、文具、服装、视频、饮料、手机、主题公园、主题旅游等,甚至还有以"哈利·波特"命名的火车,形成了一个庞大的产业链甚至是产业网,而这个产业链、产业网还在不断延伸、拓展、丰富。这种通过融入更多创意、创新来延续、深化、激活、拓展原作品的运作思路与运作方式,正是中国出版业、中国文化产业所欠缺并急需加强与提升的。

不管选用哪一条路径来对图书(作品)作延伸开发,创新都是关键。如果说原创是第一次创造、创新,那么延伸开发就是第二次、第三次甚至第四次……没有创新含量的延伸开发是没有生命力的,也不会受到少儿读者的欢迎与喜爱。

比如,《资本论》1867年问世,是马克思花费毕生精力和心血写成的马克思主义经典著作,是马克思一生从事经济学科学研究的代表作,这部经典巨作问世已百余年,仍有强大的生命力和重大的现实指导意义。二十一世纪出版社认真总结以连环画形式改编中国史学名著的成功经验,努力探索新的表现形式,他们把《画说〈资本论〉》确定为重点选题,提出了图书质量要达到

"高、保、真"的要求,高是指要有较高的立意,保是指确保这本书成为精品,真是指真实地反映原著精华,他们请中国《资本论》研究会会长宋涛教授领衔担任主编,经过精心选择、改写,将 200 万字的原著浓缩成 30 万字的文字脚本。脚本既保持了《资本论》的原貌和精华,又做到了通俗易懂。为使绘画者更充分地用漫画形式反映《资本论》的理论观点,文字创作者对每一段文字都作了详尽的提示,供绘画者参考。绘画者按照专家、学者的意见和要求,精心绘制了 5000 多幅图画,对《资本论》的理论、观点等作了直观、形象的诠释。二十一世纪出版社历时 3 年推出了 4 卷本《画说〈资本论〉》(1995 年 12 月)。[①] 图书一经面世,即引起极大关注与重大影响,它既可给青少年读者阅读,也可供普通文化的成人读者阅读,是普及类的大众读物,当时受到了很多读者的极大欢迎与喜爱,可谓名满天下。后来二十一世纪出版社又组织专家进行了认真的修订,力求让这部图文并茂的《画说〈资本论〉》更忠实于原著,更易于被读者接受。至今《画说〈资本论〉》面世已有 19 年历史,依然是不可多得的经典图书。这是演绎经典图书而成为经典图书的一个典型案例。

20 世纪 90 年代初,二十一世纪出版社大规模地出版历史名著连环画丛书,首开用连环画形式诠释历史名著的先河。他们出版有《史记》连环画、《资治通鉴》连环画、《战国策》连环画等,其中《史记》连环画的版权输出到韩国,实现了该社版权贸易零的突破。这种画说形式发展到高峰,即是《画说〈资本论〉》和《光辉的旗帜》的出版。《画说〈资本论〉》当年发行五六万套,取得了经济效益和社会效益双丰收,荣获了中宣部五个一工程奖。[②] 这是用少年儿童喜闻乐见的形式改编经典名著的重要尝试与创新。

20 世纪 90 年代,三联书店出版的台湾漫画家蔡志忠先生的系列古典漫画《庄子说》《老子说》《菜根谭》等,以幽默风趣、浅显易懂的漫画来说明博大精深的哲理,[③]也曾风行一时,受到少儿读者的欢迎与喜爱。

进入 21 世纪,少儿出版所作的各种延伸开发已是屡见不鲜,成为常态化。比如《三国演义》的精装本、平装本、插图本、改写本、注释本、点评本、动画本、戏说本以及成人版、少儿版、青春版、典藏版、升级版……比如《登上健康快车》(北京出版社)之后又有《登上少儿健康快车》(北京少年儿童出版社)、《40

---

①　朱胜龙:《把经典著作转化为大众读物》,《出版参考》1996 年第 10 期。
②　张秋林:《天道酬勤亦酬新》,《中国图书商报》2008 年 11 月 18 日。
③　陶然:《蔡志忠的古籍漫画》,《东方艺术》1994 年第 3 期。

岁登上健康快车》(漓江出版社)、《60 岁登上健康之路》(漓江出版社);①比如《素质教育在美国》《哈佛女孩刘亦婷》《谁动了我的奶酪》《天亮就分手》《舌尖上的中国》各自延伸出众多新选题……

毋庸讳言,这些延伸选题与作品有做得好的,也有做得不好的,有些新选题有创新性,有些则纯属简单克隆,甚至是抄袭、剽窃别人的创意,稀释甚至糟蹋了原有品牌。

有一种模写与仿写,也属于内容与形式的延伸与衍生。比如《谁动了我的奶酪》热销后,"谁动了我的……"相继面市;《我为歌狂》走红后,"我为……狂"也争相出笼;央视播映美食纪录片《舌尖上的中国》一炮走红后,立马就有"舌尖上的……""针尖上的……""鞋尖上的……"等图书蜂拥上市。这类模写与仿写应该说有不少是别开生面的创造、创新,但更多的却是东施效颦、狗尾续貂的拙劣跟风,因为缺少创造因子,缺少创新含量,不少模写与仿写作品不仅不受欢迎,甚至被鄙视、被舍弃。

跟风有做到极致的,不仅延续始创者的辉煌甚至风头盖过始创者,或者反过来助推始创者更上一层楼;跟风也有损人不利己、臭名昭著的,好端端地把始创者的良好口碑与品牌给破坏了、搅黄了。总体来说,跟风总是跟着别人的思路跑,跟着别人的创意跑,掩饰不住的是模仿的痕迹与模仿的无奈;跟风总是跟着感觉走、跟着潮流走、跟着热门走,显得急功近利,目光短浅,所以跟风难成大气候,难有大成就。一味跟风,简单模仿,不仅败坏了风气,也钝化了自身的创造力,降低了自身的竞争力。

出版业包括少儿出版业的一味跟风、简单克隆已成为多年来的顽症,导致很多出版人不愿意下工夫做原创,因为花时间、花精力、出智慧、出金钱,好不容易做出一个原创品牌,可能还未收回成本实现赢利,马上就会有人模仿、抄袭、借用,新创造的品牌很快被稀释、被化解、被转移,收益甚微。久而久之,原创越来越少,延伸、衍生自然也没法进行。所以,模写与仿写的思路、方

---

① 刘必钦:《读史风卷起的是什么?》,《中国邮政报》2006 年 10 月 28 日。生活保健类图书乘上"快车",《40 岁登上健康快车》和《人体使用手册》等生活保健类图书的表现优越,从"非典"到"禽流感"事件,从"苏丹红"到"SKⅡ"事件,说明现代人越来越重视健康和养生保健。作者洪昭光凭着《登上健康快车》这一品牌,迅速增加其家庭成员数量,从《登上少儿健康快车》《40 岁登上健康快车》到《60 岁登上健康之路》,这列火车在市场的铁轨上越跑越快,销量直线上升,成为真正的名副其实的"快车"。这是漓江出版社再次运用借品牌延伸打造产品的出版策略,这类普及健康读本仍具有较多的市场潜力可以挖掘,但需做好选题和策划。

法可以借鉴,但再创造、再创新的本质却不能忘却,不能缺失。

作为编辑、出版个体,在打造精品原创的同时,也要及时考虑如何自主开发延伸品、衍生品,或者通过合作方式开发延伸品、衍生品,以防止自己下工夫、花气力开发、创造的优秀产品被跟风、模仿,被抢占胜利果实。把延伸、衍生的诸多可能与细节事先策划好、设计好,做足做透,让跟风者无法跟风,这是原创者的另一种创新与境界。

不管是做原创还是做延伸,创新是关键,创新是生命力。没有创新,一切都免谈。

二、延伸的风险与机遇

图书延伸开发需要规避风险。之所以要做延伸开发自然是因为原创很好或者比较好,有再开发、再利用的价值与潜力。

图书延伸开发一般会出现四种结果:一是初始开发大红大紫,延伸开发不温不火(未达到预期效果);二是初始开发不温不火,延伸开发大红大紫(东边不亮西边亮);三是初始开发大红大紫,延伸开发也大红大紫(两全其美,花好月圆);四是初始开发不温不火,延伸开发也不温不火(操作有误,得不偿失)。

初始开发与延伸开发有可能是同时进行,比如全媒体出版就是齐头并进;也有可能是先做图书再做延伸。但不管是同时进行还是先后进行,初始开发与延伸开发都是风险与机会同在,挑战与机遇并存,做好了,锦上添花,互相推动与促进,甚至通吃,没做好,有可能血本无归,一败涂地。所以,"书市有风险,入市须谨慎",初始开发与延伸开发都需要做市场调研与预测,以规避风险,化解风险,扬长避短。

可以想象,初始开发者与延伸开发者有可能是同一主体,也有可能是不同主体。因为开发主体不同,在延伸品、衍生品的开发上就有可能出现激烈的资源争夺、品牌争夺,引发复杂的利益冲突。所以,在作初始开发与延伸开发时要充分考虑到有可能发生的风险、矛盾与冲突,事先做好各种准备与防范,一方面避免操作不当引起纠纷,造成不必要的损失,另一方面也保护自己与合作者的合法权益。出版业和文化产业需要有明晰、健全的法律意识,以协调和保证原创者、新开发者正当、合法的权益,也保证和促进图书初始开发、延伸开发沿着健康、良性的方向发展,共同促进,共同提高。

第二节 提升拓展力的方法

所谓拓展就是开拓、扩展的意思。

如果说少儿出版的延伸多指在行业内对少儿图书进行内容与形式的扩展与演化,改编、衍生出新作品、新产品,那么少儿出版的拓展则多指在行业外或者跨行业对少儿图书进行内容与形式的扩展与演化,衍生、打造出跨行业、跨领域的新作品、新产品。也就是说,当少儿图书的延伸开发慢慢超出图书领域进入其他领域后,延伸已开始由过去的"物理变化"演变为"化学变化",行业内的延伸也就演变为跨行业的产业链的拓展。

其实拓展在一定程度上包含了延伸,是更高层次的延伸,是立体的延伸与衍生。图书延伸品、衍生品的开发一方面模糊了出版业与其他文化产业的界线,另一方面也加速了出版业与其他文化产业地融合,以致出版产业链的不断延伸与扩大。

所谓拓展力就是在原创的基础上向各个方向作延伸与扩展,不断拓宽、拓长产业链,开发新产品,打造新品牌,促进文化产品立体发展、良性发展的能力。

如果说少儿原创主要是在少儿出版的生产准备阶段由作者完成,或者在出版社的策划、指导与协调下由作者具体落实与完成,那么少儿拓展则贯穿了少儿出版的生产准备阶段、生产阶段与营销阶段的全流程,更多由出版企业主导来完成。

一、拓展的意义

所谓出版产业链,过去是指从作者、出版社、分销商、批发商、经销商到读者这六方之间的链条关系,现在是指从传统出版延伸到数字出版和其他领域的生产与销售链条。因为出版业与其他文化产业地融合在不断加速,形态也在不断变化,在未来甚至有可能形成产业网,而不仅仅是产业链。

出版产业链的拓展是指将出版产业延长,超过本行业的上下游,将图书产品发展、延伸到其他行业,如影视、服装、餐饮、玩具、音乐、游戏、主题公园等。随着社会的发展和文化竞争的加剧,全球的经济竞争不再是单一企业、单一行业的竞争,而是逐步上升为产业链的竞争。

出版产业链是出版发展到一定程度的产物,而出版产业链的拓展则是产业交错融合趋势下出版产业链发展到一定程度的必然现象。拓展出版产业链,从宏观看,可以影响一国的文化产业发展情况,一国的经济发展情况;从微观看,可以影响出版业本身以及文化产品本身的销售情况。

出版产业链拓展,图书衍生品开发,一是可以促进图书销售,延长图书生命。如果图书销量原本不尽如人意或者已经过了热销阶段逐渐被人们淡忘,那么随着图书衍生品(比如影视)的面世,又将掀起新一轮更为强劲的图书销售热潮。

比如,"2003 年《暗算》由世界知识出版社出版时销售业绩平平,但根据小说改编的同名电视剧《暗算》播出后,小说《暗算》就开始全面热销。"[①]又如《魔戒》,出版于 1954 年,经历半个世纪后,基本已淡出大众视野。2001 年底《魔戒首部曲》(又名《指环王1:魔戒现身》)上映,取得了非常好的票房成绩,受电影的影响,《魔戒》图书再次掀起阅读热潮,"不仅使更多的读者认识了作者约翰·罗纳德·瑞尔·托尔金(J.R.R.Tolkien),而且使该书赢得了更多魔幻文学爱好者的认可"[②]。可以说,《指环王》系列电影的上映,对《魔戒》系列图书再次走向广大市场起到了巨大的推动作用。

二是有利于实现各方价值增值。图书衍生品增加,出版产业链拓展,图书、电影、电视剧、话剧等联动传播,有利于实现各方的价值增值。白先勇的青春版《牡丹亭》在这方面就获得了很大成功。

《牡丹亭》为明末文学家汤显祖所创作,是中国戏曲史上的经典名著,全名为《牡丹亭还魂记》,共有五十五折,著作虽然经典,但当代年轻人并不熟知。2004 年,由台湾著名作家白先勇主持制作,台湾与内地艺术家携手打造的青春版昆剧《牡丹亭》,一下子让这部经典名著再次大放异彩。白先勇和编剧小组将五十五折的剧本改为二十九折,先后在国内各大剧院上演,颇受好评。随后《牡丹亭》走向国际,在美国、英国、希腊等国巡演,场场爆满。继青春版昆剧《牡丹亭》之后,2008 年开机摄制越剧电视剧《牡丹亭还魂记》,2009年摄制正剧电视剧《牡丹亭》,2011 年上海电影集团与浙江凯恩影视及香港卫视携手拍摄电影版《牡丹亭》,同年在繁星戏剧村上演小剧场青春话剧《牡丹

---

① 邹蕊、刘永坚:《浅议图书衍生品及其品牌塑造》,《出版科学》2008 年第 1 期。
② 徐丽芳:《出版产业链价值分析》,《出版科学》2008 年第 4 期。

亭》，一时间衍生物众多。青春版昆剧《牡丹亭》的演出对图书《牡丹亭》的热销起到了一定的推动作用，图书的版本也变得多样化——插图版、校读版、评析版等竞相上市，争妍斗艳。不仅成人在关注、观看、阅读，青少年也在关注、观看、阅读。①

青春版《牡丹亭》昆剧、越剧、话剧、电视剧的面世推动了图书的热销，而图书的热销又激起读者观看影视剧版或者剧院版《牡丹亭》的欲望，从而推动图书及其衍生品的共同发展，实现图书与衍生品的价值增值（准确地说，在这里图书是戏剧的衍生品）。

三是有利于提升品牌影响力。由出版产业链的拓展所打造出来的品牌是包括图书、作者、衍生品等在内的整体品牌，具体可分为角色品牌、主题品牌、作者品牌。

角色品牌是指图书中的角色形象深入人心，从而形成独特的品牌形象。有的是形成一个固定的角色品牌，比如《机器猫》图书与衍生品中，均以"机器猫"为主要形象；有的则是形成多个角色品牌，比如《喜羊羊与灰太狼》中，喜羊羊、美羊羊、懒羊羊、沸羊羊、灰太狼、红太狼、小灰灰等都形成了自己的衍生品，从饮食、服装到玩具，实现了角色品牌的多样化。

主题品牌是指以作品的名字形成的品牌。比如"哈利·波特"②，其衍生品涉及各种角色、各种品类，但其品牌均归属一类——"哈利·波特"。又比如《竹兜快乐家庭》③是红黄蓝教育机构原创的一套针对学前儿童家庭教育的系统产品，包含 DVD 光盘、绘本读物、认知读物、亲子手工书、益智玩具、CD光盘、家庭教育环境材料和父母用书八大组合。八大组合的同时发行，形成了自己的主题品牌。

作者品牌是指通过图书及其衍生品烘托出作者的个人品牌，从而为作者其他作品的发布与衍生提供更好的平台。比如桐华的《步步惊心》。2005 年，桐华在网络上连载《步步惊心》；2006 年《步步惊心》图书出版，2009 年、2011年图书两度修订再版；2011 年电视剧《步步惊心》播出，为桐华加了一把火，图书《步步惊心》大销，并且大大提高了桐华的个人知名度，其所著的其他图书如《大漠谣》《云中歌》等也成为畅销作品。这是通过图书衍生品形成作者品

① 丁杨、白先勇：《姹紫嫣红间流年似水》，《中华读书报》2004 年 6 月 9 日；柯华杰、陈久志：《青春〈牡丹亭〉杭州再演，一部戏激活一家出版社》，《杭州日报》2011 年 11 月 16 日。
② 吴葆：《鲜为人知："哈利·波特"畅销秘诀》，《经理日报》2008 年 9 月 13 日。
③ 许巍：《红黄蓝推出〈竹兜快乐家庭〉》，《中国质量报》2011 年 9 月 30 日。

牌,以推动作者其他作品的销售。少儿出版也有类似情况,比如著名少儿文学作家曹文轩,其《草房子》图书1997年12月由江苏少年儿童出版社出版,引起较大反响,1998年作品被拍摄成电影后,引起更多关注与热评,进一步推动了图书的销售,也带动了曹文轩其他作品的畅销。曹文轩的作者品牌形成以后,其《草房子》与其他作品一直名列少儿畅销图书排行榜前列,历时十几年而不衰。这里既有曹文轩的作品质量高、品质优的原因,也有曹文轩的作者品牌好、形成联动效应的缘故,质量与品牌相辅相成,互相促进,推动图书产品畅销甚至常销。

不管最后形成的是角色品牌、主题品牌还是作者品牌,出版产业链的拓展可以使图书及其衍生品凝聚在一起,产生更强的品牌影响力,从而推动图书及其衍生品的传播与销售。

二、拓展的种类

出版产业链的拓展有两个操作维度:一是行业内拓展,二是跨行业拓展。

行业内拓展包括横向与纵向两个方向。横向是图书—报纸期刊—广播电视—数字多媒体,其目的是以不同的媒体形式来充分利用内容资源,进而形成相得益彰的文化产品格局。比如海天出版社1996年出版的郁秀的青春小说《花季·雨季》曾风行全国、畅销一时,并被改编、拍摄成电影,海天出版社抓住这一有利时机,创办了同名期刊,目的就在于延续畅销品牌,充分利用好这一资源。纵向是造纸(出版上游)—出版—印刷发行(出版下游),这是出版上下游相关行业的产业链构造,比如目前不少出版集团就有自己全资或占股份的印刷企业或者发行公司。[①]

跨行业拓展也称多元化产业链拓展,走向是出版—其他行业,是以出版主业积累的资本进入投资回报率高的非出版相关行业。[②] 比如重庆新华书店集团公司近年来通过拓宽经营渠道来增强企业的市场竞争力和发展后劲,初步形成了出版物发行、光盘制造、酒店旅游、房地产开发四大产业板块。[③] 或者是出版社通过股份合作、版权贸易、形象授权等方式介入其他行业,比如

---

① 翁昌寿、刘晓东:《解读图书出版产业链》,《中华读书报》2002年9月11日。
② 同上。
③ 周猛:《经营求索,新华副业渐成规模》,《出版商务周报》2012年9月27日。

《杜拉拉升职记》①一书的话剧、电视连续剧、电影、服装等的开发。

跨行业拓展的主体有可能仍是原出版企业,有可能是原出版企业与其他企业(通过某种方式进行互惠互利的合作),也有可能是与原出版企业毫无关联的其他企业(特别是对版权已进入公共领域的图书进行衍生品开发时)。

行业内拓展,出版同仁基本上已操作得游刃有余,得心应手,但其施展空间有限,潜力不是很大。跨行业拓展,则刚刚起步,潜力巨大,是出版业包括少儿出版业今后的一个发展方向与发展趋势。

近年来,图书往影视方向拓展(或者影视往图书方向拓展),与影视互动,或借影视之力传播、营销,往往取得了非常不俗的业绩,像《蜗居》《山楂树之恋》《让子弹飞》等图书的销售飘红很大程度归功于相关影视节目的带动。但因图书的畅销导致一个行业的兴旺或因一个行业的兴旺导致某类图书持续热销的景况却没能再现,这是值得我们思考和研究的。比如,2000 年、2001年图书《富爸爸穷爸爸》的畅销拉动了财商培训的火爆,同时财商培训的火爆又进一步扩大和延续《富爸爸穷爸爸》图书的热销。2000 年前后,因新东方英语培训班的强力发展导致新东方书系(英语类语言图书)迅速热销,新东方书系的热销也进一步推动新东方英语教学与出国培训的升温与火爆。② 这种某类图书的出版与某个行业的发展互相推动、促进的现象近年来不再多见。

所以,出版业特别是少儿出版业如何向动画、影视、教育、培训、游戏、音乐、体育、服装、玩具、文具、饮食、旅游、广告、新媒体等文化产业或邻近产业作拓展,是出版人面临的新课题与新机遇。出版产业链拓展难在跨行业拓展,这需要智慧与勇气,需要创造与创新。

三、国外少儿拓展借鉴

中国少儿出版产业链作跨行业拓展首先需要解决谁来做拓展、怎么做拓展的问题。

谁来做拓展? 如果有可能,当然是图书开发者也即少儿出版企业自己来做拓展最划算,因为"肥水不流外人田",自己的资源自己充分利用最有利。但"术业有专攻",专业性是不能回避的问题,比如做少儿出版的企业直接投

---

① 《杜拉拉升职记》,http://blog.sina.com.cn/s/blog_535722830100ugyd.html。
② 翁昌寿、刘晓东:《解读图书出版产业链》,《中华读书报》2002 年 9 月 11 日。

资做少儿影视,专业吗?值得怀疑,毕竟"隔行如隔山"。此外,还有资金投入等其他方面的问题,比如少儿出版企业投资做少儿影视,有足够的资金吗?这也值得怀疑,因为做少儿出版不需要太多资金投入,而做少儿影视则恰恰相反,需要大量的资金投入。资本不够雄厚的少儿出版企业如何筹资、融资,如何化解跨行业拓展大规模投资的潜在风险?这是必须面对的非常现实的问题。从国际上少儿出版的行业惯例来看,大多数情况下,少儿出版企业是通过形象授权、合作协议等方式来展开跨行业产业拓展。在美国和欧洲,大多数出版商、发行商都希望自己出版、经营的图书能被好莱坞选中,因为一旦被选中,不仅可得一笔可观的改编费,还由于电影是强势媒体,如果改编拍摄成电影就意味着能极大地带动图书的销售,甚至带动图书向玩具、服装、音乐、旅游等更多领域作拓展。在中国也一样,大多数作者和出版企业都希望自己创作和生产的图书能被影视公司选中,因为影视的带动作用太大了,能推动图书的销售及向其他领域拓展。

影视公司在制作电影、电视时,如果剧本或原作还未出书,影视公司也会积极想办法促成图书与影视的同步开发与出版,也有出版公司会主动与影视公司联系出版事宜。比如《哪吒传奇》①《虹猫蓝兔七侠传》②在制作动画片时,央视就积极寻找图书出版合作者,当动画片在央视播映时,图书也同时上市热销,两者同步进行,互相影响,互相推动,达到了一种相得益彰的效果,这两套动画图书当时也迅速爬升至少儿畅销书排行榜前列。所以,当开发者有足够的依据和信心坚信某本(套)图书确实潜力很大,在策划时就应该通盘考虑,整体运作,积极促成图书与影视、玩具、服装等的同步开发、同时上市。退一步,如果没有很大的把握或者因为风险较大,可以先认认真真做图书,当图书初步畅销、渐露锋芒、品牌初具时,则赶紧考虑和策划做衍生品,做各种拓展,也为时未晚。总之,要做好原创,同时准备着做衍生品,"一颗红心,两种准备",两手都要抓,心中要有衍生品这根弦,要有做产业链拓展的意识与理念、思维与动力。

怎么作拓展?当然是要有创意,有创新,由专业人士来做新产品开发与拓展,以充分利用资源,用好资源。

---

① 曹金良:《京城春节畅销书〈哪吒传奇〉居首》,《北京日报》2004 年 2 月 4 日;王玮:《〈哪吒传奇〉的启示》,《光明日报》2004 年 5 月 25 日。

② 赵英:《揭开动画图书销售真相》,《出版参考》2009 年第 8 期;陈香:《〈虹猫蓝兔七侠传〉一个童书市场的奇迹》,《中华读书报》2009 年 9 月 18 日。

美国人将中国的国宝"熊猫"与中国元素"功夫"巧妙结合起来,打造出动画电影《功夫熊猫》,销往中国及世界,狠赚了一把。美国人还将中国著名民间故事"花木兰"充分利用,改编后制作出动画片《花木兰》,销往中国及世界,同样赚得钵满盆满。日本将我们熟知的"三国"历史题材开发成《三国演义Online》《三国策》《真三国无双OL》等网络游戏,风靡中国,又将其打造成《三国杀》纸牌游戏,于2009年开始在中国掀起一阵玩家热潮,至今未歇。

为什么中国的故事、中国的题材、中国的元素,我们中国人自己没有开发出优秀的衍生品,美国人和日本人拿过去反而开发出新产品并做成了响当当的品牌?

我们缺乏的是什么?——是敏锐,是创意,是创新。

创意从哪里来?——从我们的实践中来。

怎么做创新?——扎扎实实做创新。

我们可以借鉴国外的拓展经验,打开创意思路。比如日本的动漫,除了做动漫图书、动漫电视剧、玩具娃娃等以外,开发商还开发了主题餐厅,营造与动漫内容相同或相似的餐厅氛围,深受顾客欢迎与喜爱。主题餐厅一方面可做饮食,另一方面也可成为该品牌的推广场所,可以在店内摆放动漫图书,播放动漫电视剧作为顾客的消遣,还可以设置展台,展销玩具娃娃,从而扩大销售市场。

美国的迪士尼乐园也是这样,一方面在动画产品之外拓展主题旅游,吸引大批游客观光,另一方面借助主题旅游巩固、强化品牌形象,既积累人脉资源,提升品牌实力,又相互促进,推动产品(图书、玩具、服装、影视等)的营销,推动多元合作。[①]

四、拓展的方法

拓展少儿出版产业链我们要心动加行动。

一是要重视人才培养,提高创新能力。一方面各高校可开设出版产业链拓展的相关专业或课程,努力培养文化产业链相互拓展的专业人才,形成多元化的人才智力库;另一方面应努力提高从业人员的综合素质,从业人员不

---

① 任素华:《从迪士尼看国外大型文化集团的经营之道》,《第十届中国科协年会文化强省战略与科技支撑论坛文集》,2008 - 09 - 01, http://wenku.baidu.com/view/1e79c38171fe910ef12df810.html。

仅要善于挖掘原有图书资源和可用元素,而且要有资源整合能力、产品构思能力与市场营销能力。

二是既要打造原创精品,又要大胆拓展,开发更多优秀衍生品,两者并重,互相促进。原创是源,衍生是流,原创是基础与根本,衍生是转移与提升,没有好的原创作品就难有好的衍生品。除了要善于从古典名著中挖掘题材与元素外,我们还要善于从当代作品中寻找、挖掘鲜活的素材与元素,打造知名的衍生品品牌。从出版管理部门、出版企业到编辑、作者、衍生品开发者等个体,都应该致力于打造精品原创,开发有生命力、竞争力的衍生品。我们目前的局限是,一方面对原创重视不够,精品不多,另一方面对拓展重视不够,衍生品开发还处在浅层次、粗放型阶段,开发的力度有限,深度不够,战果不丰。这两者都需要有创造、创新,都需要精耕细作、精益求精,从而扩大优势,真正打造出优秀的品牌。

三是要积极营造良好的法律环境,努力提升图书及衍生品质量。法律对图书出版与图书衍生品开发起着规范与保护的作用。要促进出版产业链的拓展,需要营造良好的法律环境,尤其需要完善与版权相关的法律法规。一方面要保护原有产品生产商的合法权益,使出版产业链的源头生产商愿意不断提升创作质量,不断提供优秀原创;另一方面要保护产业链拓展以后下端开发商、生产商的切身利益,使其愿意购买原有产品的版权进行衍生品开发,并打造衍生品精品。目前我们依然存在有法不依、执法不严的问题,比如困扰出版界多年的盗版问题如梦魇一般纠缠不清,个中原因非常复杂,但执法力度不够是一个主要原因。还有,我们的图书和图书衍生品创新度不高,竞争力不强,质量有待进一步提高。我们要努力打造有竞争力的原创作品,开发有竞争力的衍生品,两者并举,互相推动。

第三节　案例:中国少年儿童新闻出版总社与二十一世纪出版社

一、中国少年儿童新闻出版总社

中国少年儿童新闻出版总社(以下简称中少社)在产业链拓展方面做得非常出色,一是书、报、刊的立体开发,二是数字出版的开发,三是衍生品的开发,都走在了同行的前面。

2004 年,中少社所属《儿童文学》杂志社推出了十年精选本《一路风景》《盛世繁华》和《岁月留香》,在市场上引发了一阵儿童文学热,令业界颇感意外,因为当时儿童文学的选集一直处于不咸不淡的尴尬局面,少儿读物市场也比较沉寂。但是《一路风景》系列的大卖却叩开了这扇大门,找回了少儿读者许久没有的阅读感受,接着很多出版社也纷纷推出类似的儿童文学作品。为了扩大和挖掘这块市场,中少社再次推出六大本的儿童文学选集《纯真年华》,特邀《儿童文学》杂志八九十年代以来最负盛名的百名儿童文学作家,如曹文轩、张之路、秦文君、金波、梅子涵、沈石溪等,精选他们最富有时代气息的获奖作品。这数百篇获奖作品,基本囊括了儿童文学界的所有奖项,如冰心儿童文学奖、陈伯吹儿童文学奖、全国优秀儿童文学奖、张天翼童话大奖等,反映了当代儿童文学原创的全貌。此后,《儿童文学》十年精选本图书及后续图书一直热销至今,杂志与图书的互动开发,也为业界所称道。

《幼儿画报》创刊于 1982 年。刚创刊的时候,《幼儿画报》是季刊,每期有十来篇故事和儿歌,定价二角四分钱。到 2012 年,《幼儿画报》每月发行量已达到180 万册;以《幼儿画报》为基础组建的中少社低幼读物出版中心,2012 年 1~9月发行码洋为 2.9 亿元,其中期刊 1.8 亿元,图书 1.1 亿元;同时形成了涵盖书、报、刊、动画、电子书刊、网站等多种介质的全媒体出版态势;衍生产品开发也旗开得胜,2012 年 1~9 月相关玩具、文具、儿童用品销售收入近 600 万元。

《幼儿画报》以教育部颁发的《幼儿园办学指导纲要》和《3~6 岁儿童学习与发展指南》为出版的基本依据,刊物所有选题来自于随刊发送的读者调查表,由高洪波、金波、白冰等顶尖儿童文学作家和画家为骨干团队来完成创作,每期刊物和重点图书付印前都要到幼儿园试读,同时还有执行到位、赏罚分明的编辑流程管理……这些专业化的运作成就了《幼儿画报》的辉煌。

2006 年组建低幼读物出版中心的当年,中少社所有低幼读物销售码洋不足 7000 万元,销售利润仅为几百万元,而 2011 年这两方面的数字分别是 2.7亿元、2800 万元,这与《幼儿画报》的做大做强不无关系。《幼儿画报》的做大做强,走的是与文化产业相融合的路子,这条道路的起点是内容创新。中少社低幼读物出版中心的高速发展,还在于遵循出版产业化的规律,走出了一条以内容创新和品牌建设为引领的产业化发展道路。

原创内容在中少社低幼读物出版中心产品群中居于绝对主导地位。《幼儿画报》《婴儿画报》《嘟嘟熊画报》《中国儿童画报》的所有内容都是原创的。

在期刊积累了大量原创内容的基础上,中少社低幼读物出版中心近 5 年来陆续开发了"红袋鼠""乐悠悠""嘟嘟熊"等系列原创图书。2012 年畅销的《植物大战僵尸》系列图书,虽然穿了件洋马甲,但就其内容而言,是原汁原味的国产货,其中文版权也为中少社所拥有,是地地道道的"洋为中用"。

好的内容要有好的传播方式,中少社低幼读物出版中心精研婴幼儿的信息接受方式,悉心打造了"红袋鼠""火帽子""跳跳蛙""乐乐""悠悠""嘟嘟熊""草莓兔""叮当狗""呼噜猪"等系列形象。这些形象深受婴幼儿的喜爱,已经融入他们的生活,成为他们的伙伴。随着出版物发行量的不断扩大,这些形象也自然成为中少社低幼读物出版中心的品牌形象。出版做到这一步,产业化就成了水到渠成的事情,很多合作者主动找上门来谈合作。近几年来,中少社低幼读物出版中心陆续开发了动画、语音智能玩具、点读笔、文具、电子书等产品,已经初步形成一条较为完整的出版产业链。也许在两三年内,还可以看到中少社低幼读物出版中心的室内主题公园。①

2013 年,中少社所属《嘟嘟熊画报》杂志改版为国内第一本玩具刊。据中少社介绍,立体玩具书在欧美已经有一百多年历史,其特点是可读可动,跳出传统平面书的限制,创造出三维立体的空间,美妙的视觉图像让幼儿读者在翻开书本的瞬间,看到不同的造型设计跃然纸上,为幼儿提供了一个可以"动"手去"玩"的对象,创造了一个"玩中学,学中玩"的立体阅读环境。中少社也在着力打造国内第一本真正具有立体互动性的百变玩具刊。从 2013 年1 月起,全新的《嘟嘟熊画报》立体玩具刊每月增加为 3 本刊,包括快乐故事刊、互动游戏刊和百变玩具刊。其中幼儿故事由著名儿童文学作家、"蓝皮鼠和大脸猫"之父葛冰先生创作,图画都是由著名儿童插画家创作的原创手绘作品。而游戏刊每期都采用不同的形式和材质,使刊物呈现出丰富多彩的样式,包括发声书、洗澡书、面具书、儿歌书、转盘书等,将使幼儿的阅读体验妙趣横生。这在国内尚属首次。②

2010 年秋天,中少社成立了数字出版中心。至今数字出版中心已有 20多人,其主要职责是做内容的规划、产品的开发以及内容加工等,包括对中少社整体数字出版的规划。短短两年时间,中少社数字出版中心已经取得了可

---

① 李学谦:《从一朵彩云到一片红霞——〈幼儿画报〉走过 30 年》,《中国新闻出版报》2012 年 11 月 14 日。

② 《中少总社打造立体互动玩具刊》,http://www.bookdao.com/article/54503/。

喜的成绩。

首先，建成了中少社的数字资产库，收录了中少社所有的期刊，包括1930年创刊的《中学生》杂志的第一期，1951年创刊的《中国少年报》首期等。该数字资产库还从1956年中少社建社以来所出版的图书中，选择了5000种有价值的图书入库。

其次，初步建成中少社的数字阅读平台——中少快乐阅读平台。该平台是在中少社数字资产库的基础上加工而成的，其实也相当于一个图书馆。该平台可以根据用户的不同需求进行定制，销售对象是公共图书馆、少儿图书馆和中小学校内的图书馆。目前该平台已经销售到深圳图书馆、首都图书馆、大连图书馆等七八家国内图书馆，至2012年10月总成交额已达200多万元。

再次，建立了数字出版平台。目前第一批加工的200多本电子书，读者已经可以在当当网上查阅到，每本定价为3元。

最后，中少社还在资质方面做了充分准备，向工业和信息化部申请了增值电信业务经营许可证，获得了电信增值服务商的资质。另外，还获得了短信息接入许可、网络视听节目制作许可、广播电视节目制作许可、网络出版许可等资质。这意味着，中少社可以借助数字出版平台来开展各种数字出版活动，以满足中少社的产品在不同平台、终端、渠道上的数字出版需求。

三大平台是中少社数字出版中心成立以来所取得的重大成就，即中少数字资产库、中少快乐阅读平台和中少数字出版平台。在这三大平台的基础上，中少社主要推出了两款数字产品，一款产品是已在销售的数字图书馆产品，另外一款产品是已在当当网销售的电子书。2013年上半年，中少社基本形成了一定的数字出版规模，并进一步完善了这三个平台，其中包括中少快乐阅读平台的二期开发。

中少社在数字出版方面有两大目标：

第一，是对外，要建成国内最大的少儿阅读平台，它将是国内功能较为强大的阅读平台。这一平台能够满足不同终端需求，除了阅读功能以外，还有娱乐功能、学习功能、交友功能。

第二，是对内，要形成以数字技术引领的全媒体出版能力。

中少社计划在2015年实现这两大目标。①

---

① 赵欣、李学谦：《我们是数字服务的出版商和阅读服务供应商》，《出版商务周报》2012年10月21日。

2013年5月14日下午,北大近20名师生参观了中少社在北京东长安街永安里地铁附近的宝钢大厦新办公地点(中少社在3~7楼),亲身感受了中少社最近六七年来的巨大变化以及在提升少儿出版拓展力方面所作的探索与努力。

笔者根据李学谦社长现场演讲与以前的媒体报道及前文所述,归纳、总结了一下,中少社在提升拓展力方面主要做了以下几件事。

一是努力提升原创力,通过加强原创,自主创新,打造属于自己的过硬品牌,同时为后续拓展打下坚实的基础。

中少社过去一度是"出版靠合作,发行靠委托",缺乏应有的核心竞争力。从2007年开始,中少社逐步调整出版结构。先从教辅图书开始,减少合作的同步教辅图书的出版,至2009年中少社再无一本合作教辅图书,一般图书和教辅图书的出版结构至此调整完毕。至2012年,中少社彻底终结合作出版。中少社还通过取消发行总代理,组建大发行中心等措施,大大提高了发行能力。其次,中少社坚持原创是出版的核心能力的原则,加大原创图书的选题和编辑出版力度。2007年11月中少社成立低幼出版中心,遵循"名家养育名刊"的方针,形成诸如"男婴笔会"等知名作家为核心的作者团队,出版优秀原创幼儿读物。2009年12月,中少社成立儿童文学读物出版中心,以《儿童文学》杂志为平台,发掘、培养有潜力的优秀中青年作家,大力发展原创儿童文学读物。该中心2009年出版原创新书27种,2010年20种,2011年截至10月已出版40种,且重印率达到了百分之百,普遍起印数在3万册以上。其中,《萝铃的魔力》第四部《信徒,生命的余响》首版印数10万套20万册,一个月后再版,至2011年10月全四部发行超过120万册。其他如王巨成校园小说系列超过20万册,顾抒的《夜色玛奇莲》系列35万册,《我是你的守护星》上市两个多月发行超过7万册。2011年4月,中少社首届《儿童文学》十大青年金作家颁奖大会在江苏常熟举行,这个奖项每两年评选一次,是中少社大力发展原创儿童文学,发掘、培养有潜力的优秀儿童文学作家的一项重要举措。[①] 中少社低幼出版中心、儿童文学读物出版中心所出版图书销售码洋已占中少社图书销售总码洋的半壁江山,成为中少社打造原创儿童文学发展的重要基地。[②]

---

① 《明后年中少总社发行码洋将突破10亿》,http://www.chinaxwcb.com/2012-02/28/content_238449.htm。

② 章红雨:《中少总社调整出版结构,加大原创发展力度》,《中国新闻出版》2012年3月2日。

对原创的重视使中少社从杂志、图书到报纸打造出了众多的原创品牌，积累了丰富的出版资源，也开拓了市场，推动了出版社的整体发展，并为后续的产业拓展打下了坚实的基础，做好了必要而充分的准备。

二是通过理念转型、用人机制转型、管理方式转型等，充分调动每位员工的积极性，提升企业的生产能力与运营能力。

中少社是传统出版老社，历史悠久，积淀丰厚，但同时也因为历史的缘故，职工曾有传统事业编制、新型事业编制、劳动合同编制等不同身份，因为身份不同，同工不同酬的现象时有发生，影响了团队的合作，阻碍了生产力的发展。2007 年以来，中少社党组不失时机地开展解放思想、转变观念大讨论，一是要求干部职工打破中少社是少儿出版界"中央级""国家队"的老大思想，放下正局级事业单位的架子，以平等市场主体的身份参与竞争；二是去除身份意识，在劳动合同制员工中大胆提拔干部，逐步做到事业编制职工与劳动合同制职工一视同仁、同工同酬。与此同时，冻结了事业编制，在发行、部门机构设置等方面进行局部改革，为全面改革积累经验。通过社情教育和转变观念的教育，中少社干部职工增强了对改革的必要性和紧迫性的认识。

在此基础上，中少社进行了一系列的制度改革。比如按照实施企业会计制度的要求，加强财务预算管理，强化财务内控制度；在实施全员劳动合同制的基础上，推进工资、人事制度的改革，完成由事业单位人事管理向现代企业人力资源管理的初步转变；实施 ERP 工程和办公自动化工程，通过引进现代信息技术，加快在管理方式、管理习惯、管理理念、管理水平上的升级，等等。

中少社下一步的目标是，加快转变发展方式，加快由传统出版事业单位向现代出版企业的转变，加快由传统出版商向少儿阅读服务供应商的转变，在体制改革、内容创新、数字出版、打造出版产业链、科学管理等方面再上一个新的台阶。

三是对书、报、刊进行立体开发，把资源用好、用足，并努力开发延伸产品，拓展出版产业链。

2012 年中少社总产值（总码洋）为 9.2 亿元，其中期刊 4.5 亿，图书 3.6 亿。① 中少社的图书总产值在全国专业少儿出版社中不算最多，但全社总产值在全国专业少儿出版社中应是名列第一。2005 年，中少社的发行码洋为 2.5 亿元，发行收入 1.3 亿元，利润约为 1000 万元，徘徊在亏损的边缘线上。

---

① 数据来源于李学谦社长现场演讲，未经李社长确认。

稍作对比,就可以看到中少社的巨大发展与变化。

中少社过去是报刊强,图书弱。通过转变观念,转换经营模式,不拘一格启用更多人才,对书、报、刊进行资源整合与运营改革,使书、报、刊相互关联,互相推动,共同提升。以《婴儿画报》《幼儿画报》为例,杂志每期内容均以乐乐、悠悠、红袋鼠、火帽子、跳跳蛙、呼噜猪、草莓兔、叮当狗等人物和动物形象来串联,也就是说,形象是相对固定的,只是主题故事与配套插图每期有变换,经过一段时间的传播与推广,小读者对形象逐步有了认同感,以致众多形象品牌形成。然后,以这些形象做串联,整合资源做图书,同时利用杂志的渠道优势以及小读者对形象比较认同的品牌优势,作图书传播与推广,这样把图书也做起来了。其基本思路是:通过杂志打造了一批固定形象品牌,通过杂志营销推动图书营销,通过图书营销反过来再推动杂志营销,互相促进。更为可喜的是,再把这些故事与形象上线做成数字产品,数字产品既可赢利又可推动纸质图书的销售;再把形象做成各种玩具展销,玩具不是简单的传统玩具,而是融进更多数字内容与游戏内容、能够与孩子互动的智能玩具,价格在 100～500 元,性价比相对较高,能吸引家长和孩子购买;玩具自身既能创利,又具有展示、传播功能,反过来促进杂志与图书的进一步销售与品牌强化,形成良性互动。

2011 年 9 月底,中少社全额投资的、建筑面积达 4800 多平方米的少儿主题书店——青少年阅读体验大世界(在宝钢大厦 3～4 楼)建成并开业迎客,这是一次崭新的尝试。青少年阅读体验大世界不单纯是少儿主题书店和图书零售终端,还是少儿休闲阅读场所。中少社要做的不仅仅是内容供应商,还是阅读服务供应商。笔者在参观青少年阅读体验大世界时,确实比较震撼,因为"大世界"面积很大,在国内十分少见;功能多样,能满足少儿与家长的多种需求,甚至孩子放学后可以在里面找一张书桌坐下来做作业;产品丰富,有各式各样的图书和玩具,还有音乐、动画、游戏等;环境优雅,服务周到,不收门票,自主消费,没有大声喧哗,服务员笑容可掬,彬彬有礼,甚至桌椅的棱角都用塑料包裹,为的是避免孩子意外受伤;场景布置非常人性化,如果走累了,可以坐下来喝杯茶或者咖啡,也有吃饭的地方,即便不买任何东西,家长带着孩子去那里散散步也是非常愉悦的体验。青少年阅读体验大世界集中了图书、玩具、动画、音乐等多种产品,兼有阅读、活动、游览、餐饮等多种功能,目前处于起步阶段,可能赢利还不算多,但作为产品与服务展示窗口,未来发展不可限量,其撬动的产业链发展令人拭目以待。

中少社的衍生品已开发了不少,产业链也初具规模,拓展力正在不断成长与壮大之中,后续应有更大发展空间与可能,可以说中少社为业界做出了一个可资学习和借鉴的榜样与表率。略显不足的是,中少社的传播、推广力度还有待加强,也就是说,传播力还需要提升与加强。一直以来,大家都知道中少社是在东四十二条和左家庄办公,业内很多人还不知道中少社已搬至宝钢大厦新址办公,更不知道有青少年阅读体验大世界这样的好去处,业外人士、普通读者不知道的可能就更多了。单从这一点来说,就可以看出中少社太过"低调",传播力有限,好东西没有让更多有需求的消费者知道,他们又怎么去选择中少社的产品与服务? 中少社要做的是,进一步做转型与改革,不断提升自己的原创力、拓展力、编辑力、传播力,开发更多优质产品,更好地服务于少儿读者与家长。

二、二十一世纪出版社

二十一世纪出版社(以下简称二十一世纪社)也十分注意提升拓展力,通过产业链的拓展来打造出版社品牌,增强出版社的整体实力与竞争力。二十一世纪社提升拓展力主要从以下几个方面作了努力。

一是重视原创与引进,两者并举,互相促进。

2006 年年初,二十一世纪社率先提出"从经营作品向经营作家转变"的经营理念,以诚恳的态度和诚信的服务与国内一大批优秀作家建立了长效合作机制。自 2006 年以来持续经营"童话大王"郑渊洁,开"一个作家的所有作品只在一家出版社出版"的先河,《皮皮鲁总动员》系列丛书先后推出九大系列共 70 册,至今累计销量超过 3000 万册,先后荣获第二届"中华优秀出版物"等多项大奖,成为"民族自主创新出版品牌的代表"。二十一世纪社又全版权经营晓玲叮当,由她创作的四大系列作品已出版全册,共计销售 200 万册,而作为中国第一套美德童话全书,"魔法小仙子"系列也开创了"心灵童话"之先河。① 2008 年出版在临床一线工作了 20 多年的儿科医生郑玉巧的《郑玉巧育儿经》,至今行销 100 多万册。② 对原创的重视推动了二十一世纪社的快速发

---

① 张斌:《高端介入数字出版,中文传媒"雪藏"瑰宝》,《证券日报》2012 年 9 月 11 日。
② 刘蓓蓓:《〈郑玉巧育儿经〉:百万销量背后的出版故事》,《中国新闻出版》2012 年 11 月 28 日。

展,也为优秀原创作品的后续改编与拓展打下了坚实的基础。

二十一世纪社还大量引进外国优秀少儿作品,迄今已引进 1000 多种,涉及德国、日本、英国、美国、韩国、法国等国家的优秀少儿作品。在 20 世纪 80 年代,二十一世纪社成立之初即与德国著名的青少年出版社——蒂奈曼出版社结成战略合作伙伴,陆续引进了众多优秀的德语青少年文学的经典作品,累计销售几百万册。二十一世纪社通过引进促进原创,并做大做强原创,努力输出原创,引进与输出相互促进,共同提升,创新了引进与输出的模式。2001 年二十一世纪社引进德国"彩乌鸦"儿童文学作品,受"彩乌鸦"引进版的启发,二十一世纪社围绕"生命、爱、成长、人与自然和谐"的主题,打造"彩乌鸦中文原创系列"图书,汇集了当代中国优秀儿童文学作家的各种风格,目前已出版 13 种,形成了一定的规模效应,其中多部作品已成功向多国输出,其中法文版、日文版、韩文版将陆续出版。二十一世纪社通过打造"彩乌鸦"这一儿童文学品牌的出版实践,走出了一条"引进带动原创,原创优化引进,从引进借鉴到原创,再到原创作品走出去"的全新引进—输出模式。此后《我的第一本大中华寻宝漫画书》也延用这种模式,成功地反向输出到韩国。2012 年 4 月,在以中国为主宾国的伦敦书展上,二十一世纪社以其品牌和国际影响力,一举实现输出图书版权 98 种,涵盖英、韩、泰、越等多个语种。①

二是广泛合作,取长补短,共同促进与提升。

二十一世纪社在国内有众多合作伙伴,合作创造的业绩也有目共睹,闻名遐迩;同样,二十一世纪社也与国外优秀出版企业展开各种形式的合作。二十一世纪社每年派员赴法兰克福、博洛尼亚、纽约、伦敦、东京参加各级各类书展,持续拓宽引进与输出的通路,先后与多家国际知名出版机构结成战略合作伙伴,如日本的白杨社、韩国的大韩教科书、德国的青少年文学研究院、英国的麦克米伦集团。2011 年,二十一世纪社选派骨干编辑分别到匈牙利和澳大利亚进修学习,考察国外出版情况。通过与麦克米伦集团三年的艰苦谈判,2011 年二十一世纪社与麦克米伦集团共同投资在北京注册成立了北京麦克米伦世纪咨询服务有限公司,引进麦克米伦集团优质的童书资源,同时为中国原创走出去搭建起国际化的出版平台,实现了与国际高端出版的对

---

① 阙米秋:《二十一世纪出版社的全版权经营模式》,《中国新闻出版》2012 年 8 月 9 日。

接。与麦克米伦出版集团的合作,开创了国内品牌出版社与国际著名出版集团以资本为纽带合作的先例。麦克米伦出版集团提供旗下十多家儿童出版公司所拥有的优质版权资源,由合资公司策划并引进。借助麦克米伦出版集团全球的通路,中国优秀原创图书输出到全世界就有了高速路。同时,为加快中国原创作品走出去的步伐,二十一世纪社自2010年起,每年在北京国际图书博览会期间举办"国际版权推介会",已连续成功举办两届,备受业界瞩目。未来,二十一世纪社关于版权经营还有一个宏伟的构想:构建一个童书出版迈向国际化的平台,整合最优质的出版资源,多点布局,适时考虑远赴海外建立相应的出版机构,吸纳国外优秀的出版资源和专业的编辑团队,策划出版能够面向全球市场的童书,通过成品输出的形式,把产品卖到全世界去,实现中华文化走向世界。[1]

三是开发数字出版,做全媒体经营,努力做产业拓展。

近年来,二十一世纪社在"经营作家"理念之上进一步提出全版权经营概念,从纸介质出版向多媒体出版转型也成为其经营作家的另一大特色。二十一世纪社近年培养的青年作家晓玲叮当的作品市场表现优异,其中历时五年精心打造的《魔法小仙子》是中国第一套美德童话全书,根据《魔法小仙子》丛书改编的大型儿童绿色网络游戏《魔法仙踪》也于2012年12月正式上线,这是国内首款励志网络游戏,二十一世纪社也成为国内首家进军网络游戏的出版社。[2]《魔法仙踪》采用领先的3D技术制作,跨PC与移动平台同步发行,前景十分可观。

2010年4月18日,二十一世纪社童书阅读体验店——世纪童书馆——在南昌正式开馆。至今,已经陪伴小朋友和家长们走过了四年多的时间,为南昌的小朋友们带来了丰富多彩的阅读体验,成了孩子们学校之外兼具学习与娱乐的好去处。世纪童书馆占地700多平方米,荟萃世界各地优秀童书,是当时最大的阅读体验馆。童书馆实行会员制,面向1~18岁的读者,为少年儿童阅读生活和健康成长提供全面的解决方案。除了阅读体验以外,世纪童书馆安排丰富多彩的各项活动,会员参与均享受极大的优惠。画画、手工、观影等活动不定期举行。为了方便家长带孩子们参与,世纪童书馆专门设置了世

---

① 阙米秋:《二十一世纪出版社的全版权经营模式》,《中国新闻出版》2012年8月9日。

② 胡仁芳:《中文传媒进军网络游戏预计〈魔法仙踪〉明年营收过亿》,《证券日报》2012年12月17日。

纪咖啡厅,供应饮品。世纪童书馆的经营模式是全新的书店经营模式,集书店销售、父母培训、亲子互动和创意宝库为一体,不定期邀请优秀作家亲临童书馆,与孩子们互动,以充分调动和培养孩子们的阅读兴趣。世纪童书馆的书店销售模式,打破了传统书店的售书方式,加入了更多的体验元素,注重儿童的阅读体验和互动能力,寓教于乐,使孩子在一个开放自由的环境中学知识,在各项活动的亲身参与中增长能力和培养素质。童书馆还致力于通过对家长的培训来达到亲子关系的提升以及家庭教育模式的改善,亲子互动对培养孩子健全的人格和乐观的性格大有好处。世纪童书馆不仅仅是二十一世纪社的童书销售书店和阅读体验馆,更是出版社为更好地服务儿童、服务家长而在图书出版上所做的一项科研努力,能够使编辑们更好地观察和研究孩子们的阅读需求和成长需要,这种"取之于儿童,用之于儿童"的出版模式,越来越受到家长们的青睐。①

二十一世纪社的童书阅读体验店世纪童书馆和中少社的少儿主题书店青少年阅读体验大世界有异曲同工之妙,是把多种经营结合起来进行立体开发,图书向玩具、音乐、动画、餐饮、游艺、活动、培训、主题公园等领域拓展,并通过各种展示与活动来强化图书品牌,引入互动阅读,满足少儿与家长的多元需求。这不失为一种有益的探索。当然,二十一世纪社建立的时间比中少社要早,面积相对要小。

面对数字出版变革,二十一世纪社高端介入,占领制高点,首先寻求异业结盟,寻求数字出版的突破。二十一世纪社投资上海千陌网络科技有限公司,网游《魔法仙踪》就是与这家公司合作的初步成果之一。二十一世纪社与深圳市佰瑞尔科技有限公司合作开发的数百款 iPad 产品正在进行中,该社的600 多本优秀图画书资源将借此实现数字化。接下来二十一世纪社将组建少儿全媒体数字出版基地,基地将依托出版社强大的内容资源,不断开发和延伸产品价值链,实现产业形态的全媒体覆盖。二十一世纪社将投入 2.48 亿元开发以网络游戏为先导的二十一世纪少儿数字出版全媒体产业基地,预计"十二五"将产生 6 亿元的销售收入。

在业界,点读笔生产企业只与一家出版社合作、一种点读笔只能点读一家出版社的有声图书问题,严重影响了有声图书的传播。面对这些困境,二

---

① 《世纪童书馆:致力于儿童阅读习惯的培养》,http://www.bookdao.com/article/41611/。

十一世纪社正积极寻求突破。自 2011 年开始,二十一世纪社积极推进出版行业与点读笔生产厂商的异业结盟。目前,已与国内最大的电子教育科技企业如步步高、读书郎、万利达、诺亚舟、快译典、万虹、迪宝乐、爱学宝、富利时、世纪精灵等结成点读笔联盟。上述品牌的点读笔均能点读二十一世纪出版社出版的 200 余种有声图书。①

2012 年,二十一世纪社全年销售码洋达 8 亿元,其中一般市场图书码洋达 4.8 亿元,同比增长 20%。仅当当网销售即达到 1.3 亿元,居全国 580 家出版社之首。②

对于未来发展,二十一世纪社提出并确定了"三领""四新""五增长""六加快"的奋斗目标。"三领"意为引领市场、引领方向、引领未来。"四新"意为崛起出版新势力,构建出版新格局,进军出版新业态,开辟出版新境界。"五增长"是指在未来发展上更新观念、深化改革,从体制、机制创新中寻找新的经济增长点;协同作战,快速反应,从强化管理中寻找新的经济增长点;定位出版,打造品牌,在优化结构中寻找新的经济增长点;自我裂变,快速扩张,在多元发展中寻找新的经济增长点;科技融合,抢占先机,在发展新型出版业态中寻找新的经济增长点。"六加快"是指加快二十一世纪全媒体数字出版产业基地的建设;加快二十一世纪出版社集团化的步伐;加快学前教育产业的发展,创办二十一世纪幼儿园;加快走出去的步伐,实现版权输出到实体书输出的转变;加快与国际出版的高端对接,充分用好麦克米伦的国际出版平台;加快发行方式的转变,掌握电子商务的主动权。③ 二十一世纪社要努力打造出版业的生态文明,诚信出版、诚信经营,建立良好的社店合作即是出版生态文明的体现。出版社只有为读者提供阅读价值,为作者提升文本价值,为渠道创造商业价值,最终才能实现自身的价值。④

二十一世纪社在提升拓展力方面的特点一是更新观念,转变思维,跳出出版做出版;二是大胆尝试,勇于探索,拉长作品价值链;三是追求合作,互惠互利,对接国际出版。

---

① 张斌:《高端介入数字出版,中文传媒"雪藏"瑰宝》,《证券日报》2012 年 9 月 11 日。
② 刘蓓蓓:《二十一世纪出版社:多个"唯一"诠释创新自信》,《中国新闻出版》2012 年 12 月 27 日。
③ 张秋林:《天下童书,纵横天下——二十一世纪出版社超常规发展新思维》,《中国新闻出版》2013 年 1 月 9 日。
④ 张丽:《树品牌特色,拓展产业链》,《出版商务周报》2012 年 12 月 9 日。

第四节 小 结

中国少儿出版的再创力包括延伸力与拓展力。中国少儿出版在生产准备阶段与后续生产阶段、营销阶段要通过转型努力提升拓展力。

所谓延伸本指在宽度、大小、范围上向外延长、伸展,借指在少儿出版领域内做内容与形式的平移、增删、改写、引申、演化、演绎,而形成新的内容与产品。延伸力是指对图书选题作各种延伸而创造新选题、新产品的能力。

少儿出版的延伸开发至少有三条路径,一是在形式上作延伸,二是在内容上作延伸,三是在形式与内容上同时作延伸。不管选用哪一条路径来对图书(作品)作延伸开发,创新是关键。

少儿出版业的一味跟风、简单克隆已成为多年来的顽症,导致很多出版人不愿意下工夫做原创。这降低了企业的原创力也降低了企业的再创力。

图书延伸开发一般会出现四种结果,一是初始开发大红大紫,延伸开发不温不火(未达到预期效果);二是初始开发不温不火,延伸开发大红大紫(东边不亮西边亮);三是初始开发大红大紫,延伸开发也大红大紫(两全其美,花好月圆);四是初始开发不温不火,延伸开发也不温不火(操作有误,得不偿失)。图书延伸开发需要规避风险。

出版产业链的拓展是指将出版产业延长,超过本行业的上下游,将图书产品发展到其他行业。拓展力是指在原创基础上向各个方向作延伸与扩展,不断拓宽、拓长产业链,开发新产品,打造新品牌,促进文化产品立体发展、良性发展的能力。出版产业链拓展,图书衍生品开发,一是可以促进图书销售,延长图书生命;二是有利于实现各方价值增值;三是有利于提升品牌影响力。出版产业链的拓展有两个操作维度:一是行业内拓展,二是跨行业拓展。出版产业链拓展难在跨行业拓展,这需要智慧与勇气,需要创造与创新。

我们可以借鉴日本、美国文化产业链拓展的经验,打开创意思路。比如日本的动漫,除了做动漫图书、动漫电视剧、玩具娃娃等以外,开发商还开发了主题餐厅;美国迪士尼乐园一方面在产品之外拓展主题旅游,吸引大批游客观光,另一方面借助主题旅游巩固、强化品牌形象,既积累人脉资源,提升品牌实力,又相互促进,推动产品(图书、玩具、服装、影视等)的营销,推动多元合作。

少儿出版产业链拓展一是要重视人才培养,提高创新能力;二是既要打造原创精品,又要大胆拓展,开发更多优秀衍生品,两者并重,互相促进;三是要积极营造良好的法律环境,努力提升图书及衍生品质量。

中国少年儿童新闻出版总社在产业链拓展方面做得非常出色,一是书、报、刊的立体开发,二是数字出版的开发,三是衍生品的开发,均走在了同行的前面。他们提升拓展力一是加强原创,自主创新,打造属于自己的过硬品牌,为后续拓展打下坚实基础;二是通过理念转型、用人机制转型、管理方式转型等,充分调动每位员工的积极性,提升企业的生产能力与运营能力;三是通过书、报、刊互相关联,互相推动,整合资源,用好资源,并努力拓展出版产业链。

二十一世纪出版社提升拓展力主要是从三个方面作努力:一是重视原创与引进,两者并举,互相促进;二是广泛合作,取长补短,共同促进与提升;三是开发数字出版,做全媒体经营,努力做产业拓展。其特点一是更新观念,转变思维,跳出版做出版;二是大胆尝试,勇于探索,拉长作品价值链;三是追求合作,互惠互利,对接国际出版。

第五章 中国少儿出版编辑力分析

编辑要精心策划并组织作品内容、图书生产、图书营销,是出版企业的核心力量。少儿出版的编辑则要从少儿读者、少儿图书、少儿教育、少儿阅读的角度出发,兼顾成人视角与少儿视角,精心策划并组织作品内容、图书生产、图书营销,其工作更有一定的独特性与专业性。中国少儿出版企业在生产阶段要通过转型努力提升少儿出版的编辑力。

第一节 编辑的重要性

编辑包含三层含义:一是指编辑工作(名词),即出版流程中组织图书内容生产的工作;二是指做编辑工作(动词),即策划选题、组织书稿、加工生产等各项活动;三是指编辑工作人员,即从事图书内容的组织、加工与图书整体设计、策划、运作的工作人员。编辑工作的重要性决定了编辑(者)的重要性,少儿出版与成人出版的差异性决定了少儿出版编辑的独特性与不可替代性。

一、编辑工作

编辑工作是出版工作的中心环节,是出版企业的核心工作。作为对文化产品内容的选择、策划、加工和推荐者,编辑肩负着总结、挑选和弘扬优秀文化的重任,对文化传播的方向和质量起着决定性作用。在出版新时期,编辑工作只能加强,不能削弱。

少儿出版因为是面向未成年人的出版,要兼顾考虑孩子的现在与未来,其针对性、引导性更强,因而少儿出版的编辑与成人出版的编辑相比,看似对编辑专业知识的要求低一些,实则对编辑综合素质的考量会更多一些,因为作为成年人的少儿出版编辑要时不时转换角色,设身处地地为少儿读者着想、服务,很多少儿出版企业要求他们的编辑懂儿童教育学、儿童心理学、儿童文学、儿童美术、儿童音乐等,其原因也正在于此。

编辑人员要树立大文化、大编辑、大媒体的理念,要用更加宽广的文化视野,更加自觉、主动地履行文化使命。文化产品的生命力在于质量,出版物的质量首先是内容质量,而内容质量主要是由编辑环节决定的。所以编辑守土有责,少儿出版的编辑尤其要有责任意识,要对国家未来的主人负责。

为保证编辑质量,既要强化编辑质量保障体系,严格按编辑规范展开工作,同时要加强编辑人才的培养和编辑人才学的研究,培养一大批立足大文化、大媒体,有激情、有崇高文化追求、有高度职业道德精神的新型编辑,包括有专业知识、创新意识和奉献精神的少儿编辑。我们既要规范编辑工作又要创新编辑工作。①

随着出版改革的纵深推进,出版产业化步伐加快,处于出版业中心环节的编辑工作与以往相比,在内涵和外延上都发生了显著变化,编辑人员的思想观念、知识结构、业务能力等都面临新的挑战。因此,加强编辑力建设,引导编辑在新形势下成功实现转型,从而推动企业发展,推动出版繁荣,显得必要而迫切。

二、编辑力

所谓编辑力就是编辑人员在编辑工作情境中运用自身的眼光、素养、知识、专业技能等,进行稿件策划、组织、审读、选择、加工、传播、营销、整合等创造性活动,以实现编辑工作目的的能力。编辑力是一种创造力,更是一种核心竞争力。②

编辑力是影响出版企业生产经营成败最活跃、最关键的因素。在产业化背景下,编辑力被赋予了新的内容。它不仅需要编辑人员具备从信息采集、

---

① 王坤宁:《中国编辑学会年会研讨编辑工作重要性》,《中国新闻出版报》2011年9月16日。

② 李军领:《编辑力"五力模型"初探》,《编辑之友》2011年第4期。李军领认为编辑力包括策划力、组织力、审读力、选择力、加工力,笔者认为还应包括整合力,即对各种资源进行整合、利用的能力。

选题策划到组稿、营销等全程参与的意识和能力,而且需要具备全方位开发经营图书产品的复合型才能、创新型思维和国际化视野。编辑力建设无疑应成为出版企业人才建设中的重中之重,对出版企业提出了从理论建树到实践培养全面加强的现实课题。

优良的编辑传统是出版业的灵魂。无论产业如何发展,编辑力建设都要以尊重编辑工作的文化特性和基本规律为前提,围绕坚守和发扬优良编辑传统这一核心,建立编辑新的生存模式。①

编辑力包括:策划力、组织力、审读力、选择力、加工力、整合力。

策划力:即编辑人员依据一定的编辑工作目的,酝酿、提出、筛选以致最后确定选题的谋划能力。提升策划力要坚持方向性原则、导向性原则、科学性原则、前瞻性原则。好的选题是策划出来的。编辑要有信息捕获能力,对大量的信息进行过滤、分析、总结,更重要的是把握现时的信息和带有趋势的信息,寻找信息中带有规律性的东西。起初是朦朦胧胧的想法,通过深入分析、研究形成选题,通过深入论证形成可行的、有市场、有价值的好选题。编辑要多看、多听、多聊天,心中有意念,就容易产生联想,产生好创意。同样看报、看电视,有人会产生好选题,有人就没有什么反应。策划需要激情,需要转动脑筋,需要联想,需要与人沟通产生思想火花。好的选题要变成好的出版物,还应该做好营销宣传等全程策划和整体策划,完备的策划甚至还要有多种备选方案,把优势和劣势、机遇和风险都充分考虑清楚。

组织力:即根据策划方案对稿件进行有效组织的能力。编辑在组织一本(套)多人参与编写的图书时,需做好大量的协调工作。大型图书是一个团队在工作,编辑要能团结和安排好分头负责具体事务的相关人员的工作,让他们发挥各自的作用。在整个出版过程中,从编辑、审稿、排版、校对、印制到营销推广,都要有组织协调工作。有的稿件编写时间需要好几年,没有很强的组织能力,很难保证内容、进度的协调与统一。编辑要有计划、有步骤和有效果地推进,组织召开好每次会议,并及时想办法妥善解决在实施过程中出现的很多矛盾和困难。

审读力:即对组织的书稿从政治性、思想性、学术性、知识性、可读性等方面进行衡量、考查的能力。编辑要根据专业知识,对书稿作出整体、全面的判别和评价,并与作者保持良好的沟通与交流。审读力要求编辑对书稿作出质

① 乔玢:《出版产业化环境下的编辑力建设》,《中国新闻出版报》2012 年 12 月 26 日。

量评估和价值判断。

选择力:即在作出准确评价的基础上对审读过的稿件进行取舍的能力。从选题到内容,编辑应有自己的思考与鉴别,然后作出取舍。这取舍有局部取舍与整体取舍,需要敏锐与果敢,甚至需要胆识与勇气。

加工力:即对确定录用的稿件进行加工、整理、润色、提升的能力。包括文字规范能力、写作能力、图片处理能力、装帧设计能力、提炼综合能力等。

整合力:即对各种资源进行综合利用的能力。编辑的工作就是要整合优质出版资源,在整合的过程中进行优选。首先要知道哪些是本社的优质出版资源,如何获得。其次编辑要有机遇意识,得到有关信息要主动出击,利用各种关系与相关人员取得联系,通过诚信、专业、质量和服务获得作者的认可。再次编辑要有整合方法和技巧,有些图书发行量可能会比较少,编辑通过对内容进行整合,可以使图书更加符合市场需求,使图书的社会效益和经济效益达到最佳结合。①

少儿出版物相对于成人出版物来说,内容要浅显,结构要简单,但这并不意味着少儿出版就不需要提升编辑力。把在成人看来是非常简单甚至非常枯燥的内容用孩子喜闻乐见的形式、形态展示、传播给孩子,让孩子们更轻松愉快地学习、接收并从中受益,这其中的编辑含量并不比成人出版中鸿篇巨制的编辑含量要低,正如大学教育有其专业性,幼儿园教育、小学教育同样也有其专业性。少儿出版的编辑力正体现在其专业性与独特性上,少儿出版提升编辑力同样重要且必要。

第二节　提升编辑力的方法

如何提升成人出版和少儿出版的编辑力？一是政府管理部门、行业协会、出版企业通过组织培训学习、生产实践来加强对编辑各种能力的培养与提高;二是编辑通过不断学习,在工作实践中锻炼自己、打磨自己,以提高自身的业务能力与水平。提升编辑力主要靠编辑不断更新观念、总结经验、大胆尝试、努力探索。在出版数字化日趋普及的今天,提升编辑力的主要方法就是编辑进行角色转换,实现自我提升。

---

① 《好编辑十大能力及培养》,http://www.bookdao.com/article/61336/。

一、编辑的角色转换

在传统出版向数字出版转型的过程中,出版业对从业人员特别是对编辑的要求越来越高,编辑的角色转换势在必行。无论是从事传统出版还是从事数字出版,或是从事两者兼而有之的复合出版、新型出版,编辑都要从过去的单一角色向现在的综合角色进行转换,才能适应新形势的需要与挑战。[①]

所谓编辑的单一角色是指过去编辑只需做好与书稿有关的案头工作就行了,其他可以不用考虑。所谓编辑的综合角色是指编辑除了做好与书稿有关的案头工作以外,还需做更多的其他工作才能适应这个行业的各种变化、发展与挑战,否则就难以出成果。具体到少儿出版,编辑就需要对孩子非常熟悉,对与少儿相关的专业知识非常熟悉,能从少儿教育、少儿阅读、少儿成长等专业的角度来宏观把握少儿图书。

编辑的综合角色主要表现在以下几个方面。

首先编辑是文化生产者。

这是编辑的传统角色,也是编辑的主要角色。但现在的文化生产者,内涵已不同于以往。过去编辑较多是被动生产者,现在编辑较多是主动生产者。过去编辑较多从事“来料加工”,对自然来稿进行审阅、把关、综合、重组、提升;现在编辑较多从事“创意产业”,主动策划选题、设计产品,积极组稿编稿、组织生产。过去编辑较多面对单一纸媒介,现在编辑除了面对纸媒介以外,还要面对各种数字媒介,科技含量比以前更高。

现代编辑一方面要“吃透作品”,要从图书的文化属性来研究书稿、把握书稿,要从知识、文化、导向的角度来分析把握作品、加工整理作品,提高作品的文化含量。另一方面,现代编辑要“打磨作品”,要有的放矢,指向明确,设计出符合读者和市场需求的“叫好又叫座”的图书产品,包括策划选题、组织书稿、提炼加工、设计包装等,把图书的文化价值、商业价值充分挖掘、展现、凸显出来。比如提出富有创意的图书选题,组织得力的作者完成书稿;比如整体设计图书,包括对整个流程中各个细节的把握,以提高图书的综合品质和核心竞争力;比如纸质产品与数字产品的先后或同时开发,以便相互借势、相互促进。具体到少儿出版,编辑要从孩子的年龄特色、性格特点、阅

---

① 余人:《数字时代编辑的角色转换》,《中国新闻出版报》2011年3月7日。

读兴趣等各方面出发作精细化研究,针对不同年龄段的少儿读者来策划图书产品。

编辑要设计和生产出独特的文化产品,必须非常懂行、非常专业、非常敏锐。比如文学图书编辑要懂文学,否则和作家交流起来就很难找到平等的对话权(作家对这样的编辑也不放心),对文学类图书的发展趋势、审美特点等也难以把握。少儿出版编辑则要懂儿童心理学、儿童教育学、儿童文学等,不能老用成人的视角和审美来看待孩子、看待少儿图书,否则编出来的图书肯定是成人化的图书,孩子没法看,也看不懂。少儿图书的编辑绝不像有些人想象的那样只是哄哄孩子而已,也绝不会因为少儿图书内容比较浅显,少儿出版编辑就不需要懂什么高深的知识,随便谁都能做。少儿出版编辑要把深奥的教育理念、审美需求融入浅显的文字与图画中,要根据不同孩子的不同年龄特征与学习能力非常有针对性地来设计内容、组织内容、创新形式,这其中所要具备的科学知识与专业知识也许并不少于成人图书编辑,有时甚至超过成人图书编辑。成人图书编辑是成人为成人服务,思维特点、审美特点具有一定的连贯性、可比性;少儿出版编辑是成人为孩子服务,要经常转换角色,把自己变成孩子,设身处地地站在孩子的角度去观察、去思考、去想象,切实为孩子做好各种指导与服务。所以,少儿出版编辑要特别“懂孩子”,能用孩子明白和喜欢的方式策划、设计、生产图书。正如思维缜密、能说会道的大学教授并不一定就能胜任幼儿园和小学的教学一样,“术业有专攻”,少儿出版对编辑的要求其实有非常专业的一面。

推而广之,别的门类的图书编辑也是这样,要对某个行业非常专业、非常敏锐。如果不懂行、不敏锐,一是难以策划、设计富有创意的选题,二是难以组到高质量的书稿,三是难以加工、提升书稿,四是难以对图书产品作宣传与推广。

同样,编辑对编、印、发、传(播)等流程要非常熟悉,对相关专业知识也要非常熟悉,这样操作起来才能驾轻就熟。编辑对数字新技术、新理念也要非常熟悉,否则就难以展开全媒体出版和其他新型出版。

在新的历史时期,无论是做少儿出版编辑还是成人图书编辑,一般的编辑都应至少做到“两专多能”,才能拥有更多竞争力与影响力,才能胜任自己的编辑工作。所谓“两专多能”,是指编辑要学习、精通两个专业(出版专业＋另一非出版专业),提升多种能力(沟通能力、协调能力、组织能力、营销能力、推广能力等)。比如:“左手出版,右手文学”(两者都玩得转),同时能策划、能组稿、善经营、善管理、懂电脑、懂新媒体、懂数字出版……"两专多能"用时下流行的话说就是"复合型人才"——懂理论，懂实践，专业过硬，能力过硬，懂案头，懂管理，"来之能战，战之能胜"。

其次编辑是文化经营者。

这是编辑要充当的新角色，也是新形势下编辑的重要角色。编辑不仅要设计、生产优秀图书，还要推广、营销优秀图书。编辑要把图书的文化属性与商业属性紧密结合起来，并发挥到极致。

过去编辑是"铁路警察，各管一段"，管好自己的案头工作就行了。现在编辑是项目负责人，要管好自己所负责的项目。围绕这个项目的一切相关事宜，编辑都应该加以考虑、关注与经营。大到一套丛书，小到一本书，都是一个项目，责任编辑是当仁不让的项目负责人、项目管理者。编辑在管理这个项目时不仅要考虑如何凸显其文化内涵，挖掘其文化价值，而且要从图书的商业属性考虑它的市场效果，包括开本、材料、工艺、定价、读者定位、宣传营销等，要用最佳途径与方法来传播图书的文化价值，让更多的读者更容易就能领悟和感受图书的核心文化价值，并从中得到启发和教益；不仅要考虑图书的内在因素、本质因素、核心价值，而且要考虑它的外在因素、关联因素、边缘价值。

编辑要管理好一个项目，就必须对图书有一个整体的设计与定位，比如读者群的确定、目标市场的细分、潜在优势的挖掘、市场风险的规避等，都要明了在心。还要把各种因素都考虑进去，图书的、非图书的，作者的、读者的、出版企业的、渠道的、媒体的，好的、坏的，显性的、隐性的，过去的、现在的、未来的……

编辑要与其他环节的工作人员主动沟通，积极协调，使项目顺利运转。沟通、协调不仅有对内的，即与出版企业内部各部门、各环节的沟通、协调，也有对外的，即与读者、作者、承销商、媒体等的沟通、协调。

现代编辑不仅是图书产品的设计者、生产者，而且是图书产品的营销者、推广者。编辑在选题策划时就要考虑后续的生产、营销问题，如何做到质量最优化、效果最佳化、利润最大化。数字化时代编辑不仅要考虑图书的纸质版出版，更要考虑立体开发，即图书的多媒体出版、全媒体出版，比如是否可以用电影、电视、动画、网络等其他形式来展现，是否可以海外授权，是否可以开发其他延伸产品、衍生产品，或者各方面运作如何互相衔接、利用、促进等。

编辑在图书生产前、生产中、生产后,都要考虑如何作传播、推广、营销,是作平面传播还是作立体传播,在什么时间、地点传播,选择什么样的传播渠道与传播方式,重点传播什么,达到什么样的传播效果等,并落实各种细节。

编辑是图书产品的总设计师,是对图书各环节、各方面最熟悉的人,这决定了编辑对图书的传播与推广最有发言权。传播与推广的力度往往也决定了图书销量与利润的多少,决定了图书的文化影响力与商业影响力的大小。

编辑要做图书服务者,要有服务意识,在图书生产、营销的链条中,编辑要考虑到整个流程中上下、左右、前后的对接、配合,要为下一个环节服务,为其他部门服务(当然,其他部门也要为编辑服务,互相服务,互相配合,互相促进)。编辑的服务分对内服务、对外服务两部分。对内是为项目相关人员、相关部门服务,做好沟通与协调,以保证项目的正常、快速、高效运转;对外是为作者、读者、承销商、媒体等服务,做好传播、推广、营销,做好信息搜集、矛盾化解、产品拓展等,以树立出版企业与图书产品的良好形象与品牌,吸引更多的稿源,吸引更多的读者,争取更多的合作者,开发更多的项目。

具体到少儿出版,少儿世界和成人世界是有区别的,针对成人读者的文化经营不一定适合少儿读者,这需要少儿编辑更细心、更耐心,要转变观念、换位思考,从少儿读者实际出发寻找规律来设计图书、营销图书、传播知识、传播思想。

再次编辑是创新实践者。

数字化时代,出版业的大趋势是数字出版,尽管传统出版(纸质出版)在相当长的时间里还会继续存在,特别是针对孩子和老人的纸质图书还会在相当长的一段时间里存在并发挥重要作用,尽管目前不少人对出版的前景与发展有犹疑,但数字化浪潮已是势不可当。编辑的出版理念、编辑思想、工作方式、前进方向等都必须不断加以调整、变化与革新,否则就难以适应新形势的需要。数字出版,包括内容(文本)数字化、技术(手段)数字化、形式(载体、媒介)数字化,平台(渠道)数字化等。编辑对图书内容、形式、制作方式、传播手段等的接触最多,编辑是数字技术最前沿的使用者与实践者,是出版改革的先行者与领航者,这决定了现代编辑必须要有更多的创新意识、创新思维与创新实践,必须走在出版行业的最前沿。

纸质图书库存积压、销量减少、利润萎缩等现状透露出某些传统编辑创新不够、后劲不足、缺乏可持续发展的缺点;而网络上各式内容错漏百出、垃圾成堆、"很黄很暴力"等怪现状,则凸显了某些网络编辑(数字编辑)缺乏责任感、缺少基本功、肤浅浮躁、急功近利的弱点。

现代编辑要做学习型的编辑。传统编辑要向数字编辑学习,学习他们的出版新理念、数字新技术、运营新思路;数字编辑要向传统编辑学习,学习他们扎实的基本功、坚实的责任感、持之以恒的韧劲。现代编辑要向一切值得学习的人学习,要学习一切可以学习的东西。

现代编辑要做创造型的编辑。忽视过去与传统,新型出版会成为无源之水、无本之木,难以为继;固守过去与传统,则会故步自封,失去优势,失去竞争力,最后被时代所淘汰。现代编辑要勇于实践,勇于创新,敢于闯出新路。

编辑从单一角色向综合角色转换,这是现代出版在数字化时代应对各种挑战的必然趋势。编辑必须"两专多能",成为多面手,成为复合型人才,才能适应出版新形势的需要。而作为少儿图书的编辑,目前这种综合角色的特点更加明显。少儿出版编辑不仅要精心策划,精心设计,出版精品少儿图书,还要给孩子和家长做阅读服务、推广服务,让他们能更好地阅读和使用这些少儿图书,把图书所蕴含的教育理念、审美理念、知识结构、科学精神等更好地传播给家长、老师和孩子,让他们真正从图书中受到有益影响。

二、编辑的自我提升

时代在进步,新的时代对编辑有新要求、新标准。不管从业人员是否承认、是否愿意,出版业包括少儿出版业确实是在加速转型。在这样的转型时期、变革时期,编辑的角色定位与能力培养自然也需要转型。如何培养适应新形势、新业态、新需求的新型编辑,政府(主管部门)、高校、企业、组织(行业协会、培训机构等)需要宏观思考与部署,需要有培养目标、思路、方法、方案等,编辑作为个体也需要积极谋划与应对,编辑除了"被培养""被培训"以外,还需要积极学会自我培养、自我提升,努力使自己在成长、成才的道路上少走弯路,多出成绩,健步前行。[①]

首先,编辑要认清位置,要做超越者而不是被替代者。

出版业已从过去单一的、平面的纸质出版向多元的、立体的纸质出版与数字出版共存并行的方向发展,只精于案头工作、安于案头工作的编辑,目前仍为行业所必需,是行业的基石,但似乎也渐渐式微、落伍。因为行业有新的

---

① 余人:《新环境下编辑如何自我提升》,《出版商务周报》2012年10月21日。

发展趋势,除了要求编辑扎实做好案头工作以外,还有许多案头以外的工作,诸如策划、统筹、推广、营销之类,需要编辑去处理、去完成。编辑已由过去的文化生产者变身为文化生产与经营者,编辑不仅要设计、生产文化产品,还要策划、研发、推广、营销文化产品,编辑的角色、职责均已发生很大变化。

出版业日新月异,数字化趋势不可逆转。编辑如何跟上时代的步伐,如何跟上行业的发展?这是现代编辑不能不思考和面对的问题。

往前数五到十年,磁带、光盘、CD、VCD、DVD、MP3 等产品曾风靡一时,可现在早已风光不再;往后数五到十年,也许 iPad、iPhone 等产品也将成为明日黄花。新技术、新产品在不断超越、取代已有的技术与产品,出版业也是这样,推陈出新、更新换代势在必行,所以编辑要不断学习新知识、新技能,不断超越过去、超越旧我,否则就有可能被超越、被淘汰。

出版业正经历着从内容结构、传播介质到技术手段、经营模式等各方面的深刻变革,有些甚至是颠覆性的变革,这给从业者特别是编辑带来了严峻的挑战。编辑要清醒地认识和感知行业发展的大趋势,清醒地看到自己所处的时代位置与职业位置,在熟悉基本业务、掌握基本技能的基础上,努力打造和提升自己的核心竞争力。具体到少儿出版编辑,编辑自己要清醒地认识自身的优势与劣势、强项与短项、未来的发展前景等,以确定自己适合做哪一类少儿图书、哪一个年龄段的少儿图书或哪一类少儿图书的延伸产品与衍生产品,从而扬长避短,突出自己的优势,打造自己的核心竞争力。

现代编辑必须做学习型编辑、创新型编辑,不断丰富和提升自己,不断创造新产品、开创新世界。有特色、有特长、有创造、有创新的编辑是有竞争力的,反之,是没有竞争力的,没有竞争力的编辑是容易被替代和淘汰的。传统出版编辑是这样,数字出版编辑也是这样;成人图书编辑是这样,少儿图书编辑也是这样。

其次,编辑要找准自己的方向——先做专才,再做通才。

数字时代,行业对编辑的要求越来越高,编辑们普遍感到了压力。目前,出版界有一种比较强烈的呼声,就是要求编辑做复合型人才,既懂传统出版,又懂数字出版,既有出版专业知识,又有与出版相关联的其他专业知识,既熟悉出版各环节、各流程,又精通版权贸易、产品营销、市场管理、资源整合、跨界合作,甚至熟谙跨国合作、资本运作等。如果说过去出版界提倡“编辑是学者”“编辑是杂家”是从知识、技能的角度来要求编辑作提升,那么现在出版界提倡“做复合型人才”则是从知识、技能、经营管理、开发应用、拓展延伸等角度来要求编辑作全方位的提升。行业对编辑的要求已从过去的学者型、专家型提高到复合型,也就是通才型。

但真正能成为通才的编辑其实并不多,成为通才也不是一蹴而就的,而是有一个循序渐进的过程。所以,编辑应先立志成为专才,然后再谋划成为通才。如果专才都做不了,通才有可能就是徒有虚名。

所谓专才,是指对编辑出版的某一个环节、某一个流程非常熟悉与精通,在编辑出版的某一个方面与领域特别内行、特别有创见与作为。现代出版企业更多依赖团队的力量,团队中有很多专才,各方面的专才,大家通力合作,各尽所能,就一定能做出成绩。那么,编辑应该选择做哪一个方面和领域的专才呢?这当然需要编辑根据自己的兴趣、爱好与特长,根据自己所供职的企业的特点与需求来做选择与调整。

未来编辑将从单一的图书策划和文字加工中解脱出来,成为了解出版传媒规律、能策划多媒体乃至全媒体出版产品和服务的复合型人才。组稿编辑,有可能往版权代理人方向发展;策划编辑,有可能变身为数字产品项目、全媒体产品项目策划者;文字编辑,有可能成为内容整合者,参与产品的设计……编辑在未来将有多种选择,编辑应根据自己的兴趣能力和新业务流程来做决定,[1]使自己尽快成为某一方面和领域的专才。当编辑成为专才或基本成为专才后,可根据实际情况向其他方面和领域作适当延伸与拓展,进一步提升自己,使自己逐步成为能"总揽全局"的通才。

现代编辑需尽早对自己作职业规划与设计,有计划、分阶段、分步骤对自己作职业训练与专业提升,自我培养,不断成长、成才。

立志做少儿出版编辑并非志向就小,目前业界对少儿出版编辑的专业要求比以前更高,真正做一名出色的少儿出版编辑并不容易。少儿出版编辑设计、生产的少儿图书要做到让非专业的少儿出版编辑望尘莫及,难以超越,这才能真正显出专业的功力。所谓专家就是在某一行非常专业,别人无法企及,无法替代。正所谓"干一行精一行",专业化是任何一个编辑必须要追求的。也只有做到专业化,才有竞争力。

再次,编辑要不断提升自己的能力——在游泳中学会游泳,在学习中提高、进步。

出版是实践性很强的一门专业。作为从业者,特别是编辑,既要懂理论

---

① 　白玫:《数字时代,传统编辑亟需转型》,《出版商务周报》2012 年 4 月 22 日。

又要懂实践,既要了解历史又要面向未来,既要设计、生产产品,又要推广、营销产品。编辑作为出版的主导,必须在尝试、探索、学习、应用等实践中总结经验,提升能力,打造品牌。编辑要寻找规律性的东西,把各种实践经验与行业趋势总结、上升到理论层面,并推广、运用到新的实践中,用以指导新的探索与创造。

实践是编辑锻炼、成长的战场。在战争中学会战争,在游泳中学会游泳,在出版中学会出版,编辑要敢想、敢做、敢于实践,要善于发现问题、思考问题、解决问题,对实践作总结与提升。能力是在实践中不断磨炼与提高的。现代出版企业不大可能像过去某些时候依赖金牌编辑单枪匹马、单打独斗去创新产品、打造品牌。现代编辑要学会融入团队,协调作战,并带领团队向前推进。过去出版社有"传帮带"的优良传统,学识渊博、经验丰富的长者以自觉、随意的方式或者固定结对的方式指点、帮扶年轻人从对业务一知半解到得心应手,不断成长、进步,这种优良传统有利于年轻编辑健康、快速成长,是应该发扬光大的。而现在不仅年轻的编辑要向年老的编辑学习,更多的是互相学习。编辑要善于向团队内、团队外的同行、盟友学习,甚至向竞争对手与"敌人"学习。现代编辑要向一切值得学习的人学习,要学习一切可以学习的知识、技能、思路、观念、方法、技巧……并尝试运用到编辑出版实践中。

具体到少儿出版编辑,既要学习一般编辑需要的专业知识,还要有针对性地学习有关少儿教育、少儿心理、少儿文学、少儿科普、少儿音乐等方面的知识。

现代编辑要做创造型、创新型编辑,要勇于实践,勇于探索,学习新本领,闯出新路子。这样,我们的出版业才有活力。

第三节　案例:浙江少年儿童出版社与湖南少年儿童出版社

一、浙江少年儿童出版社

以下将介绍浙江少年儿童出版社(以下简称浙少社)的编辑对一套图书的整体策划、提炼、包装、传播、推广、营销等,从中可以看出,浙少社是如何提升编辑力,编辑力的提升又是如何让图书产品熠熠生辉,最终打造出响亮的品牌。

从 2008 年出版第一册开始,浙少社为著名儿童文学作家沈石溪量身打造的"动物小说大王沈石溪品藏书系"(以下简称"品藏书系")已出版 26 册,至 2011 年短短 3 年内,"品藏书系"销售码洋突破一个亿,销售册数突破 700 万册。其中的《狼王梦》单本销量更是超过了 100 万册。[①]

作为一名四次获得中国作家协会全国优秀儿童文学奖的著名作家,沈石溪自己也承认,他的书从前卖得并不好,正如儿童文学理论家、浙少社副总编辑孙建江所说,"叫好不叫座"。与其在评论界受到的诸多好评相比,这位动物小说大王在与浙少社合作之前,单册图书的销量一般只有 8000 到 1 万册左右。值得注意的是,"品藏书系"中收录的都是沈石溪的旧作,如《狼王梦》已经创作了 20 多年,在图书市场上有好几个版本,浙少社到底是如何杀出重围,让好书"叫好又叫座"的?

第一次尝试,口袋本带来诸多教训。

孙建江和沈石溪是二十多年的老朋友,他说大约在 2005 年、2006 年的时候,他就希望出版沈石溪作品的浙少社版本,"他的书一直放在编辑室里,我们花了很长时间寻找最佳的切入点,一直在琢磨这些作品怎么做才好"。而沈石溪那时也有约在身,1997 年,他与一家少儿社签订了 10 年的版权买断合同,一时震惊业界。可惜的是,该出版社只推了一套《沈石溪动物小说文集》,共 10 本,各印了 1 万册就没有再印。这份合同在 2006 年结束,2007 年,浙少社借"中宣部提倡少儿出版社推出健康口袋本"的契机,推出了一套 12 本、小 32 开大小的"沈石溪动物传奇故事"。

孙建江说:"这个口袋本的沈石溪作品,每册篇幅只有 2 万多字,开本小、图书薄,定价也上不去,销售比较弱。"而浙少社发行部主任沈伟忠也表示,口袋本图书六七块钱的定价,"让书店提不起销售的积极性来"。这套书最终在市场上销声匿迹了。

乍看上去,浙少社也没有摆脱沈石溪作品"叫好不叫座"的魔咒。但是,孙建江却从这次的出师不利中吸取了不少经验,他说:"沈石溪的动物小说数量较多,短篇、中篇、长篇均有,而且涉及动物的种类也很杂,如何整理结集才更容易让读者接受呢?我们出版的这个口袋本让每本书只有一个主题动物。比如一本主题为狗的书,收录的就都是沈石溪关于狗的小说,而且除了故事

---

① 宋平:《从万册到百万册,一本书的操作空间有多大?》,《中华读书报》2012 年 2 月 8 日。

之外，我们还在每本书中做了关于主题动物的知识链接"。浙少社的编辑们相信，这样的合集方式是将沈石溪作品推入市场的最好形式，因此，虽然口袋书因为开本等先天原因销量不佳，但编辑思路却被保留下来，延续到后来的"品藏书系"中。

口袋本的出版还给浙少社带来了另一个意想不到的收获。沈伟忠回忆说："2008年我们浙江的平湖市新华书店想请一位作家去平湖市两个学校做讲座，让我们安排作家。但那个时候'校园人文行'活动的日程我们都已经安排好了，其他作家抽不出时间来。我突然想到——沈老师讲一些动物的故事是不是会更吸引小朋友呢？"浙少社的"校园人文行"让作家与老师、孩子直接接触，是很有特色的推广活动。沈伟忠表示，之前作家进校园都是讲两个主题，"一个是如何写作文，一个是如何阅读和推广阅读，而沈老师却是去讲人和自然、人和动物的故事"。沈伟忠完全是抱着试试看的态度将沈石溪带入了平湖市的那两所学校，结果演讲非常成功，"他讲到兔子为了保护肚子里的孩子与蛇殊死搏斗，我们听了都相当感动。孩子们的反响也非常热烈"。

在回杭州的汽车上，孙建江、沈伟忠和编辑平静都非常兴奋，他们明白：沈石溪的书，孩子们一定会喜欢，但就是缺一个合适的版本。而平湖市一行，他们还在其中一所学校的宣传墙上意外地看到了《斑羚飞渡》。沈石溪作品入选人教版、浙教版语文教科书的信息更让他们醍醐灌顶。这两场校园讲座跑下来，浙少人增添了信心，也找到了动物小说的卖点。其后不到半年，"品藏书系"上市了。

第二次尝试，编辑在细节中找到了畅销密码。

"品藏书系"的第一任责编平静曾全面负责这套书的策划、统筹、运作，包括拟定编辑制作方案，与作者联系沟通、版权洽谈、合同拟定，落实图书的制作流程、初审、复审，参与营销活动等，她现在已经升任浙少社副总编。对于"品藏书系"的诞生过程，她印象深刻："2008年上半年，我在与营销部一起深入校园开展阅读推广活动的过程中，了解沈石溪有几篇作品入选语文教材，在教师中有认知度；其次，现在的学生在阅读了较多轻松幽默的校园题材的作品后，对动物小说这种独特的题材有新鲜感，能够激发阅读兴趣；且因沈石溪自20世纪80年代开始创作动物小说就已成名，当年的小读者现已成人，为人父母，沈石溪的作品能唤起这批家长的童年阅读经验，他们对作品的认可，可迁移到对自己子女的阅读引导上。学生、教师、家长，三方面的认可构成了沈石溪作品的市场潜力。"

　　2008 年 6 月,平静开始考虑出版方案,并与沈石溪达成了出版意向,仅用三四个月时间,就完成了编辑出版流程。那么"品藏书系"的名称、开本等最后是如何决定的,又是出于什么样的考虑呢?

　　关于丛书名。平静认为,沈石溪多年专心创作动物小说,其作品数量和影响力都首屈一指,"动物小说大王"可谓当之无愧,此名称响亮大气,对读者有足够的吸引力。沈石溪的作品,其艺术品质历经二三十年的时光检验,已得到专家和读者的认可,此次全新推出,力求在形式、内容上超越以往各种版本,精益求精,成为读者品藏的图书,因此最终定名为"动物小说大王品藏书系"。

　　关于开本。平静指出,32 开是最适于书店上架陈列以及图书馆馆藏陈列的形式,太大或太小的开本都不便于大范围的推广,小读者捧读也不方便。但传统的 32 开尺寸略显局促普通,于是她决定采用比传统 32 开高度和宽度都大一些的大 32 开。这样既与一般图书有所区分,又显开阔大气,能吸引读者注意,同时也适合卖场陈列和读者阅读需求。

　　关于定价。根据市场经验,低于 10 元的图书,因码洋比较低,难以激发销售商的积极性,而高于 20 元,对于没有自主经济权的少儿读者而言,超出其消费能力,会抑制购买力,难以形成销量,16 至 18 元是最理想的定价区间。定价区间确定后,根据制作成本测算,平静的团队拟定了图书的篇幅厚度。

　　关于封面。"品藏书系"的封面非常有特色,不但有每本故事中动物精美的图画,还根据推出批次的不同,在主色调上做出了区分。平静表示,为了突出"品藏"的特质,这套书在各个细节上都精益求精。封面图是为了力求体现动物的原生态而特别设计的书系 LOGO,作为书系的认知标识,为品牌的培养奠定了基础。同时,平静还精心整理了沈石溪所有入选教材的篇目,在封底上集中展示强调,作为营销亮点,充分体现其作品的权威性。沈伟忠说:"当时很少有出版社把'课文中的名家'当作宣传点的,封底的这个信息,让老师和家长放心——这是选入教科书的作者,同时也更方便孩子们寻觅优质课外读物。"

　　名称、定价和开本都已确定,平静遇到了在整个编辑过程中的最大问题:这套书所推出的作品并非是沈石溪的新作,如何超越已有的各种版本? 她给出的答案就是通过增加编辑含量为作品"增值"。在与作者充分沟通后,编辑团队发掘出沈石溪作品中的很多"闪光点",为其量身打造了三个有特色的附录板块:创作谈、获奖记录和珍藏相册,从三个不同侧面为读者提供了解作家作品的平台。平静说："书后的《闯入动物世界》这篇创作谈，是我和作者在沟通过程中，根据其特有的生活及创作经历，建议他专门为此书系撰写的文章，而且为了能让小读者理解并喜欢，我协助作者进行了几次调整修改，才最终定稿。后期随着图书品种增加，为防止一批忠实读者'审美疲劳'，我们对附录内容也做了相应的调整，如即时更新珍藏相册的图片，让读者更多了解沈石溪的近貌动态。推出第四辑时，又对创作谈做了更换，选用了作者的另一篇文章。同时增加了专家、读者对沈石溪作品的点评摘录，使图书更具新鲜感和互动性。"

而具体到每一本书，平静也不受名家名品拘囿，在文字上精益求精，做了适度的修订，严把质量关。尤其是，她还对一些长篇作品进行了全新的编辑设计。如《狼王梦》《雪豹悲歌》等，"原作一气呵成，没有章节标题。但是考虑到少儿读者的阅读特点，我与作者协商，对作品进行了章节划分，拟了简洁新颖的标题"。平静说，这样的改变增加了阅读的节奏感和吸引力，"也成为与其他版本不同的特色之一"。

再如《混血豺王》和《雄狮》原著，有二三十万的字数，如果按照整套书系既定的排版形式，其图书厚度和定价会远超该书系的其他品种，影响书系的整体定位和销售，也不适宜于少儿读者购买和阅读。因此，平静和沈石溪商议，分析原著文本，寻找可以切分的节点，成功地将一本书拆分为两本内容相对独立的图书。《混血豺王》拆分成了《双面猎犬》和《混血豺王》，《雄狮》拆分为《雄狮去流浪》和《红飘带狮王》。为了方便读者衔接阅读，又在两本书的结尾和开头处分别增补了"内容预告"和"前情提示"板块，让读者了解两本书的关联。

平静为"品藏书系"的第一批图书精心选择了以下六本：《第七条猎狗》《最后一头战象》《再被狐狸骗一次》《斑羚飞渡》《和乌鸦做邻居》和《戴银铃的长臂猿》。她的思路是：前四本同名作品入选过不同版本的教材，读者认知度高。后两本是未出版过的，能给读者带来新鲜感。而且这六本书描写的六种不同的动物，也都是小读者比较喜闻乐见的。确定首批六本的品种数量，是考虑到如果少于六本，丛书规模显得单薄，不成气候，品种太多，又容易分散宣传力度和读者的关注度，同时也使成本压力和市场风险增大。

有了优秀的图书，还要大力做传播与推广——营销攻势关键在"实"。沈石溪说："我去年(指 2011 年)做了 270 场活动，每天跑两场，跑了七八个月的时间。从 2008 年年底浙少社开始组织我的'进校园'和书店签售活动后，我粗略算了一下，去了 700 所学校，在书店签售 70 万本图书。"由此可见浙少社对"品藏书系"的投入之大，推广覆盖面之广。在这几年中，沈石溪不但跑遍了江浙地区，还在山东、福建等省与孩子们见面，"学校欢迎我去给孩子们讲课，而在这个过程中，我和语文老师也会有所交流，对于我入选课文（本）的作品也会交换意见"。沈石溪表示，在营销活动中销售的 70 万册图书只是"品藏书系"总销量的十分之一，但这样的活动会激发连锁反应，引发读者的兴趣后，他们会自觉购买其他作品。

浙少社顾问鲍丽珍表示，除了"校园人文行"活动，浙少社的营销团队非常重视与书店沟通这套书的亮点和特点，"我们没有搞低价策略，不打很低的折扣，我们很有信心。我们的业务员跟书店说你们做做看，做下来后，你肯定会感觉我们的这套书会超越其他很多书。在量上面，我们也会动员书店，他们保守的时候我们也说你们可以多进一点，一点问题都没有，一些书店会采纳我们的意见，在店里进行重点宣传和推广。而且，对于我们图书在大型书城的销售情况，我们都进行密切的跟踪，尤其是《狼王梦》等书与其他出版社版本相比的销售状况"。沈伟忠也说："浙少社为什么连续 9 年少儿图书市场占有率第一，因为我们在地面店的优势是非常明显的，我们对客户的维护、交流等方方面面做得是比较好的。跟踪货源，保证图书不断货，及时添配热销品种，与书店沟通重点陈列和码堆浙少社的产品，这已经是我们比较标准的动作。"由于"品藏书系"是分批推出的，第一辑六本出版后，随后每一辑四本，已经出到第五辑。前几辑不错的市场表现让书店更重视这套书，社店双方形成合力，对"品藏书系"进行营销推广。

"品藏书系"分批推出的方案和推出的节奏，其第一任责编平静也经过深思熟虑："每辑推出四本新品种，在春秋季以'校园人文行'为主的密集营销活动前推出，保证每个营销热季都有新品刺激市场。而确定四本的规模，是考虑这个品种数不会对原有品种造成过大冲击，有利于老品种的持续发力，充分调动市场潜力。"就这样，浙少社不断以老带新，以新推老，形成持续合力，使"品藏书系"成为畅销品牌，保证了选入的每一本书，不论是否是沈石溪的代表作、成名作，都能成为畅销书。同时，在每一辑作品的推出顺序上，平静还充分考虑了其代表性、知名度，优先出版代表作、名作，同时兼顾动物品类的区分，保证每一辑推出的动物主角都不重复，特色鲜明，品类丰富。

对这套书，编辑的体会是，作者与出版社的密切合作最后做到了双赢。平静说："'品藏书系'的编辑出版历时 4 年多，分批推出，每一个环节都和作者有充分的沟通。这套书的成功,也得益于与作者的互相信任和默契配合,期间通信通电不计其数。"记者看到了她写给沈石溪的邮件,讨论内容从作品出版顺序,到目录加上章节序号是否"难看",事无巨细,字里行间都体现着她和作者之间的良好沟通。

沈石溪与某出版社的 10 年合约期内,该社推出的《沈石溪动物小说文集》的平淡收场,使他了解到出版社"懂市场"的重要性。沈石溪说:"作家和出版社是双向的选择,你不知道出版社愿意花多少努力来推广和发行你的图书,你也不知道编辑对你的作品是否理解和喜爱,有没有在设计图书产品方面有创造性的灵感。"作家心中的这些不安当然会通过与编辑的沟通得到舒缓,而最让沈石溪满意的是,浙少人了解关于图书市场运作的信息,具有这方面的经验,发行也做得好。当然,沈石溪选择浙少社与其在儿童文学作家中的口碑也有很大关系:"据我所知,之前,浙少社已经与好几个知名作家合作,包括张之路、汤素兰等。他们有一个模式,瞄准一个作家,会下很大工夫,对其进行包装、宣传。"

在与浙少社合作之前,沈石溪每年的稿费收入大约是 20 万元左右,而2011 年,他的收入超过百万元。孙建江说:"我们乐于见到中国原创文学作家在市场上获得好的收益。寻找既有艺术性又能够为大众广泛接受的作品,并把它打造成畅销书,这是我作为出版人所一直追求的目标。"如今,沈石溪已经与浙少社签订了战略合作协议,未来他的作品都将交给浙少社出版。

编辑和作家都认识到,畅销书是有"必要条件"的,那就是:优秀作品、得力编辑、强力传播。按照孙建江的话说,做图书最好"提前半步","提前了三步五步,不算本事;而如果滞后于潮流,就只能吃残羹冷炙。最完美的就是,把握阅读趋势形成前的'半步'"。沈石溪的"品藏书系"在中国书市上掀起了一股动物小说热,浙少社这次无疑是"提前半步",敏锐地看到了儿童文学急需题材扩充的趋势。在孙建江眼里,这次"品藏书系"之所以能火起来,与市场大环境也有相当大的关系,他尤其提到了消费者消费习惯的培养和童书从业者市场素质的提高。

当被问到"品藏书系"成功的秘诀时,平静说:"充分的市场调研、精准的图书定位、独特的创意细节、适时地推出时机、团队的密切配合、有力的营销推广。天时地利人和。"

超级畅销书到底是如何诞生的呢?编辑的专业与努力,作者的配合与信任,营销人员的长袖善舞——这些真的是最后的答案吗?出版业中有人相信,畅销书是可遇不可求的,因为把握读者的阅读取向和社会大众的心理实在太难。也许不可能给出畅销书的统一配方,但以下这点却是毫无疑问的:优秀的编辑和强力的营销团队也许不是打造畅销书的"充分条件",但却一定是"必要条件"。

"品藏书系"的成功是多种因素共同促成的,是浙少社综合实力的体现,但其中编辑力的作用不容忽视。"品藏书系"收录的都是沈石溪的旧作,如何超越已有版本,如何激发读者阅读兴趣,如何赢得更多市场,策划力至关重要;"品藏书系"的出版、营销已历时4年多,其间与作者的交流、沟通,对作品编辑工作的组织,对图书的宣传推广,新书与旧书的衔接、互动,已有读者群的巩固与新读者群的开拓等,工作量十分巨大,要作组织、协调、策划、谋划,组织力不可或缺;"品藏书系"里的作品有长有短,有新有旧,所写的动物各有特点,而书系作为一套丛书,虽然不是严格的整齐划一,但篇幅、体例、开本、定价、风格等的基本统一必须要做到,同时又要突出每本书的特色与亮点,这自然需要审读力、选择力与加工力;图书的编辑和营销人员动用了作者资源、编辑资源(编辑团队力量)、推广资源(发行团队力量)、媒体资源、渠道资源等,虽然这是团队合作项目,但责任编辑的整合力不能不说是相当高的,如果没有很好地挖掘和整合这些资源并充分加以利用,"品藏书系"要做成畅销书与常销书几乎是不可能的。

由此可见,做出版是综合实力的体现,提升编辑力意义重大、效果明显、作用非凡。做成人出版如此,做少儿出版也是如此。

二、湖南少年儿童出版社

吴双英1999年9月大学毕业进入湖南少年儿童出版社(以下简称湘少社)做童书出版,目前是湘少社儿童文学编辑室主任、副编审。2003年,吴双英责编的原创童话《心翼童话丛书》获冰心图书奖;2005年,责编的科普图书、著名科学家霍金的《宇宙简史》入选向全国青少年推荐的百种优秀读物;2007年,策划推出的本土儿童小说《六三班的成长报告》获湖南省"五个一工程"奖;2008年,策划出版的大型文学丛书《全球儿童文学典藏书系》获中国出版政府奖提名奖,责编的《四叶草丛书》获"三个一百"原创图书出版工程奖,责编的《新世纪新十家》丛书入选向全国青少年推荐的百种优秀读物;2009年,责编的儿童文学丛书《汤素兰奇迹系列》获全国优秀儿童文学奖、冰心图书奖,并入选向全国青少年推荐的百种优秀读物,策划责编的张海迪的《我的祖国》获中华优秀出版物奖,并入选庆祝新中国成立 60 周年重点出版物;2010年,策划责编的由罗哲文、何兹全、李学勤等大家名家撰稿的《文化中国丛书》获"三个一百"原创图书工程奖,并入选向全国青少年推荐的百种优秀读物。同时,吴双英策划编辑的图书,经济效益也非常可观,《全球儿童文学典藏书系》印行了 200 多万册,《汤素兰奇迹系列》是深受儿童喜爱的超级畅销书。

"编辑岗位贵在坚守,不但要有勇气,有智慧,还要充满热爱,并将这份热情持续到底。"坚守、勇气、智慧、热情,正是吴双英作为一个优秀编辑的基本元素。吴双英是从做校对开始自己的编辑生涯的,一年半的校对工作使她养成了准确细致、求真务实、精益求精的编辑风格。而策划部的选题策划工作,又使吴双英从宏观视野的层面感受到了图书选题在编辑出版中的重要性。当吴双英扎根儿童文学编辑部后,她就义无反顾地进入了童书编辑出版的本源,全身心地投入到儿童文学图书编辑中。

吴双英以"书是孩子,孩子是打开的书"作为自己的童书编辑理念。她把编辑好每一本、每一套图书,当成养育好每一个、每一批孩子。如其策划编辑的《全球儿童文学典藏书系》,100 部儿童文学作品的规模之大,全球经典儿童文学作品的标准之高,在全国儿童文学丛书编辑出版中,都是空前的、高难度的。吴双英提出要"站在世界儿童文学森林中,检视作品,收容吸纳"。她直接找到国际儿童读物联盟(IBBY),请 IBBY 主席推荐具有国际水准的儿童文学大家、专家担任书系编委,保证了书系的权威性和经典性。为了提高读者阅读典藏书系的兴趣和成效,吴双英做了认真的"阅读链接",给每一本书设计了"入选理由",并且要求像诺贝尔文学奖颁奖词那样有文采、有高度。吴双英带领她的 4 人团队忘我地投身儿童文学图书的编辑工作之中,强度之大、节奏之快、密度之稠、效率之高,令人惊叹。2008 年,湘少社儿童文学编辑部完成了 77 部书稿、800 多印张、1700 多万字、2000 多万码洋的"超饱和"编辑任务。吴双英视孩子为"打开的书",经常带着童书与作家、画家一起深入学校、书店,和孩子们打成一片。出版界有一句行话:下一本畅销书的密码,就在上一本书里。吴双英则认为,畅销书的全部密码,都在孩子这本"打开的书"里,童书就是要从儿童中来,到儿童中去。吴双英和孩子们建立了紧密的联系,她每年要收到上千封各类邮件,其中很大一部分是小读者的来信,吴双英都一一回复。吴双英说她已经形成了一个职业习惯,就是每天上班的第一件事是拆信、看信、复信,每天睡前的最后一件事是上网、看邮件、复邮件。

吴双英说:"我们有太多理由去做有使命感的编辑,去出版有表达力和传播力的产品。"她表示要把从事文学编辑变成自己的一种自觉,"点燃激情,让每一个日子亮起来",做儿童文学编辑出版的"长跑健将"。

"文学崇尚大善大美","儿童文学拒绝冷漠、拒绝欺骗、拒绝虚伪、拒绝低俗"。吴双英准备从人生的深度和专业的深度进一步"资深"自己。吴双英制定了一个学管理、学文学理论的规划,不断充实自己。"深打井",打造儿童文学编辑出版的长线产品,去设计味、去商业化,注重细节、注重品质,将每一本文学图书当作图画书来做,形成"湘少版"独特的儿童文学图书品牌,这是志存高远的吴双英对编辑出版新童书的新追求。①

从上述经历我们可以看到吴双英是一步一个脚印走过来的,踏实、敬业、勤学,不断进取,不断进步,不断取得成果。吴双英从一个普通的编辑新手成长为较有成就的优秀少儿编辑的过程,正是其编辑力不断提升的过程。

第四节　小　　结

编辑是出版企业的核心力量。中国少儿出版企业在生产阶段要通过转型努力提升编辑力。编辑工作是出版工作的中心环节,是出版企业的核心工作。通过对文化产品内容的选择、策划、加工和推荐,编辑肩负着总结、挑选和弘扬优秀文化的重任,对文化传播的方向和质量起着决定性作用。

所谓编辑力就是编辑人员在编辑工作情境中运用自身的眼光、素养、知识、专业技能等,进行稿件策划、组织、审读、选择、加工、传播、营销、整合等创造性活动,以实现编辑工作目的的能力。编辑力是一种创造力,更是一种核心竞争力。

编辑力是影响出版企业生产经营成败最活跃、最关键的因素。编辑力包括:策划力、组织力、审读力、选择力、加工力、整合力。提升编辑力的主要方法就是编辑进行角色转换,实现自我提升。

编辑要从过去的单一角色向现在的综合角色进行转换,才能适应新形势的需要与挑战。编辑的综合角色主要表现在:编辑是文化生产者,是文化经营者,是创新实践者。编辑必须"两专多能",成为多面手,成为复合型人才,

---

① 海飞、吴双英:《为读者留下美的记忆》,《中国新闻出版报》2011年12月5日。

才能适应出版新形势的需要。

编辑要认清位置，要做超越者而不是被替代者。编辑要找准自己的方向——先做专才，再做通才。编辑要不断提升自己的能力——在游泳中学会游泳，在学习中提高、进步。

浙江少年儿童出版社成功运作"动物小说大王沈石溪品藏书系"就是充分挖掘和提升编辑力的收获与成果。湖南少年儿童出版社吴双英在编辑实践中的探索、进取与成功也充分说明了提升编辑力的重要性与必要性。

第六章　中国少儿出版传播力分析

传播是指社会信息的传递或社会信息系统的运行,通俗地讲,传播就是广泛散布。推广是指扩大事物使用的范围或起作用的范围。传播力是指实现有效传播的能力。

中国少儿出版的传播应贯穿少儿出版的全过程,即在生产准备阶段就应该有意识地作传播策划与计划,并开始有针对性地传播相关信息与内容;在生产阶段,一边做少儿图书产品和其他相关产品的设计与生产,一边继续做产品的宣传与推广;在营销阶段,由于前期已作了比较充分的宣传、推广,市场对图书产品和其他相关产品已有较多了解,此时出版企业加强传播力度,调动社会各方面的力量大力传播与推广图书产品和其他相关产品,扩大产品的受关注度、被阅读率与影响力,引导孩子关注、阅读、学习,让更多孩子通过阅读受益,同时也通过传播与推广来销售更多图书和其他相关产品,获得更多利润,以便进行再生产、再传播、再营销。这就是贯穿出版全过程的传播行为。

强有力的传播能促进少儿图书产品和其他相关产品的销售,激发更多孩子更好阅读;广泛的阅读一方面能提高更多孩子的文化素质与综合素养,另一方面也反过来促进少儿出版的进一步发展与繁荣。少儿出版企业通过转型努力提升自身的传播力与少儿读者的阅读力,既能解决图书产品和其他相关产品的销售问题,又能推动企业的整体营销能力与运作能力。

第一节　传播演变

在计划经济时代,中国少儿出版几乎没有清晰的传播意识与传播理念,更谈不上有系统的传播理论,那时的传播基本上是一种自发的传播、浅层次的传播。产品(图书)生产出来以后,摆放在新华书店自然销售,基本上处于一种自生自灭的状态,有时书店工作人员会在书店门口或书店柜台旁的墙上张贴几张新书简介或者新书预告信息。如果某本书确实引起了读者的较大反应,那么报纸可能会有讨论或选摘,电台也有可能会有选播,如果一本书的相关信息上了报纸或电台,这本书就注定会火了。计划经济时代的图书信息主要靠口碑传播,读者觉得某本书好,会口口相传,互相推荐;其次是图书馆、少年宫等公共服务部门的系统传播;再次就是报纸、电台的媒体传播。

20 世纪 70 年代、80 年代,中国社会开始转型,改革开放拉开序幕,中国少儿出版的传播活动慢慢开始活跃起来,形式也逐渐变得丰富多彩,过去的自发传播、被动传播也逐渐演变为自觉传播、主动传播。

如今,我们已告别图书短缺时代,进入了图书过剩时代。据原国家新闻出版总署公布的数据,2009 年全国共出版图书 301 719 种,平均每天出版图书827 种,其中少儿图书零售市场在销品种已达 8 万种,平均每天 219 种。2010年全国共出版图书 328 387 种,2011 年全国共出版图书 369 523 种,2012 年全国共出版图书 414 005 种。走进书店、书城,各种图书琳琅满目,应有尽有。如此海量的图书,如果没有有效传播、精准传播,读者特别是少儿读者如何识别、选择、购买、阅读他们喜爱和必需的图书? 这不能不说是一个非常现实的问题。我们经常看到一个非常矛盾的现象:一方面出版企业图书大量积压,库存节节攀升,书店里"书满为患",另一方面很多读者却买不到满意的图书,觉得市场上没什么好书,一些书店甚至无人问津。是真没有好书吗? 未必!很多时候是好书抵达不到真正需要它的读者手中,中间的流通环节出了问题,要么是读者根本不知道有哪些好书或者适合他们阅读的图书,要么是知道了却找不到图书或者比较难找到。中国目前有大约 3.67 亿儿童,而我们的大多数少儿图书销量仅有 5000~10 000 册,这其中除了图书本身质量不高、存在瑕疵、不受欢迎以外,推广、营销做得不够,针对图书的传播力、运作力太弱,是另外一个主要原因。

中国目前缺乏的不是优秀的少儿图书,而是对优秀少儿图书的传播与推广。应该说,经过多年的努力与奋斗,我们目前已拥有大量的优秀少儿图书,但因为没有得到很好的传播与推广,很多优秀少儿图书不为中国家长和孩子所知晓,更不为世界所关注。我们的好东西没有很好地展示出来,没有得到世人的认可与赏识,更没有发挥出其应有的作用和影响。也因为好作品、好图书没有得到应有的重视和回报,也影响了后续创作者、创造者的积极性,形成了一种非良性循环。不少优秀的少儿图书作者改行从事其他职业就说明了这个问题。

销量的有限决定了读者的有限,读者的有限也决定了作品的影响力有限。一本销量为5000册的儿童文学图书,如果每册有5名小读者阅读,它不过影响25 000名小读者而已,这本书再精彩,它的影响力又有多大?

纵观世界少儿图书,凡是有国际影响力的无不作了强力的传播与推广。以"哈利·波特"为例,图书首发式、讨论会、报刊介绍、电视介绍、网络介绍,各种推荐、各种促销、各种活动可谓应有尽有,围绕小说而开发的衍生图书十分齐全,甚至还有"哈利·波特"词典。除图书以外,电视、电影、主题公园、玩具、服装等,凡是能涉猎的,开发商几乎都做了尝试与探索,并取得了非常不俗的业绩(也许在巨大成功的光环下,世人只看到了其辉煌、光鲜的一面,而其最初的失败与艰难就被有意无意乃至善意地忽略了),甚至还有以"哈利·波特"命名的火车,其传播与推广可谓无孔不入,其影响也就被扩大到几乎是无处不在。这无疑极大地增加了图书的知名度,也推动了图书的销售。再看看我们国内的少儿图书,所作的传播与推广实在有限,自然其销售效果也不尽如人意,和国外超级畅销少儿图书相比,难望其项背。所以,我们必须向发达国家学习,对中国少儿出版多作强力传播与推广,以扩大其影响,发挥其应有的作用。

过去说"酒香不怕巷子深",现在是"酒香也怕巷子深"。如果不作传播、不作宣传推广,很多图书就会淹没在书的海洋里,不为世人所知,其文化价值、文化影响力也就无从谈起,作为文化资源自然也就被大量浪费。

第二节　传播五要素

根据传播学五要素原理(5W理论)[1],从"谁传播"(Who)、"传播什么内容"(Says What)、"通过什么渠道传播"(In Which Channel)、"传播给什么人"(To Whom)、"传播达到什么效果"(With What Effect)五个方面,来分析中国少儿出版的传播与推广,可以发现问题,理清思路,寻找突破口,更好地提升和繁荣中国少儿出版。[2]

---

[1]　邵培仁:《传播学》,北京:高等教育出版社,2000年,第46页。
[2]　余人:《从传播学视角看中国儿童文学的推广与发展》,《出版广角》2012年第8期。

一、传播主体

谁来传播中国少儿图书？或者说谁有兴趣、谁有动力、谁有能力来传播中国少儿图书？这是传播与推广中国少儿图书首先要解决的一个问题。弄清谁来传播、谁能传播、谁在传播，有利于我们确定传播主体，更好地挖掘传播潜力，提升传播实力。

谁传播？——政府(教育部门、文化部门)、组织(社会团体、企业)、个人(作者、研究者、读者)。

其中，最有兴趣和动力传播中国少儿图书的是企业(出版商)和作者。

出版商是中国少儿图书的生产者和经营者，传播意味着能扩大影响、树立品牌、促进销售、获得利润。企业的生存之道(逐利性)决定了企业要想方设法、费尽心机去宣传、推广、营销自己的产品，不这样做，企业就难以获利，难以生存与发展。因而企业是最有兴趣和动力去作推广的。企业也有能力作推广，企业可以组织专业人员、专门人员有计划、有步骤、有实效地去作各种推广。

所以，企业包括出版社、出版公司、书店(包括网上书店)、书城、少儿图书发行公司、少儿音像发行公司、少儿影视公司、少儿动画公司等，以及所有相关联的各类批发商、零售商，他们是中国少儿图书传播与推广的最活跃主体。

作者传播自己的作品，有利于提升个人的知名度与美誉度，树立品牌；有利于协助出版商销售自己的作品，获得更多稿费或版税；有利于体现和实现个人的人生理想与价值。因而作者也是最有兴趣和动力去作推广的。但作者的推广能力有大有小，著名作者由于已经树立良好的品牌，其吸引力、号召力、影响力自然要比普通作者大得多。作者作为个体，其直接推广能力往往是有限的，因此作者较多是配合出版商来做推广，或借助自身的品牌与优势，由其他主体通过大众传播来做推广，就作者而言，这是一种间接推广。

政府因为要传播与传承优秀的本土文化，要提升年轻国民的整体文化素质，要培养优秀、合格的建设者与接班人，自然也有浓厚的兴趣和强大的动力来推广优秀的中国少儿图书。前提是，政府必须认识到中国少儿图书的重要性以及推广与传播的必要性与紧迫性。政府可以动用强大的管理机器与行政力量来作推广，是最有能力作推广的。但政府要做的事情很多，按"抓大放小"的原则，政府的目标是集中优势力量"提纲挈领"抓大事、办大事，不是特别重要的事情政府一般可以放手不管或者交给民间力量来管。所以,中国少儿出版与少儿阅读只有其重要性上升到关系国计民生、关系祖国未来的可持续发展、关系文化软实力的提升这样的高度或类似的高度,才有可能促使政府投入较大力量来作指导、规划与推广。因此,中国少儿图书的传播与推广,政府能介入到什么程度,要看各方力量作用、促成的综合效应。

除企业这样的赢利组织以外,社会各类公益组织或者社会团体组织,像少年儿童图书馆、少年宫、少年儿童工作委员会、少儿图书研究协会、儿童文学研究会、儿童文学读书会、少儿图书阅读推广会等,它们基于对中国少儿阅读的良好社会作用、孩子健康成长的必要社会环境等方面的认识,也把推广中国少儿阅读作为组织的部分或者重要功能与职责,其传播主体的角色与作用也十分重要。

研究者从专业的角度分析、研究中国少儿图书,传播与推广自然是其研究的一个重要环节或者层面。研究者的专家身份与权威角色,决定了他们的观点、意见、研究成果有可能影响到政府、组织(包括企业)、个人,他们最有可能成为"意见领袖",从而影响和促进中国少儿图书的传播与推广。比如老师作为引导者、指导者,具备专业的阅读知识与技能,是非常有影响的权威人士和意见领袖,他们以专业的敏锐性捕捉到相关图书信息后,会推荐某些图书给孩子们阅读,也会极大地影响孩子们的阅读。

读者本是受众,是被传播的对象,但读者也有可能因为自己的兴趣、爱好而成为传播者。比如家长们看到什么书自己的孩子读后很喜欢、很受益,会推荐给其他家长和孩子;孩子们读到什么书感触特别深也会互相交流、推荐。这样,读者也有可能变成传播主体。

中国少儿出版要尽可能地扩大传播主体,有更多的人或组织愿意、喜欢并致力于传播中国少儿出版的相关信息与内容,中国少儿出版的影响自然也会因之被扩大和提升。

二、传播内容

传播什么内容?这似乎不是一个问题,自然是传播中国少儿出版(图书)的相关内容与信息。

传播是借助某种形式来传播,传播有整体传播与部分传播。比如我们传播某本中国少儿图书,把所有信息传播给家长、老师和孩子,这是整体传播;

把部分章节或者精彩片段、内容概要传播给家长、老师和孩子,这是部分传播。部分传播可以激发读者兴趣、吸引读者关注、引导读者阅读,从而促成更多的部分传播乃至整体传播。

传播中国少儿出版的信息与内容(部分或全部)的目的在于用作品(内容)去影响读者,使作品的文化价值最大化——影响更多的人向良性方向发展,从而推动社会的进步与繁荣。传播行为的发生也导致作品(内容)的载体(图书产品和其他产品)的使用价值与交换价值得以实现。通俗地讲,就是传播使得少儿图书和其他产品得以销售,经销商或者传播者获得物质利益。

所以,传播的信息量越多,传播的范围越广,传播的时间越久,就越能使作品(内容)深入人心,影响读者,也越能销售更多的图书产品和其他产品,获得更多的利润,也越能让更多的相关人员以不同的形式满足各自的需求、获得各自的利益。当然,反过来也成立,销售的图书产品和其他产品越多,产品的内容也被传播得越广,影响的读者也越多,对社会与时代的作用力、影响力也越大。

传播的如果是优秀的少儿图书和其他产品,将会给孩子、社会造成良好、积极的影响,反之如果传播的是低劣的少儿图书和其他产品,将会给孩子、社会造成消极、恶劣的影响。

那么,谁来决定传播的内容? ——传播主体:政府(教育部门、文化部门)、组织(社会团体、企业)、个人(作者、研究者、读者)。

当然,传播主体传播的内容读者不一定感兴趣,不一定喜欢、接受。所以,传播主体应该根据不同读者的不同特点选择不同的传播内容(选择兴奋点)和不同的传播渠道(选择最便捷的通道)作为传播突破口,以达到事半功倍的效果,取得真正的传播实效,这是日益引起传播主体重视的传播技巧与策略。

中国少儿出版要重视精选传播内容与信息,针对不同的传播对象有针对性地选取不同的传播内容进行有效传播、高效传播。

三、传播渠道

传播主体通过什么渠道与途径把传播内容(中国少儿出版的相关信息与内容)传播给读者(需求者)? 这关系到传播的效率与效果,是不能忽视的问题。

一般而言,不同的传播主体会选择不同的传播渠道。

政府(教育部门、文化部门)会选择教育渠道与大众媒体。比如国家教育部从长远发展的目标出发,组织专家编写教材,把一定比例的优秀作品选编进中小学教材和课外补充读物,通过学校教学的方式或者指导阅读、推荐阅读的方式,向广大少年儿童推广和普及中国优秀文化基础知识与经典作品,从而提升少年儿童的整体素质与文化修养,只要是九年制义务教育的适龄儿童都能从中受益。又比如,国家广电总局规定,各级各地电视台少儿频道在晚上黄金时段必须播映国产故事片、动画片。这是通过行政管理手段拓宽本土文化(自然包括中国少儿出版的相关内容)的传播渠道,充分利用电视这样的强势大众媒体进行广泛传播,以扶持和强化本土文化。

组织(社会团体、企业)会选择各自的专业渠道、大众媒体来进行富有特点、特色的传播。比如妇幼组织可能会选择《中国妇女报》《女友》杂志、《知音》杂志、各类幼儿报刊、各类少儿报刊、各地电视台少儿频道等媒体和渠道;少年儿童图书馆、少年宫、儿童文学研究会、儿童文学读书会、儿童文学阅读推广会等则有专门组织与渠道;像出版社、书店这样的企业,则是通过商业手段,以付费或合作的方式选择适合自己产品定位的各类媒体进行传播,同时在专业渠道以实物布货,以扩大产品的覆盖率与影响力,促进信息的传达与产品的实际销售。

个人会选择协助政府与组织作推广,或通过自身努力以独特的方式作推广。比如作者除了协助出版自己作品的企业作推广以外,还可以通过网络、手机、博客、微博、微信等新媒体、新方式,或者演讲、授课、座谈会、讨论会等形式来传播自己的作品信息;研究者(评论家、专家、学者)除了通过借助或影响政府、组织(包括企业)作专业推广以外,也可以通过网络、手机、博客、微博、微信等新媒体、新方式,或者演讲、授课、座谈会、讨论会等形式传播自己的观点、意见、研究成果和某些作品信息;读者一般是对已阅读作品或感兴趣作品的相关信息进行口口相传,互相推荐,互相影响,也就是我们平时所说的营造"口碑"。

不同的传播主体通过不同的传播渠道把中国少儿出版的相关信息与内容传播给不同的消费人群与需求者,最后会形成一种传播合力。传播主体越多,传播渠道越畅通,传播信息量越大,传播速度越快,越有可能把需要传播的信息与内容传播给(抵达)真正的消费人群与需求者,从而形成真正的影响。传播渠道单一或者受干扰太多(传播渠道不畅通),信息就难以或者无法抵达终端(读者),传播效果不尽如人意,传播目的就难以实现。

所以,吸引更多传播主体、开辟更多传播渠道、加大传播频率与传播速度,让少儿出版的相关内容与信息的传播畅通无阻,甚至直达读者,至关重要。

四、传播对象

传播给什么人？这似乎也不是一个问题。中国少儿出版的相关内容与信息当然是传播给少年儿童。

中国目前有大约 3.67 亿儿童,中国少儿出版的读者或者说潜在读者可谓数量巨大。如果喜爱中国少儿图书和其他相关产品的少儿读者和成人读者越来越多,如果我们进一步打开和扩大海外市场,把图书和作品传播给外国儿童,那么中国少儿图书和其他相关产品的潜在读者将更为巨大,影响将日益广泛,前景也自然更为广阔。对中国少儿出版作强力传播,目的正在于把潜在读者变为实际读者,把潜在影响力变为真正影响力,让更多少年儿童能从中受益。

中国少儿出版如果能解决好上游、中游和下游的品质问题与彼此的衔接问题,让上游的精品、力作越来越多,中游的平台、渠道越来越畅通与便捷,下游的消费者(读者)越来越多,消费者(读者)的阅读兴趣与热情越来越浓,消费者(读者)的阅读水平越来越高,那么中国少儿出版的发展与繁荣将会"更上一层楼"。

传播给什么人？传播给一切有可能喜爱和阅读中国少儿图书和其他相关产品的读者或潜在读者。当然,不同的作品会有不同的读者群,传播时分清主次与重点、难点,针对不同的消费者(读者群)采用不同的传播渠道与传播方式,十分重要。

如果说成人图书一般是成人购买成人消费(阅读),少儿图书则不一样,一般是成人购买少儿消费,只有少数情况是少儿购买少儿消费。正如前文所述,少儿图书的购买者与阅读者常常是分离的,两者有时会出现一种错位现象,即成人(一般是孩子家长)买的少儿图书孩子不喜欢看,孩子喜欢看的图书家长又不让买;或者孩子要买的图书、要看的图书家长先过滤一遍、审阅一遍,家长觉得不合适的,就被 pass 掉了,无法抵达孩子手中。所以,中国少儿图书和相关产品在传播的过程中要特别注意一个细节,就是既要针对少儿读者作宣传、推广,又要针对少儿读者的家长作宣传、推广,这两者都接受了,传播才算做到位,才有实效。如果家长喜欢,孩子不喜欢,图书和其他产品即便买来了,孩子也未必会看;如果孩子喜欢,家长不喜欢,孩子也难以顺利读到和读完这本书。所以,相关信息既要传播给孩子,也要传播给家长,既要能提高孩子的阅读兴趣与水平,也要能提高家长的阅读兴趣与水平,二者同样重要。

把中国少儿出版的内容与信息传播给什么人? 传播给少年儿童、少年儿童家长、老师、少儿工作者等。要研究这些人(受众)的不同兴趣、爱好、需求、特点等,有针对性地进行传播,才能真正取得传播实效。推广、传播要看对象,不能对牛弹琴、盲目传播。

五、传播效果

传播中国少儿出版的相关内容与信息要达到什么效果? 两个效果:一是使中国少儿出版的文化价值深入读者心灵,为读者所认可、所喜爱、所接受,对读者产生积极影响,并为中国文化软实力的提升注入活力;二是使中国少儿出版的商业价值得到充分体现与实现,甚至形成庞大的产业链(类似国外的"哈利·波特"),使参与到这个产业链中的各方面人员与机构得到经济实惠与实际利益。通俗地讲,就是我们经常提到的社会效益与经济效益。

文化价值和商业价值不是孤立、对立的,而是相辅相成、互相促进和转化的。中国少儿出版的文化价值能促进其商业价值得到实现——内容优、质量高的作品自然深受读者欢迎与喜爱,能满足读者需求,且吸引更多读者购买。作品的品质高低与作品被读者认可、购买的可能性从本质上讲是成正比的;反过来,中国少儿出版的商业价值得到实现能让文化价值更深入人心,更能影响读者——作品销得好,自然就被关注、被阅读、被理解得更充分,作品对读者和社会的影响力、推动力相对也会更大。

当然,这是从宏观的角度来谈传播效果。如果从微观的角度来看,就是每次传播、每个阶段与时段的传播能达到什么效果,或者说期望达到什么效果,传播主体要明了在心,并积极促成,否则就容易无的放矢导致事倍功半、得不偿失。

教育部门对中国少儿图书产品和其他相关产品的传播是希望更多学生爱上中国优秀文化、传播中国优秀文化,并从中得到美好熏陶与感染,培养良好习惯与积极人格,所以教育部门会在编写教材、培训师资、推广普及等方面下工夫;企业对中国少儿图书产品和其他相关产品的传播是希望既能传播优秀的本土文化，又能使自己生产的相关产品得到大量销售，以便获得更多利润，维持企业的生存与发展，所以企业会在打造精品、大力传播、积极营销等方面下工夫。

传播要达到什么社会效果，促成什么后续效应，这是传播主体需要认真思考的问题，也是需要大力去解决、去实现的目标性问题。比如，某本中国少儿图书的相关信息抵达终端读者了，但读者并没有受到这些信息的影响，没有产生购买行为或阅读行为，这就是传播效果不佳，没有达到传播者的预期目的。

传播效果好或者不好，原因何在，这是传播者在传播前、传播中、传播后都必须认真思考、研究和解决的问题。如何科学地测量、评估传播效果，这也是我们必须思考、研究和解决的问题。

第三节　传　播　瓶　颈

传播主体不明确、传播信息不生动、传播渠道不畅通、传播对象不明确、传播效果不讲究，这些都有可能成为中国少儿出版传播的瓶颈，但最核心的问题是传播意识与传播技巧欠缺导致传播效果不理想。如果能积极主动地进行有效传播，采用一些技巧与策略进行精准传播，上述问题都可以逐步加以解决；如果能充分考虑到传播效果，就会细心研究、多方探讨、积极尝试，找出最佳方案与途径进行高效传播。

传播意识不强，导致没有传播理念或者理念落后，要么根本不作传播，要么不重视传播，要么传播方式、方法欠妥；对传播效果的认识模糊、把握不准、考虑欠周，导致传播成本意识不强，传播对象模糊，传播内容选择不当，传播渠道与技巧不讲究，最后是传播没有多大效果，传播也达不到预期目的。

比如，关于中国少儿图书，不少出版企业不愿意作传播，觉得没有必要花这个"冤枉钱"，这是没有考虑到传播也有投入与产出的问题；不少出版企业不愿意作传播，觉得传播太"烧钱"，又不见有多大效果（对图书销售的推动力不大），出版企业"得不偿失"，这是没有考虑到传播效应需要累积，需要品牌，需要讲究方法和技巧才能达到；不少出版企业确实想了很多办法作各种传播，但效果不明显，感到力不从心、难以为继，这是没有解决好成本控制与策略选择的问题。不少少儿作者、作家认为，只要他们的作品内容好、品质高，就不愁读者不识货，"我的名气大、口碑好、品牌响亮，书上只要署了我的名字就会有大批读者来买书"，这是过去"酒香不怕巷子深"的思维惯性导致的天真想法与盲目自信；不少作者和少儿工作者指责出版企业作传播与推广是商业炒作，过于商业化，导致"铜臭味"日益浓厚，文化价值日益流失，社会日益功利与短视，这是认识有偏差，归因有误，板子打错了地方。

传播是有成本的，是需要人力、物力投入的，如果不渴望和追逐商业利益，出版企业凭什么要花钱去作传播？谁愿意去作无利益回报的传播？在当今信息化、全球化时代，我们不作商业化推广，中国少儿出版将永远无法和世界少儿出版相抗衡。世界少儿出版"巨无霸"哪一个没有作商业推广？日本动漫作了商业推广，迪士尼作了商业推广，"哈利·波特"作了商业推广，它们的成功不能不说都有商业推广的因素在里面。如果说中国的少儿出版企业作传播与推广有错的话，错的不是对纯净的儿童图书和相关产品作了商业推广，对纯净的儿童世界作了商业推广，错的是没有找准中国少儿出版的文化价值与商业价值的最佳结合点，或者是作传播与推广时只重视了产品的商业价值而忽视了产品的文化价值，顾此失彼了。如果我们满足于自然销售，满足于公益推广（免费推广），我们的少儿图书和相关产品将永远无法像"哈利·波特"和《狮子王》那样去影响世界、震撼世界。

传播与推广更多情况下是多方合作（而不是单打独斗），形成双赢、多赢，共荣共生。有出版企业的编辑说："我写了关于我责编的几本少儿图书的推广稿，可报刊都不愿意用，花钱让人家刊登人家也不愿意。"这是只考虑了己方诉求，忽略了合作方的诉求，没有做到双赢、多赢。这是因为我们在设计、策划传播时考虑不周全，是一厢情愿的传播。相反，六一儿童节前后许多媒体会主动找出版企业要相关图书的推广稿，甚至是全免费的宣传。为什么？因为媒体自己也有这方面的诉求与需求。所以，传播主体选择合作方、选择传播渠道要讲究技巧与策略，要兼顾己方和对方的兴趣点、诉求点与利益点。

当作品树立起自己的品牌以后，传播有时是无成本的，或者说其他媒体自动就帮助承担了相关的成本与费用，使得传播异常的快捷与顺利。比如，当"哈利·波特"成为热点、焦点后，全世界的传媒机器都不由自主地、高度配合地作连篇累牍、狂轰滥炸地免费报道与宣传。这就是品牌的力量。品牌需要积累，不是一蹴而就的；品牌需要打造，要有耐心、有技巧、有策略，要整合资源，多方努力，形成合力。

第四节　传　播　方　式

中国少儿出版的传播与推广目前大致有三种方式：教育传播、组织传播、企业传播。

一、教育传播

教育传播是通过教育的手段来进行传播与推广，主要是把优秀的本土文化作品特别是优秀的儿童文学作品编入教材让孩子来学习、阅读、表演，这是一种基础推广、强制推广，也是一种大面积的强力推广，因为凡是入学的孩子都能读到这些作品。这种推广不仅能训练孩子对本土文化的认识与感知，打下比较扎实的关于本土文化的知识基础与阅读底蕴，而且能培养孩子的人生观、审美观，提高他们感知世界、理解他人的情商，甚至能影响孩子的一辈子。比如《小蝌蚪找妈妈》《乌鸦喝水》《小马过河》《小猫钓鱼》《神笔马良》等幼儿故事、童话故事之所以能够深入人心、影响几代读者甚至达到家喻户晓的程度，主要就是因为它们曾经被编入小学语文教材，为广大学生所阅读、学习和喜爱。但这种教育推广也是一种有限推广，因为有幸被编入教材和课外补充读物的作品毕竟是少数。而且中国的教育体制、教师队伍自身的文化素养等因素也影响、决定着教育推广的层次、水平与规模。

教育传播要解决三件事情：一是教育理念的确立与更新，二是教材的编写与修订，三是教师队伍的充实与培训。

教育理念的确立与更新，就是教育界乃至整个社会的教育理念是否重视中国本土文化的普及与推广，是否重视中国少儿文学的传播与推广。这应该与教育政策、教材的编写、教师队伍的培训等相配套、相融合，应该由相关教育部门和教学部门来配合解决理念的融入与更新、教师的充实与培训等问题。同时，如果能够通过相关组织与媒体把先进的儿童教育、教学理念传播给家长、教育工作者和社会各界人士，那么中国本土文化的推广与普及、中国少儿文学的传播与推广将会得到更大的促进，中国少儿出版的创新能力以及中国文化软实力都会相应地得到激发与提高。

教材的编写与修订分两种情况：一是在现有小学和初中（特别是小学）

语文教材中增加和提高中国儿童文学等本土文化的分量与比重,改变或改进语文教学的指导思想与侧重点,从过去以语言教学、认知教学、传授知识为主转向以人文教学、培养能力为主,重在培养孩子的综合素质与人文情怀。以后的小学语文教材和初中语文教材的编写、修订应更多地吸收教育学家、语言学家和儿童文学作家与理论家共同参与,而不是像过去那样缺失儿童文学方面的专家,从而确保先进的儿童文学教育理念融入教材和足够多的优秀儿童文学作品能够被选入教材,供教师教学和孩子学习。因为教材的编写与修订涉及教学体制的改革与教学机制的变化,还有课程的设置、教师的配置、与其他课程的协调等,是一项非常复杂宏大的系统工程,是一种典型的政府行为。所以有专家建议最好由教育部牵头或者由教育部授权某些机构来统筹安排与协调,来组织各类专家与学者负责落实与实施。最近几年的小学语文教材和初中语文教材在修订的过程中这方面已有较多改观和加强。二是编写和修订专门的儿童文学推广教材,较多融入中国本土文化,强化儿童文学对孩子的感染与熏陶。这个工作已经展开。据笔者了解,已经面市的有北京师范大学出版社出版的由陈晖主编的《中国儿童文学阅读推广计划:儿童的文学世界——我的文学课》[①],分学龄前、小学一至六年级,共七册,已出齐。相信不久会有更多版本的儿童文学推广教材上市,供学校和学生选用。

　　教师队伍的充实与培训也分两种情况:一是补充师资,提高小学和初中语文教师的儿童文学素养与综合素质;二是培养专门的儿童文学教学教师,加强对中国儿童文学、中国本土文化的教学。针对教师培训的相关教材已出版的有广东教育出版社出版的王泉根等人所著的《儿童文学与中小学语文教学》[②],新世纪出版社出版的陈晖所著的《通向儿童文学之路》[③],东北师范大学出版社出版的朱自强所著的《小学语文文学教育》[④],江苏教育出版社出版的郑荔所著的学前教育专业大学教材《儿童文学》[⑤]等。教师队伍的配置、充实、培训是一个比较系统、宏大的工程,需要教育主管部门的宏观决策、指导

　　① 陈晖:《中国儿童文学阅读推广计划:儿童的文学世界——我的文学课》,北京:北京师范大学出版社,2007年。

　　② 王泉根、赵静等:《儿童文学与中小学语文教学》,广州:广东教育出版社,2006年。

　　③ 陈晖:《通向儿童文学之路》,广州:新世纪出版社,2005年。

　　④ 朱自强:《小学语文文学教育》,长春:东北师范大学出版社,2001年。

　　⑤ 郑荔:《儿童文学(第2版)》,南京:江苏教育出版社,2009年。

与具体落实才能真正取得实效。教师的儿童文学素养、综合素质决定着中国儿童文学与中国传统文化的教学水平与推广实效。

二、组织传播

组织传播是社会各类公益组织或者社会团体组织举办的中国儿童阅读推广活动、中国传统文化(比如国学)推广活动,是相对宽松、自由也相对灵活的一种传播方式,它们基本上是公益性质或微营利、半营利性质的社会活动,是对家长、老师、学生的儿童文学阅读与其他本土文化学习的一种指导与推动。目前我们的相关组织大致有两类,一类是各地社会化程度较高的少年儿童图书馆、少年宫等公益性组织,一类是各地自行组织的儿童读书会、儿童阅读推广会等民间组织。

少年儿童图书馆、少年宫等公益性组织多是政府的、国营的,它们要解决的一是理念的确立与更新,二是各种相关活动的开展。以少儿图书馆为例,如果确定了先进的少儿图书推广理念,一方面图书馆可以大量购进优秀的少儿图书(纸质图书或电子图书),以备孩子们选阅;另一方面图书馆可以出面牵头、组织开展各种和少年儿童有关的阅读、讨论、报告、表演、比赛、游艺等活动。这将是孩子们课堂学习的极大补充。也可以针对家长开展一系列的活动,提高少年儿童家长的文化素养,因为家长的素养与水平往往决定着孩子的素养与水平。

少儿图书馆的优势一是有充足的经费、固定的场所与充裕的时间,二是信誉好,能较好地赢得家长和孩子的认同、欢迎与喜爱。劣势是缺乏忧患意识与进取意识,如果相关工作人员抱着多一事不如少一事的态度,或者对儿童阅读推广知之甚少,则难以开展有创意的、高质量的活动,对少儿图书的传播与推广也不会有太大的促进作用。

儿童读书会、儿童阅读推广会等民间组织的优势一是大都有较先进的理念与明确的目标,二是组织相关活动的能力强,三是能吸引和团结一大批专家、学者,有较大的号召力。劣势是经费来源常常不稳定(多靠自筹资金或社会捐赠),人手有限,力量不均衡。目前国内做儿童阅读推广做得最有影响的大概要数江苏扬州的亲近母语文化教育有限公司,这是一家从事儿童阅读研发、教育、推广和服务的科研型企业,他们定期或不定期地组织专家到各地学校巡回演讲,邀请相关儿童文学作家和评论家与孩子、老师和家长交流、沟通,做出了不少成绩,得到了社会的诸多关注与肯定,甚至还出版了自己的教材《亲近母语全阅读:儿童阅读成长计划》①(小学一至六年级共六册,徐冬梅主编),可谓声势浩大。其他如红泥巴村读书俱乐部、蓝袋鼠亲子文化网等也做得有声有色,颇有影响。

中国少儿出版的组织推广目前存在的问题是:

一是迄今组建、成立的相关组织还是太少,力量有限,难以承担更多的推广任务。

二是推广的形式多为儿童文学的阅读推广——指导孩子如何阅读儿童文学作品,或者指导家长如何培养孩子阅读儿童文学作品,很受孩子和家长欢迎,但形式显得较为单一,容易落入窠臼,成为一种模式化的东西。

三是组织的经费来源十分有限,多为自筹或赞助,且难以为继,影响相关人员的积极性以及活动的持续开展。这也导致部分组织有向商业化转型的趋势,因为有些组织要通过赢利来维持其生存与发展。

四是推广人员的专业素质有高有低、参差不齐,而且推广的性质容易由公益性演变为营利性或半营利性,影响其推广的权威性,易为某些商业机构所左右。这也是目前该类组织容易引起社会质疑与诟病的主要原因。

三、企业传播

企业传播,即出版社、出版公司、书店、书城、批发商、零售商、开发商等为了少儿图书(纸质图书或数字图书)和相关产品的更多销售所作的传播与推广,如果推而广之还包括其他行业进行的与少儿出版相关联的电影、电视、动画、服装、玩具、游戏、工艺品、旅游业等方面的开发与推广。这是一种以营利为目的的商业化或半商业化的传播与推广,也是把文化和商业相结合的一种较为特殊的商业推广或者文化推广活动。企业传播是目前做得较为专业、较为常态化的一种少儿出版传播方式,也是目前较多为社会所诟病的一种传播方式。企业传播有如下几个特点。

一是企业传播经历了从自发到自觉的过程。计划经济时代,少儿出版社

---

① 徐冬梅:《亲近母语全阅读:儿童阅读成长计划》,长春:长春出版社,2008 年。另参见"亲近母语儿童阅读成长计划"相关书目,http://static.dangdang.com/book/topic/778_183947.shtml。

和新华书店是事业单位,少儿图书的推广与营销是一种自发的行为,也就是少儿图书生产出来以后放在书店,任其自然销售,由读者(孩子或孩子家长)自然选择少儿图书。改革开放以后,计划经济逐渐为市场经济所取代,少儿出版社和新华书店的身份也由过去的事业单位先变为事业单位企业管理,再变为企业单位,少儿图书的推广也逐渐由过去的自发行为变为自觉行为。也就是说,少儿图书的生产与销售逐渐由过去的计划生产、自然销售变为在出版企业的精心策划与组织下根据市场的需要进行生产,在出版企业与书店的通力合作与大力推广下进行销售。这时的推广策略与推广力度往往决定着少儿图书销售的数量与速度,也决定着图书所负载的文化影响的大小。这时的推广与营销是由出版方主导、市场选择、读者鉴别挑选的商业与文化相结合的行为,甚至是出版企业、书店高度自觉的商业行为。

二是企业传播成为企业生产流程中的一个重要环节和赢利手段。传统少儿出版和成人出版一样,由编辑、印制、发行三个环节形成一个完整的生产流程。但发到书店的图书如果没有及时销售出去则要被退回给出版企业,这样出版企业的库存积压就会越来越大。怎么办?于是推广与营销应运而生,成为整个图书运作流程(图书策划、生产、流通)中的一个重要环节,成为图书从物流到资金流再到新的物流的一个关键阶段与环节,也是图书完成销售、创造利润、体现价值的手段与方法。传播与推广逐渐成为出版企业的文化创意与核心竞争力的一部分。

三是企业传播逐渐专业化。少儿出版企业、各地书店、网上书店等的少儿图书和相关产品的推广做得越来越专业,具体表现为:第一,机构逐渐健全,越来越多的少儿出版企业与书店设立专门的推广部或企划部,有专人负责宣传、推广,且任务明确、目标明确、费用明确、赢利模式明确,方法、手段也在不断地更新与创新中;第二,有理论做指导和支撑,有计划性、针对性,富有成果,比如把图书推广分为预热、告知、评论、后续四个阶段来进行,不同的图书有不同的推广方法,有书讯、书评、选载、连载等常规宣传和网络推广、影视评介、微博微信传播等特色宣传,对行业下游有鼓舞和示范作用,对图书的销售拉动也十分明显;第三,善于沟通,精于合作,有与内部同仁的交流、协调、互助和与外部同行的协商、谈判、共赢;第四,善于研究,富有创意,比如书名和广告词琅琅上口,便于孩子们口口相传,寻找意见领袖,借力传播。总之,专业化的程度越来越高。

四是企业传播的手段不断出新出奇,立体化传播与推广渐成气候。少儿出版企业与书店的推广从平面化走向立体化的趋势非常明显。过去多侧重于选择报刊这种单一的媒体与形式来作相关图书与产品的告知与推广,现在通过电台、电视、网络、手机、新媒体、流媒体等来作推广,通过开展各种活动来作推广已十分常见。

中国少儿出版的企业传播目前存在的问题是:

一是分化现象较为明显。各企业的机制各不相同,传播与推广的起步有早有晚,传播与推广的手段与方法也各不相同,这样导致传播与推广的水平与效果有高有低,分化现象较为明显。以少儿出版企业和各地书店为例,有的已非常专业,硬件、软件均十分齐全,日常推广活动及效果可圈可点,有的则亦步亦趋,还远未走出传统的羁绊,甚至举步维艰,难以为继。

二是推广专业人才还十分缺乏,远不能满足目前的需要,对推广活动的评估标准还有待进一步总结、归纳、完善。

三是因为企业追求利润最大化,企业传播的目标是要促进产品的销售,这样容易演变为把传播与推广当做广告,成为忽悠的手段,引起消费者的质疑与反感,被专家、学者指责为过度商业化,使正常的少儿文学批评、少儿出版批评难以展开。

第五节　传　播　策　略

中国少儿出版需要加大传播与推广的力度。传播主体(政府、组织、个人)要讲究传播策略,有计划、有步骤、有策略,才能做到事半功倍。

一、政府引导

政府鼓励什么、支持什么、倡导什么,应该有政策导向和政策倾斜。比如日本,对翻译、推广日本文学作品包括日本少儿文学作品有突出贡献的企业与个人,无论本国的还是外国的,日本政府都会给予一定的资金扶持与奖励,[1]他们成立了相应的推荐机构、评审机构、评奖机构,个人和企业也可以主

---

① 冯文礼:《两名中国译者捧得第18届野间文艺翻译奖》,《中国新闻出版报》2011年9月2日。

动申请资金扶持、申请参加评奖。这使日本文学能有较多机会走向世界。比如法国，鼓励并补贴中国出版机构引进法国版权，几乎成了法国驻华大使馆文化专员的一项主要工作，他们的补贴款数额并不算大，但效果十分明显，带动法国版权大量输入中国，①这些法国版权的作品自然也包括法国少儿图书。

中国政府如果能够对中国少儿出版的推广与普及制定战略目标、实施方略、奖励措施、引导方案等，从政策上加以指导、引导与鼓励，将极大地促进中国少儿出版的传播与推广，甚至能提升我们国家的文化软实力。比如国家广电总局规定，各级各地电视台少儿频道在晚上黄金时段必须播放国产故事片、动画片，这对本土少儿文学创作和原创动画制作无疑就是好消息；比如原国家新闻出版总署实施"三个一百"原创出版工程，对少儿原创作品就是一个很大的推动与促进；又如国家出版基金的设立，对重大图书选题当然也包括重大少儿出版选题的出版，在资金上就是一个很好的扶持。类似的政策再多一些，中国少儿出版的繁荣就大有希望。

中国出版工作者协会副主席、中国版协少儿读物工作委员会主任海飞先生曾提出三个梦想：设立中国的国际儿童图书博览会、设立中国的国际儿童文学大奖和儿童插图画大奖、设立中国的中小学生基础阅读书目。② 如果这三个梦想能够实现，对中国少儿出版的传播力将会有很大的提升。反过来，如果中国少儿出版的传播力不断得到提升，中国少儿出版的影响就会日益扩大，这在客观上将有可能促进上述三个梦想尽快实现。

政府应在传播的整体规划与战略部署上做出更多努力，要从过去鼓励出版精品延伸到鼓励传播精品。因为出版的精品再多，如果只是躺在书库里，没有传播出去，这精品就没有很好地影响读者与社会，也就没有发挥出其应有的作用与效益。

具体地说，政府引导应包括两方面。

一是各级、各地政府应继续鼓励、引导文化企业、作家、作者打造精品，精品包括原创精品和再创精品。商业社会，"快餐文化"风行，浮躁的社会催生诸多浮躁作家与作品，浮躁的作家、作品则进一步推波助澜导致社会更加浮躁。就像很多作家自称的那样，现在很多作品是"速朽"作品，中国少儿出版生产出来的作品也不例外。有人把这些现象归罪于商业化浪潮。商业化的

---

① 　聂震宁：《我的出版思维》，石家庄：河北教育出版社，2004 年，第 416 页。
② 　海飞：《关于建设童书出版强国的三个梦想》，《中国出版》2010 年第 9 上期。

功与过暂不在这里讨论。但从政府、出版机构到作家、作者,精品意识与精品策略确实是推广与传播的基础。没有好作品、新作品,传播与推广就会变成无米之炊、无本之木、无源之水。

中国少儿图书作者、少儿文学作家人才辈出,许多少儿图书作者、作家成绩斐然,硕果累累。但进入新世纪,中国少儿图书作者、作家仍需耐得住寂寞,要有过去"十年磨一剑"的精品意识,真正打造出精品,才能有后续的延伸与拓展、推广与传播,才能占领国内、国际市场,真正影响中国和世界。出版企业、作者、作家等还要拓展思路,放眼世界,大胆尝试,勇于创新,对原创精品进行改编、演绎、延伸、拓展,以期打造更多再创精品。打造再创精品的过程既是对原创精品的再利用、再创造、再超越,也是对原创精品的传播,这两者是相辅相成的。

中国政府要从宏观与战略的角度,鼓励和引导作者、作家多创作少儿精品,鼓励和引导文化企业多出版少儿精品,多拓展少儿精品。

二是要建立、健全传播机制,强化、优化传播理论与传播技巧。中国少儿出版要提升传播力,靠零星的个体传播、偶然传播、自发传播是难以做到的,我们必须创建并形成灵活、高效的传播、推广机制与理论,用制度、理论来指导、支撑我国少儿出版的传播与推广,还要打造强有力的传播媒介与平台,以保证传播的快速、便捷、高效,切实提升我国少儿出版的传播力。

各级、各地政府应鼓励、引导文化企业与组织积极传播优秀作品。政府应鼓励学术界成立相关的传播、推广研究机构、指导机构,对传播与推广作深入研究与探讨;指导成立民间协会来研究传播与推广;鼓励、引导企业建立大型的、现代化的传播平台与传播渠道,利用先进的传播理念与科学的传播手段进行富有成效的传播。政府可出台相关政策与措施,鼓励良性传播,使少儿出版的传播常态化、系统化、规模化、数字化、高效化,并形成良性的传播体系和传播评价体系,推动我国少儿出版传播向纵深、广远发展。

政府应鼓励并促进对文化产品传播(自然包括对中国少儿文化产品传播)的企业化、专业化、科学化,要让包括中国少儿文化产品在内的各类优秀文化产品能在一个良好的、先进的、专业的传播平台与传播渠道中,用较小的成本、较快的时间获得更为便捷与高效的传播效果。如果我们的传播还停留在过去偶尔为之、零敲碎打、各自为政的怪圈里,而不是力图常态化、专业化、立体化、集约化,那我们的传播力就没法真正提高,更谈不上与世界文化强国竞争、抗衡。

传播要讲究成本、手段、效果,要遵循传播规律,这需要企业用商业化的方法来加以解决,所以政府的引导与企业的主导不容忽视。

二、行业管理

有关中国少年儿童的作者培养、作品出版、作品改编、作品传播、形象授权等需要少儿出版企业、少儿影视公司、中小学校、少儿图书馆、版权代理公司、民间推广组织等的共同努力。如果凡是和少儿文学、少儿出版相关联的这些行业在管理上有计划、有策略,既有宏观长远目标又有微观细节落实,既有行业法规约束,又有行业协会推进(我们的行业协会力量太弱),这无疑会推动中国少儿出版的发展与繁荣。行业管理策略包括本行业的积极推动和邻近行业的资源整合、通力合作等。比如少儿出版业、少儿影视业鼓励原创,对本土少儿作家就意味着机会与平台。

行业管理应着力营造氛围、培养人才、制订行规、打通渠道、促成合作、挖掘潜力等,使中国少儿出版从创作、生产到传播能实现精品化、常态化、高效化。

三、专家谋划

学术界要大力研究和总结我国少儿出版的传播理论,用系统的理论来指导中国少儿出版的传播实践。目前我国传播学界少有对少儿出版传播乃至中国出版传播的研究与总结,少儿出版传播研究乃至成人出版传播研究几乎成了一个冷门甚至盲区,这是需要我们清醒地认识到并努力加强的。有更多的专业人士关注与研究,少儿出版传播的理论与实践才会有更多的发展与进步。

2001 年 9 月新蕾出版社出版了《中国儿童文学 5 人谈》,书中的五位学者——梅子涵、方卫平、朱自强、彭懿、曹文轩可以说都是中国儿童文学界顶尖的专家,但即便是这样顶尖的专家,他们"讨论当前儿童文学的创作、研究,有针对性地提出和探讨了中国儿童文学的诸多症结问题,却没有专门关注儿童文学的推广"[1]。也就是说,2000 年前后,中国儿童文学的传播与推广问题

---

① 陈晖:《中国大陆儿童文学推广的考察与策略研究》,《儿童文学学刊(台北)》,2002年第 9 期。

还没有进入中国一流学者的视野，在中国儿童文学专家的眼里传播与推广似乎不是一个问题。业内一流专家尚且还没有主动传播的意识与理念，更遑论普通作者、作家、编辑和出版工作人员了。

现在再回过头来看，从 2006 年起上述五位专家的观念已有很大变化，特别是梅子涵、彭懿、曹文轩三位学者甚至亲历亲为，经常到各地作演讲，参加各种推广活动，为中国儿童的阅读提供理论与实践指导，他们被称为中国儿童阅读推广人。2008 年 12 月新蕾出版社出版了《中国儿童阅读 6 人谈》，梅子涵、朱自强、王林、彭懿、徐冬梅、阿甲六位学者专门用一章的内容谈了"推广之路"。从几位专家与学者对中国儿童文学传播与推广的不关注、重视到亲历亲为参与实践，这种认识与实践的变化，更加说明了思想的解放、观念的更新势在必行。只有确立了传播意识与理念，才能更好地主动、自觉、高效地进行传播与推广。而在理论的建立与开拓方面，专家、学者应该走在行业的前面，适时对行业作实践总结与理论提升，更好地为行业服务。

发达国家的少儿文学、少儿出版及其传播之所以做得有声有色、成绩卓著，原因之一是有各方面的专家在关注、研究，为之出谋划策、殚精竭虑。而中国，似乎只有"圈内人"在关注、研究，且大多只关注、研究文本内容这一块，对少儿文学、少儿出版的传播与推广方面的关注与研究却很少。

所以，与少儿文学、少儿出版相关的各类专家，如儿童文学评论家、出版家、推广人、传播学学者、新媒体研发者、广告人、童装设计师、儿童玩具开发商等，如果能较多地关注、研究中国少儿文学、少儿出版及其传播，必将极大地推动和促进中国少儿文学、少儿出版的发展与繁荣。目前国内专家较多关注中国少儿出版的图书内容，却较少关注中国少儿出版的传播与推广；较多关注中国少儿文学的创作，却较少关注中国少儿文学的传播；业内专家较多关注中国少儿文学、少儿出版，相邻专业的专家却较少关注中国少儿文学、少儿出版，甚至是漠不关心或者熟视无睹（如传播学学者关注、研究中国少儿出版与少儿文学传播现象与规律的极少）。如果中国少儿文学、少儿出版能像发达国家的少儿文学、少儿出版那样做出几件轰轰烈烈的成果，可能会吸引更多的专家来关注和研究中国少儿文学、少儿出版，吸引更多的开发商来投资和服务中国少儿文学、少儿出版。反过来说，各方面的专家如果更富有远见卓识，必然会从理论上给予中国少儿文学、少儿出版的创作与传播更多的关注、研究与指导，从实践中给予中国少儿文学、少儿出版的传播与推广更多的关注、支持与合作，比如直接投资少儿出版，投资少儿文学作品的改编、演绎,包括使用其形象研发、生产衍生产品,而从中受益、获利。

有专家的专业研究、指导与参与,中国少儿文学、少儿出版可以少走许多弯路,发展得更快、更富有活力。

四、企业营销

从目前的情况来看,企业最有可能从专业的角度、市场的角度、发展的角度、战略战术的角度,调查研究,精打细算,量身定做,来传播与推广各类少儿文化产品,包括少儿图书产品及相关产品,以保证效果最佳化、利益最大化。企业的主体意识强,对媒体熟悉,对自己所生产的少儿文化产品的内容与特色明了,要传播给哪些特定的人群、要达到什么样的目的与效果更是了然于心,所以我们的企业作中国少儿出版的相关产品及少儿文化产品的传播与推广具有天然的基础与优势。企业必须与国际接轨,用世界的眼光与全球的视野来做中国少儿出版的相关产品及少儿文化产品,在营销手段、传播技巧、推广实效等方面出新出奇。

如何提升中国少儿出版的传播力,企业营销是关键。企业要通过各种努力,呼吁并影响社会,让更多的人来关注与重视少儿出版的传播与推广,让更多的人来关注与维护孩子的健康成长。

一是要强化传播意识,更新传播理念。在计划经济时代,我国少儿出版乃至成人出版都缺乏主动传播与推广的意识与理念,很多少儿图书甚至优秀的少儿图书都是放在书店,任其自生自灭,少有主动传播与推广的。这使得我们的少儿图书常常处于一种被动选择乃至被漠视的局面,这无形中弱化了少儿图书的竞争力与影响力。进入 21 世纪后,这种局面已有较大改变,但少儿出版从业人员的传播意识依然不强。中国少儿出版要与国际少儿出版充分接轨,就必须积极主动、强有力地推广和传播我们优秀的少儿图书和相关产品,提升中国少儿出版的传播力与竞争力。

我们首先要有传播意识,然后把传播意识转化为行动。就如过去计划经济时代,我们没有或者少有成本意识、创利意识,改革开放以来中国出版界普遍有了成本意识、创利意识,知道如何开源节流,如何扩大市场,如何实现利润最大化。同样,过去我们没有传播、推广这种意识,更没有这个环节,现在很多出版企业从理念和组织上解决了这个问题,比如一些出版企业、书店、发行集团成立了推广部、企划部、营销部等,专门从事图书产品和其他产品的宣传、推广、营销等工作,并有人员、经费、目标、方法等作保障与依托,与内部其他部门、机构相互协调,并肩作战。这就是一个很大的进步。

我们要充分认识到传播也是一种生产力,因为传播能带来社会效益与企业利润。一本优秀的少儿图书,如果传播得当,就有更多的少儿读者和成人读者知道这本书、阅读这本书,并从书中得到启发与教益,这对社会的发展、进步是有促进作用的;同样,出版、传播、销售这本书的企业也会因为有更多读者来购买而获得更多利润回报,甚而打造自己良好的品牌与形象,这对企业的发展也是有利的。当然,传播也是需要投入的,这涉及成本、经营、产出等经济问题;传播也是需要技巧的,这涉及传播规律、传播创新等专业问题……所有这些都要求少儿出版从业人员必须加强对传播与推广的学习与研究。

以少儿出版社的网站为例,36 家专业少儿出版社中几乎一半以上的网站页面简单、粗糙,无美感,内容少,信息量少,更新速度慢,甚至不作更新。个别少儿出版社甚至至今没有开设网站。网站本来是一个出版企业产品展示和形象展示的窗口,也是出版企业提供各种售前、售中、售后服务的平台,如果做好了,会对出版企业的产品、形象、品牌产生极好的传播效果,会给出版企业增光添彩。但这么好的传播机会与传播平台,一些少儿出版企业却没有意识到它的重要性(认为太"烧钱",不划算),或者意识到了却没有实力(人力、物力、财力)去打造、维护、利用好这个机会与平台(没有专门人员打理网站),这与发达国家先进少儿出版企业通过网站极尽传播与营销之能事的做法形成了鲜明对比,单从这个细节就可以看出国内少儿出版企业与国外先进少儿出版企业传播与营销的差距在哪里。

二是要强化传播实践,加大传播力度。出版企业要增加投入,加大力度,用更多实践来切实提升自己的传播力,扩大少儿图书和相关产品的影响力。目前有不少少儿出版企业成立有专门的推广部,对本社少儿图书和相关产品持续作常规推广与特色推广。常规推广一般是及时地、有针对性地在各种媒体上发表书讯、书评、读者评论、专家评论,或作选载、连载、新闻发布会、作品研讨会,通过网络、手机发布博客、微博、微信等,尽可能快而广地覆盖,让更多读者知道图书和其他产品的相关信息,以便判断、选择是否购买、阅读。特色推广是针对图书和其他产品内容与形式的特点作个性化、独特性的宣传与推广,挖掘产品潜力,凸显产品张力,吸引读者注意,引导读者购买和阅读。这些实践所起到的作用正日益凸显,成为少儿出版不可分割的重要组成部分。

少儿出版企业要善于学习,不断创新传播理论、思路与技巧。少儿出版传播要保证信息畅通、渠道畅通,推广与营销相结合。针对少儿读者的特点,图书和相关产品的信息要能快捷地抵达终端读者,同时,图书和相关产品也能快捷地抵达终端读者,方便读者选择购买。由于少儿图书和相关产品是少儿或者少儿家长购买,少儿阅读,所以信息流、产品流要针对这两个主体有的放矢,才能事半功倍。

现在有不少少儿出版企业和发行企业开始培养专业的传播、推广人才,让这类人才和名编辑、名发行一样享有较高的待遇与荣誉,他们不仅能独当一面主动去推广图书、运营产品、扩大市场,且获得了自我价值得到实现的归宿感与成就感,这使少儿出版的评价体系更趋多元也更贴近现实。有不少少儿出版企业在确立自己独特的产品定位与产品方向时,也全力构建自己独特的传播、推广、营销渠道。比如有特色的专业少儿出版,需要非常精准地向特定的人群作传播、推广并说服他们形成购买行为、阅读行为(少儿出版中的婴幼儿保健与婴幼儿智力开发出版就是这样),这是需要下很大工夫才能做到并见成效的;有很多少儿出版企业开始研究一般书、常销书与畅销书的不同传播方法、推广方法,并使之与图书生产流程中的编、印、发相配合;更有一些少儿出版企业正在创新传播、推广的机制,努力寻求各种合作(业内合作、业外合作、跨领域合作)……这些实践都将极大地推动我国少儿出版传播理论与传播技巧的形成、丰富、更新与完善。

与此同时,我们还要学习国外的先进传播理念与经验,做媒体融合、立体开发、立体推广。除了做纸质图书以外,有很多作品还适合做数字图书,比如磁带、光盘、MP3、动画、数据库等;除了做图书还可以做电影、电视连续剧、动画片,或者通过对作品中的形象授权开发儿童玩具、儿童服装、儿童游戏、儿童旅游(主题公园、工艺品)、儿童体育、儿童饮食、儿童音乐等周边产品。开发的过程也是一个传播的过程,开发和传播互为一体,共同促进,共荣共生。比如美国迪士尼公司,把少儿文学作品及其形象延伸、衍生、扩大到除图书以外几乎所有领域与层面,形成一个巨无霸的产业,其思路与方法很值得我们研究、借鉴与学习。

目前中国原创少儿作品在立体开发方面做得最为成功的"喜羊羊与灰太狼",几乎涵盖了上述众多方面,而且非常成功,广受孩子的欢迎与喜爱,甚至受到白领阶层成年人的推崇、迷恋。"喜羊羊与灰太狼"每开发一个领域,就在新的领域得到新的传播与认可,影响新的读者、观众与参与者、加盟者,同时促进已有领域和人群的新认识、新感受。互相促进,互相借力,互相推动,滚雪球一般越滚越大。先是孩子们喜爱,然后是家长们关注,再是专家们肯定,接下来是更多的人参与、加盟,更多的人出谋划策,更多的人合作、开发,更多的领域引进这个品牌……蛋糕越做越大,终于成就今天的"喜羊羊与灰太狼",而且还在继续良性发展,向广博与纵深发展。"喜羊羊与灰太狼"立体开发、立体推广的运作模式、传播策略是很值得国人学习、研究与借鉴的。这可是我们纯国产的品牌!

需要注意的是,企业作少儿出版传播与推广时容易作成纯商业化的传播而淡化或者失去少儿文学、少儿出版的审美功能、教育功能等,从而导致更多的作者与作品追求纯粹的愉悦功能,而忽视作品的思想内涵与艺术内涵,由"娱乐化"而陷入"低俗化",这也是目前最为社会所质疑与诟病的。所以,理想的状态是,我们要找准中国少儿出版文化性与商业性的最佳结合点,因地制宜、因人而异、因势利导、富有成效地来作传播与推广。企业从营销的角度来研究和把握少儿出版的传播规律与推广策略,这可以使传播更专业化、更富有实效。

我们要把中国少儿出版提高到体现国家软实力的高度来认识。试想,国外一只米老鼠、一个阿童木、一个狮子王影响了多少中国孩子?它们的力量或许比经济的力量、军事的力量还要强大。米老鼠、阿童木、狮子王的影响是与少儿出版密切相关的少儿文学形象的影响,也是少儿文学传播的影响(国产"喜羊羊"的影响目前也有这种潜力和趋势)。不引进竞争机制与手段,不作商业传播与推广,没有强力传播与推广,它们的影响不会如此巨大。一个国家的图书产品、影视产品和其他文化产品在另外的国家受到欢迎与喜爱,这是一个国家软实力的体现。中国的经济硬实力正在飞速发展,令世人瞩目,但文化软实力的增速较慢,与经济硬实力的增速不相匹配,这是值得我们思考的问题,也是必须加以重视的问题。如果中国多一些像罗琳和"哈利·波特"这样具有巨大号召力和影响力的少儿作者品牌、少儿作品品牌,中国的文化软实力无疑会得到很大提高。

总之,我们不仅要有优秀的少儿作品,更要有专业的少儿作品推广与营销;不仅要重视少儿作品(产品)的品质、个性、价格、技术、服务,而且要重视少儿出版的品牌、形象、传播、推广。良好的品牌与形象,良好的传播与推广,一是可以吸引更多的优秀人才加入这个创造型队伍;二是可以吸引更多的投资者、合作者共创出版大业,共同开发衍生品产业;三是可以吸引更多的读者和消费者来关注、阅读、消费少儿图书和相关产品,使优秀少儿图书和相关产品因读者关注与阅读的扩大而不断扩大并提升其影响力。

第六节　传　播　服　务

中国少儿出版企业不仅要设计、生产出过硬的图书产品和其他产品,还要为作者、读者、经销商、媒体、其他合作者等做好各种服务,提升自己的综合实力。

传播服务正是少儿出版企业需要努力去做的各类服务中的一种,是指少儿出版企业在产品传播、营销的过程中切实替读者着想,用比较独特的方式方法,用比较专业的知识与技能,指导少儿和少儿家长阅读某本或某类图书,向他们传播阅读方法与阅读技巧,与他们交流阅读体会,切实提高阅读质量,提升少儿和少儿家长的整体阅读力。

阅读是搜集处理信息、认识世界、发展思维、获得审美体检的重要途径。培养少儿阅读力本是语文教育的一项重要内容。什么是阅读力?阅读力是指理解、运用和反思书面文字的能力,旨在达到个人目的、发展个人知识与潜能,并能参与社会。[1] 它包含:学生能够理解并运用书写的能力;能够从各式各样的文章中建构出意义;能从阅读中学习;参与学校及生活中阅读社群的活动;从阅读中获得乐趣。由 OECD(经济合作组织)组织的"国际学生评价项目"(Programme for International Student Assessment, PISA)主要从三个层面来衡量学生的阅读力:获取信息的能力,即能否从所阅读的文字资料中,迅速找到自己所需要的信息;理解信息的能力,即阅读后,能否从阅读的资料中正确地解释信息的意义;思考和判断能力,即能否将所读内容与自己原有的知识、想法和经验相联结,综合判断后,提出自己的观点。也即获取信息、分析信息、评价信息、综合信息和表达信息的能力,以及个人独立思考的能力。[2]

---

① 亲近母语课题组:《阅读力测试(小学一至六年级)》,长春:长春出版社,2010 年,第 2 页。
② 何咏燕:《提升小学生"阅读力"的评价策略初探》,《教育导刊(上半月)》,2009 年第 8 期。

　　阅读力是对以文字为主的精神产品识读、理解和消化的能力,表现出一个人的文化素养,也表现出一个民族的精神境界。但目前中国青少年的阅读力现状令人担忧。校园里流行一首顺口溜:"一怕文言文,二怕写作文,三怕周树人。"反映出学生的阅读力不容乐观。不少"选秀"场合,经常会传出语文笑话:什么叫"杯水车薪"——用一杯水做出租车的车费;什么叫"狡兔三窟"——抓一个狡猾的兔子要挖三个洞……这类让人喷饭的答案出现在某一个人身上,可以说是喜剧;出现在一群人身上,则成了悲剧。凭借这样的语文水平,阅读自然成了奢侈。出版市场上"图"书大受青睐,不仅有动漫、绘本,还有"画说""图解",我们迎来了一个"读图时代"。出版物形态的改变,反映了出版技术和出版观念的进步,我们是应该举双手欢迎的;但是从阅读主体来说,则不能一概而论,不排除其中有阅读力下滑的因素。有些人之所以读图,是因为他们只能读图,读不了文字。传统的阅读习惯正在慢慢消失:读图代替了读文,读屏代替了读书,读博客代替了读经典,读故事代替了读思想……于是,"轻阅读""浅阅读""软阅读"成了流行风景。阅读率虽在保持,阅读力却在萎缩。①

　　所以,培养、保护、提升少年儿童的阅读力已成为当务之急。阅读力当然是在阅读实践中形成的,问题是阅读实践不能被娱乐牵着鼻子走,而应该是一场知识挑战,一种思想训练。要让少年儿童从认真读书开始来训练阅读力,培养阅读力。

　　少年儿童的阅读大致要经历四个阶段:第一阶段:开始阅读,借助形象的图片,明白正在阅读的内容;第二阶段:自己阅读,用有限的词汇认识更多的词汇;第三阶段:轻松阅读,结合图表和小资料等,发现图书更加丰富的内容;第四阶段:享受阅读,畅游图书王国,成为小小阅读高手。②

　　少年儿童阅读力的培养与提升,主要由学校教育、家庭教育和社会教育(少年儿童图书馆、少年文化宫等公益组织为孩子们提供公共阅读服务)来完成,但中国少儿出版也能发挥重要的作用,正如努力提升作者的原创力一样,中国少儿出版也应努力提升少儿读者和少儿家长的阅读力。少儿出版企业通过出版更多优秀的少儿原创作品,能培养、促进、激发、提升全社会的少儿原创力;同样,少儿出版企业通过出版更多适合特定年龄段孩子阅读的优秀

　　①　郝铭鉴:《阅读力和阅读率》,《编辑学刊》2009 年第 6 期。
　　②　本刊编辑部:《挑战阅读力》,《课堂内外(小学版)》2011 年第 7 期。

少儿图书,并从专业的角度指导少儿和少儿家长阅读,能培养、促进、激发、提升全社会的少儿阅读力。

少儿出版企业一是要为全社会的少年儿童提供丰富的阅读材料和精神食粮,二是要为少年儿童提供专业的阅读服务与阅读指导。比如,现在有不少低幼出版机构,不止是策划图书、出版图书、销售图书就结束工作了,还要把出版图书与培训老师、培训家长结合起来,把出版图书与正确使用图书、正确阅读图书结合起来,让更多的老师、家长、孩子能理解和领会出版企业所出版图书的理念、意蕴、内涵与精髓,掌握使用阅读图书的方法与技巧。也就是说,不少出版企业会定期、不定期地推出阅读培训、阅读讲座、阅读辅导,甚至联系、组织专家、学者或者自派讲师团去读者比较集中的地方与场所作巡回演讲与专场培训,指导读者正确阅读,积极思考,主动思维,把图书的文化价值充分挖掘出来,拓展开去,让更多读者能从中受益;同时也通过提供阅读服务与阅读指导,让更多的读者来关注这些图书,购买和阅读这些图书,以扩大图书的市场占有率,把图书的文化价值与商业价值彰显出来,扩展到最大。

过去只有大宗电器、名贵商品才会有售后服务,现在图书也有售后服务,特别是针对少儿读者提供售后服务的现象,已日渐增多。像幼儿园用书的售后培训目前已成为行业惯例,鲜有仅出版幼儿园用书不做任何培训就能把图书市场做大的案例。这种售后服务不是过去的简单包换不合格产品之类,而是从如何正确使用图书、阅读图书入手,从图书内容出发提供专业的阅读指导与授课指导,不仅针对小读者如何读,而且针对老师与家长如何教来做专业指导与培训。这样的售后服务与阅读指导满足了读者的深层需求,激发了读者的阅读热情,受到了老师和家长的欢迎,也提升了少年儿童的阅读力。

少年儿童由于年龄小,知识有限,经验有限,能力有限,他们特别需要来自家长、老师和出版企业、文化机构的专业指导与精细化服务。中国少儿出版提升少儿读者阅读力的实践与努力,意义重大,一方面弥补了学校阅读教育与家庭阅读教育的某些欠缺与不足,切实为少儿与少儿家长提供了方便,提供了专业上的指导;另一方面也是在提升企业自身的传播力,通过做好图书售后阅读服务与阅读指导,不仅传播了有效信息,彰显了图书优势,而且赢得了读者信赖,打造了图书与出版企业的良好形象与品牌,为未来的更长远发展奠定了坚实的基础。

第七节　案例:接力出版社

接力出版社(以下简称接力社)是全国百佳图书出版单位,在业界享有盛名。2012 年接力社生产总值(总发货码洋)约 5.1 亿元,与 2011 年同比增长 13.84%;营业总收入约 2.5 亿元,与 2011 年同比增长 7.30%,在生产总值与营业总收入上名列全国少儿出版社前列。2012 年接力社有 36 种图书获得 26 个奖项,其中 7 个国家级奖项,图书好评如潮。[①] 2012 年对于接力社来说又是一个社会效益与经济效益双丰收之年。

接力社的传统是抓原创少儿图书与引进版少儿图书,两者并重,齐头并进。2012 年接力社又组到了一批名家重点原创选题,包括曹文轩、秦文君、位梦华、彭懿、刘海栖、祁智、王一梅、黑鹤、葛竞、何秋光、吴滶、马嘉恺等原创作家的 13 个套系约 136 种新书,这些重点原创选题已从 2012 年下半年起陆续出版上市,将为中国儿童文学创作和出版带来新的惊喜与创新,也为接力社的长期、可持续发展奠定了基础,赢得了双效。

接力社除了重视核心产品的开发,重视原创品牌的打造以外,对传播与营销也非常重视,并通过强有力的策划与执行,取得了卓有成效的业绩。接力社对每个重点选题都事先做好了推广与营销方案,分生产前、生产中、生产后至少三波宣传与推广;图书发往各地销售点后,出版社会安排专人针对重点地区(进货比较多的地区)作强力传播与推广。下面以"淘气包马小跳系列"为例简述接力社的图书传播与推广。[②]

"淘气包马小跳系列"是接力社精心策划并成功运作的一套儿童文学原创作品,从 2003 年 7 月上市至 2008 年 7 月共推出 20 册,至 2012 年总销量达 2300 万册,单册平均销量 115 万册,总产值(总码洋)超过 3 亿元,成为中国原创少儿文学图书畅销第一品牌,并获得多项国家级图书奖。"淘气包马小跳系列"出版后,社会上形成了"马小跳现象"和"杨红樱现象",这套丛书也成为中国少儿出版乃至中国出版的标志性出版物,"马小跳"也成为出版界成功运作的典型案例。

---

① 相关数据由接力出版社提供。
② 余人:《马小跳,中国造》,《出版广角》2004 年第 11 期。

"马小跳"之所以能畅销与成功,一是因为图书自身品质好、内容优,二是因为针对图书的传播与营销做得非常到位,极大地促进了图书的品牌建设与产品销售。

"马小跳"所表现的人物是当下的孩子,所反映的生活是当下孩子的现实生活。这和以往的儿童文学作品有些不一样,没有写作家对自己儿时生活的回忆,也不隐含、夹杂作家对自己儿时生活的回忆,写的几乎全是当下孩子"正在进行时"的生活,这让小读者感到很熟悉、很亲切,没有距离感,很容易就融入到故事中。"马小跳"没有着力塑造以往儿童文学里常有的榜样式、英雄式的孩子形象,它描写的是一群平凡、普通、调皮孩子的快乐生活以及他们和家长、老师、同学之间的好玩故事,真实生动,贴近孩子,贴近生活,孩子很容易认同、接受,也很容易产生共鸣。"马小跳"塑造的主要是调皮孩子的形象,但作者没有把这些笔下的孩子脸谱化、类型化、概念化,而是把他们的优点、缺点以及丰富的内心世界写出来了,让小读者能透过这些人物外在的调皮看到他们内在的可爱与未来的优秀。也就是说,"马小跳"写的是当下孩子的生活、普通孩子的生活,是多元、立体的孩子的生活。作者把平等、自立、关爱、勇敢、坚强等情商教育理念巧妙地融入故事中,用更加开放的心态来创作儿童文学,这在2003年前后是不多见的,也是非常难得的。

在图书正式运作前,责任编辑对图书进行了市场前期调研,把部分内容拿给少儿读者试读,与同类书作了比较,对图书的优势、劣势、风险、机遇等作了分析,并对图书进行了整体策划,先后确定了图书的开本、字体、字号、用纸、版式、插图、整体风格、定价、营销手段、传播策略、广告词、首印数,等等,制定出十分周密、详细的编辑方案与营销方案,甚至还有备用方案。

图书上市后,责任编辑和推广人员为了做好"马小跳"的宣传与推广,可谓费尽心机,把凡能想到的办法都作了设想与评估,对具有可行性的都逐一加以落实。在传播步骤上,责任编辑和推广人员分批、分层推进,巩固小成果,积累大成果,以促成传播从量变到质变的飞跃。比如,首选两座城市做宣传推广,一个是北京,一个是成都。北京是首都,对全国的影响至关重要;成都是作者的本土,读者基础比较好。这两座城市旗开得胜后,再向周边几个大的省城进军,从而带动其他省城和中小城市的宣传与销售。在媒体的选择上首选报纸和杂志,然后是网络、电台、电视台,逐步扩大宣传推广面。在宣传推广的同时,还开展了一系列互动活动,比如"马小跳"作文竞赛、作家与小读者面对面交流会等,以充分调动小读者的积极性与参与性,提高他们的阅读兴趣与热情,激发他们的观察、思考与想象。

2004年2月、3月,经过6个多月的市场考验与磨炼,"马小跳"开始初步畅销,责任编辑抓住这个有利时机,趁热打铁,又策划和安排了新一波的宣传与推广。同年4月,责任编辑安排作者杨红樱在北京、天津、成都、南充、德阳、绵阳、南京、镇江、丹阳、宜兴等十几座大小城市,参与各种形式的座谈、交流、演讲。与此同时,出版社与成都电视台合作,由成都电视台著名节目主持人"陈岳叔叔"讲马小跳精彩故事,达到了成都市及周边地区的孩子每到电视播放的时间都守在电视机前一睹为快的效果。随后责任编辑把电视节目制作成VCD光盘作为书的赠品,作进一步的传播。5月,安排杨红樱参加桂林第十四届全国书市,并在桂林、南宁做了三场与小读者面对面的座谈、交流,场面十分火爆。5月22日中央电视台《焦点访谈》隆重推介"马小跳"丛书,5月31日中央电视台《东方之子》也采访报道了作者杨红樱。6月、7月,责任编辑再次策划和安排了"马小跳"暑期宣传推广计划,责任编辑和作者杨红樱共跑了18个城市,做了21场相关活动,各地书店给予了大力支持与积极配合,各地媒体给予了广泛关注与报道,收到了很好的传播效果。与此同时,中央电视台少儿频道、7频道读书栏目暑期也开始播放"马小跳"专题报道……之后出版社由责任编辑牵头组织的针对"马小跳"丛书的各类传播活动一直没有中断。

调动这么多的人力、物力,采用这么多的方式、方法,对某一个既有机遇又有风险的图书作强力传播与推广,在2004年前后实为业界所罕见,而且类似的传播与推广一直持续了10多年,因而收到了非常显著的传播效果,极大地促进了图书的品牌建设与产品销售,也促进和推动了其延伸品与衍生品的开发。最后"马小跳"系列畅销2300万册,成为中国原创少儿文学图书畅销第一品牌,成为中国少儿出版乃至中国出版的标志性出版物,成为中国少儿出版史上成功策划与运营的经典案例,这就是优质内容、强力传播与品牌建设的力量之所在。

类似"马小跳"系列这样的传播与推广在接力社还有很多,比如针对秦文君、刘墉、葛竞、冰波、汤素兰、常新港、张洁、周晴、周锐、蔡笑晚等作家及其作品所作的各类宣传与推广,一直没有停止过,也因之取得了卓有成效的传播与营销实绩。

第八节 小 结

中国少儿出版在出版全程特别是营销阶段,要通过转型努力提升自身的传播力与少年儿童的阅读力。

所谓传播力,是指实现有效传播的能力。所谓阅读力是指理解、运用和反思书面文字的能力,旨在达到个人目的、发展个人知识与潜能,并能参与社会。

在计划经济时代,中国少儿出版几乎没有清晰的传播意识与传播理念,更谈不上有系统的传播理论,那时的传播基本上是一种自发的、浅层次的传播。20世纪70年代、80年代,中国社会开始转型,改革开放拉开序幕,中国少儿出版的传播活动慢慢开始活跃起来,形式也逐渐变得丰富多彩,过去的自发传播、被动传播也逐渐演变为自觉传播、主动传播。

中国少儿出版的传播要解决"谁传播""传播什么内容""通过什么渠道传播""传播给什么人""传播达到什么效果"这五个方面的问题。谁传播? 政府、组织、个人。传播什么内容? 自然是传播中国少儿出版的相关内容与信息。通过什么渠道与途径来传播? 不同的传播主体会选择不同的传播渠道:政府会选择教育渠道与大众媒体;组织会选择各自的专业渠道、大众媒体来进行富有特点、特色的传播;个人会选择协助政府与组织作推广,或通过自身努力以独特的方式作推广。传播给什么人? 传播给一切有可能喜爱和阅读中国少儿图书和相关产品的读者或潜在读者。传播要达到什么效果? 两个效果:一是使中国少儿图书和相关产品的文化价值深入读者心灵,为读者所认可、所喜爱、所接受,并对读者产生积极影响,为中国文化软实力的提升注入活力;二是使中国少儿图书和相关产品的商业价值得到充分体现与实现,甚至形成庞大的产业链,使参与到这个产业链中的各方面人员与机构得到经济实惠与实际利益,通俗地讲,就是我们经常提到的社会效益与经济效益达到双丰收。

传播主体不明确、传播信息(内容)不生动、传播渠道不畅通、传播对象不明确、传播效果不讲究,这些都有可能成为中国少儿出版传播的瓶颈,但最核心的问题,是传播意识与传播技巧欠缺导致传播效果不理想,这是中国少儿出版的传播瓶颈。

中国少儿出版的传播与推广目前大致有三种方式:教育传播、组织传播、企业传播。

教育传播是通过教育的手段来进行传播与推广,主要是把优秀的本土文化作品特别是优秀的儿童文学作品编入教材让孩子来学习、阅读、表演,是一种基础推广、强制推广,也是一种大面积的强力推广。这种推广不仅能训练孩子对本土文化的认识与感知,打下比较扎实的关于本土文化的知识基础与阅读底蕴,而且能培养孩子的人生观、审美观,提高他们感知世界、理解他人的情商,甚至能影响孩子的一辈子。教育传播要解决三件事情:一是教育理念的确立与更新,二是教材的编写与修订,三是教师队伍的充实与培训。

组织传播是社会各类公益组织或者社会团体组织举办的中国儿童阅读推广活动、中国传统文化推广活动,是相对宽松、自由也相对灵活的一种传播方式。目前相关组织大致有两类,一类是各地社会化程度较高的少年儿童图书馆、少年宫等公益性组织,一类是各地自行组织的儿童读书会、儿童阅读推广会等民间组织。

企业传播,即出版社、出版公司、书店、书城、批发商、零售商、开发商等为了图书和相关产品的更多销售所作的传播与推广,如果推而广之还包括其他行业进行的与少儿出版相关联的电影、电视、动画、服装、玩具、游戏、工艺品、旅游业等方面的开发与推广。企业传播是目前做得较为专业、较为常态化的一种少儿出版传播方式。

中国少儿出版要加大传播与推广的力度,要政府引导、行业管理、专家谋划、企业营销齐头并进。政府鼓励什么、支持什么、倡导什么,应该有政策导向和政策倾斜,一是各级、各地政府应继续鼓励、引导文化企业、作家、作者打造精品,包括原创精品和再创精品;二是要建立、健全传播机制,强化、优化传播理论与传播技巧。行业管理应着力营造氛围、培养人才、制订行规、打通渠道、促成合作、挖掘潜力,使中国少儿出版从创作、生产到传播实现精品化、常态化、高效化。学术界要大力研究和总结我国少儿出版的传播理论,用系统的理论来指导中国少儿出版的传播实践。企业要用世界的眼光与全球的视野来做中国少儿文化产品,包括少儿图书产品及相关产品,在营销手段、传播技巧、推广实效等方面出新出奇,一是要强化传播意识,更新传播理念;二是要强化传播实践,加大传播力度。

中国少儿出版企业通过出版更多适合特定年龄段的孩子阅读的优秀少儿图书,并从专业的角度指导少儿和少儿家长阅读,能培养、促进、激发、提升全社会的少儿阅读力。少儿出版企业一是要为全社会的少年儿童提供丰富的阅读材料、精美的精神食粮;二是要为少年儿童提供专业的阅读服务与阅读指导。

接力出版社是全国百佳图书出版单位,一方面重视核心产品的开发,重视原创品牌的打造,另一方面对图书产品和其他产品的传播与营销也非常重视,并通过强有力的策划与执行,取得了卓有成效的业绩。接力社对每个重点选题都事先作好推广与营销方案,分生产前、生产中、生产后至少三波宣传与推广;图书产品和其他产品发往各地销售点后,出版社会安排专人针对重点地区(进货比较多的地区)作强力传播与推广。

"淘气包马小跳系列"是接力社精心策划并成功运作的一套儿童文学原创作品,总销量达 2300 万册,为中国原创少儿文学图书畅销第一品牌,并获得多项国家级图书奖,成为中国少儿出版乃至中国出版的标志性出版物。"马小跳"之所以能畅销与成功,一是因为图书自身的品质好、内容优,二是因为针对图书的传播与营销做得非常到位,极大地促进了图书的品牌建设与产品销售。

第七章 中国少儿出版管理部门的转型分析

中国出版政府管理部门与行业协会是中国少儿出版的管理部门,同时也是服务部门。政府管理部门与行业协会要通过职能、机制等方面的转型,不断更新工作方法,提高工作效率与效果,更好地为少儿出版企业提供优质服务,促进少儿出版企业以及整个少儿出版业健康、良性发展。

第一节 政府管理部门的转型

这里提到的政府管理部门主要指国家新闻出版广电总局(2013年3月14日,全国人大十二届一次全体会议通过决议批准国务院组建"国家新闻出版广电总局",促进新闻出版广播影视业繁荣发展,不再保留国家广播电影电视总局、国家新闻出版总署)与各省、市、区新闻出版广电局,其次是文化部、工业和信息化部、教育部与各省、市、区相应的下属部门。国家新闻出版广电总局与各省、市、区新闻出版广电局直接管理全国与各地的新闻出版工作,包括少儿出版工作;文化部、工业和信息化部、教育部与各省、市、区相应的下属部门是间接管理新闻出版工作。

政府管理应有新理念、新思路、新方法、新措施。政府主要负责宏观管理,而不是具体管理。政府对中国出版包括中国少儿出版的宏观管理,主要有三点:一是适时调整政策,逐步由过去的分业多头管理向混业综合管理转型;二是持续引导行业,一方面营造全民阅读的文化氛围,优化阅读环境,另一方面鼓励少儿出版企业展开良性竞争,保持少儿阅读生态平衡,实现阅读与出版的转型;三是大力培养专业人才,通过相关政策鼓励、激励高校、企业、研究机构联合办学、多元办学,实现少儿阅读与少儿出版向可持续发展方向转型。

一、向混业综合管理转型

政府管理部门要适时调整政策,逐步由过去的分业多头管理向混业综合管理转型。

中国少儿出版的属地管理、条块分割管理原则一直没变。所谓属地管理是指设立国有文化单位必须有具备一定资质的主办单位和上级主管机关,负责履行对文化单位的领导职责;各地党委宣传部和文化行政部门负有对本行政区域内文化活动的监管职责。所谓条块分割管理,条指的是由中央直属部委从上到下的指挥体系,块指的是地方行政当局统管所辖区域的指挥体系,两种指挥体系把国家的各项行政管理人为分割成不同的管理领域,即为条块分割管理。

如果说过去这样的管理思路与方式有其历史原因与合理成分,并起到了十分积极的作用,那么到了 21 世纪,这样的管理就显露出了其消极的一面,不仅比较落后,有时甚至严重阻碍了生产力发展。比如各省、市、区都有一家少儿出版社、教育出版社、科技出版社、文艺出版社等,各地的少儿出版社目前也都并入当地的出版集团,这样就形成了一种局面:少儿出版社在当地仅此一家,别无分店;少儿出版社只能出版少儿图书(要跨界很难,要跨行更难),发行范围也基本限于本省、市、区,如果要到别人的"地盘"去,就得拿出自己的一部分资源去和外省、市、区作交换……这导致地方各类出版在全国既"活"不起来,也"死"不下去,不温不火;这在很大程度上不是市场竞争行为,而是行政分割与行政垄断行为,保护与激励的也不是优质产品与优质服务,而是本地出版,有时甚至是保护本地的落后产品与低质服务。中国少儿出版作为中国出版的一部分,自然也没法摆脱这种制约与束缚。

按国家有关部门管理出版活动的分工来看:少儿出版中图书、报刊出版由原国家新闻出版总署(现国家新闻出版广电总局)管理;少儿网络出版(少儿网络平台)由工业和信息化部管理;少儿音像制品批发、零售等由文化部管理;①少儿图书如改编成影视、戏剧,要播映和表演,则由原国家广播电影电视

---

① 姚德权:《中国新闻出版业监管体制模式选择》,《现代传播》2006 年第 3 期。

总局(现国家新闻出版广电总局)管理；少儿图书或与少儿图书相关的活动要进入学校，则需接受教育部门的管理；少儿图书的定价、销售等则需接受国家工商行政管理总局、国家税务总局等的管理。如果少儿出版要进军数字出版，成为互联网企业，则手续更为复杂，至少要办十多个证件方能正常经营。[①]在分业多头管理中，有些事情就成了拉锯战，有利益时各部门争着管理，有麻烦时各部门互相推诿，管理的效率、效果不尽如人意，但要改变这种管理方式与状况又非常困难。这就是中国的国情，多头管理已成顽疾。

进入21世纪，文化行业的界线日渐模糊，行业间的相互渗透、拓展与延伸也日益频繁与普遍，"你中有我，我中有你"，分业演变成混业，头绪更为复杂与多变，过去的分行业管理方式与现实之间的矛盾越来越大，显得不合节拍、不合时宜。少儿出版是一个非常活跃的板块，和过去相比已发生了天翻地覆的变化，如果管理部门还沿袭过去条块分割、分业管理、多头管理的方法来管理，不仅问题难以有效解决，而且会人为制造新的矛盾。分业多头管理向混业综合管理转型已成为必然。

刚刚闭幕的全国人大十二届一次全体会议，批准国务院组建"国家新闻出版广电总局"，把过去两个业务相近的部门合并在一起，重新整合、规划，这对中国出版包括中国少儿出版的管理将提供新的思路与可能。中国少儿出版与少儿影视的资源整合、形态融合、互相渗透与拓展等，将有可能提速并取得突破，文化领域里的改革阻力有望剥茧抽丝，慢慢消除。这对文化产业(包括少儿出版产业)的整体发展来说，将是一个利好、一个福音。

少儿出版的兼并、重组、进入、退出等方面的机制建立，一直以来议论很多，呼声很高，但到目前为止还没有取得实质性进展与突破，已有的尝试也基本没有显露成功的曙光。中国少儿出版唯一一例兼并重组是2007年12月江西出版集团兼并中国和平出版社，由于这样那样的原因，磨合至今已有6年，但未见中国和平出版社在经营上有大的改善与突破，该社也没有摆脱过去的颓势，这是由于体制的缘故，重组并不彻底。

所以，政府应适时出台新政策，制订新法规，鼓励少儿出版企业逐步打破地方保护与条块分割，营造优胜劣汰的良好氛围与环境，让更多有实力的企业进入少儿出版参与竞争，同时把造血能力实在太弱的企业淘汰出局。

据有关部门统计，目前全国有8000家左右民营出版工作室，这些民营出

---

① 《必须尽早结束互联网的多头管理沉疴》，《IT时代周刊》2012年5月5日。

版工作室大多经营少儿图书或与少儿图书相关的文化业务,但按现行出版政策,它们只能参与编辑出版的前期活动(图书的选题策划、书稿组织、封面设计等)和后期活动(图书的推广、营销等),仍不能正式参与图书出版(没有出版权),这对民营出版工作室而言,依然显得不公平、不合理。政府应考虑通过试点取得经验后,逐步放宽出版政策,允许更多民营企业进入少儿出版领域,参与正当、合法、平等的竞争,给少儿出版增添更多活力与动力。

而且,从历史发展的脉络来看,中国和世界历朝历代,出版的起源与发展,向来都是先有民办出版后有官办出版,出版最初都是由民间发起,比较成熟以后才出现官方主办。目前国家出于意识形态方面的考虑,限制民营资本进入出版的核心领域,这种政策有其合理因素,也有其不合理因素,有时是人为阻止了生产力的发展。政府应想办法调动民营资本的积极性,让它们和国营资本在平等的条件与环境下共同参与国家文化建设,增强国家文化实力,同时利用创新思维与创新管理,通过政策、法规来约束包括民营资本在内的所有出版行为,保障它们在法律允许的范围内正常运行。

少儿出版如何由过去的分业多头管理向混业综合管理转型,考量着政府管理部门的改革力度与管理水平。

二、保持少儿阅读生态平衡

政府管理部门要持续引导行业,一方面营造全民阅读的文化氛围,优化阅读环境;另一方面鼓励少儿出版企业展开良性竞争,保持少儿阅读生态平衡,实现阅读与出版的转型。

少儿阅读有生态,学生、老师、家庭、图书馆、社会是一条生态链,与少儿阅读相关的文化产品生产、阅读推广、阅读研究等实践形成一张生态网。[①] 少儿阅读生态系统是指少儿成长过程中,自身的自然和阅读需要与环境的自然和阅读条件之间相互适应和平衡的关系。[②] 少儿阅读生态保持平衡有利于少儿健康成长;反之,少儿阅读生态出现失衡则会对少儿健康成长造成伤害。

目前中国少儿阅读生态失衡现象主要表现在:功利化阅读(为应试、升学

---

① 王雯琦:《儿童阅读:文化生态视阈下的战略选择》,《图书馆工作与研究》2010 年第 12 期。
② 彭茜、郭凯:《文化生态学及其对儿童研究的影响》,《西北师大学报(社会科学版)》2002 年第 4 期。

而阅读)、快餐式阅读(蜻蜓点水,浅尝辄止)、娱乐化阅读(一味追求快乐阅读,过分娱乐化,不作深度思考)、碎片化阅读(零碎阅读,不成系统,缺少逻辑)、偏食式阅读(只读某一类或某几类图书)、跟风式阅读(什么畅销读什么,别人读什么我读什么)、不阅读(读书无用论)等。少年儿童需要加强经典阅读、审美阅读、深度阅读、系统阅读,同时需要交流阅读情感、改进阅读方法、提升阅读能力。

政府管理部门是裁判员,是管理员,是设计师,是调度员,有义务和责任营造积极的阅读氛围,构建良好的阅读环境,引导阅读方向与阅读趋势。政府不要过多指望出版企业来引导少儿阅读。有责任的出版企业当然会有担当,会引导少儿阅读,但这种引导是有限引导,要靠企业的自律来完成,而企业的自律是有限的而不是无限的,一旦监督、监控不存在,企业就有可能"见利忘义"。企业的天然目标就是要赢利,就是要追求市场垄断,追求利润最大化,作为文化生产与文化传播的出版企业也不例外。出版企业出于自身发展的需要会顺理成章地引导少儿读者关注、阅读本企业所生产的图书,出版企业的利益驱动会导致它们竭力推销本企业生产的图书产品和相关产品,这样导致的有可能是少儿阅读生态失衡而不是少儿阅读生态平衡,这是政府需要清醒和警惕并采取一定的政策措施加以引导和矫正的。

出版企业大力包装、推销某位或某几位作者、作家的图书,打造畅销图书与畅销作家,有可能导致某部或某几部作品"超级畅销""一家独大",其结果只能是影响少儿阅读生态失衡。从理论上讲,孩子只读某一位或某几位作者、作家的作品而不读别的作品,对孩子综合素质的提高与高层次的健康成长是非常不利的,这就有如孩子光吃苹果、梨子不吃别的水果会造成营养失衡一样。但政府不能一方面鼓励出版企业公平竞争,另一方面又以维护阅读生态平衡为借口来指责和打压某些畅销作品与畅销作家的风行一时,消解竞争带来的某些"不平衡"。打一个不太恰当的比喻,市场上只卖苹果、梨子,不卖或少卖别的水果,是不怎么妥当的,但也不能因为强调要卖各种各样的水果而否定苹果、梨子有营养并且限制苹果、梨子的销售,应该通过政策杠杆的作用,让更多水果上市,丰富水果市场,让消费者各取所需,能买到自己想要的水果,而不是只能选择买苹果、梨子;市场也有自我调节和平衡的作用,某类水果少了,物以稀为贵,价格自然会升上来,水果商就会转向生产和销售这类水果,反之,某类水果多了,价格也会降下来,水果商无利可图,自然就会减少生产和销售这类水果。图书市场也是这种情况。当然,比喻总是蹩脚的。

这是一个悖论。比如"哈利·波特"全球总销量 4.5 亿册、"鸡皮疙瘩"全球总销量 3.5 亿册,对生产这两套书的出版企业来说,它们打造了响亮的世界品牌,占领了市场,赢得了利润,可谓成就辉煌、硕果累累;但对少儿阅读来说,孩子们只看这两套书,就必然会少看其他的少儿图书(孩子的阅读时间与阅读精力是有限的),这是不是造成了一种"偏食"、一种阅读生态失衡?!所以,政府管理部门既要鼓励竞争,又要引导竞争,要把竞争带来的结果与影响控制在合理范围内。何谓"合理范围",这也是政府管理部门需要组织专家进行专门研究和论证的。政府既要鼓励竞争,又要适时观察和研究竞争,通过相关政策的制定与调整来引导行业良性竞争,避免恶性竞争。

保持少儿阅读生态平衡是整个社会综合作用、共同努力的目标,政府管理部门是其中的重要力量之一。政府管理部门要做的是出台相关政策鼓励国民更多地参与阅读,提倡多元阅读、经典阅读、专业阅读、全民阅读,形成良好的阅读风气与阅读环境,实现阅读氛围与环境的优化、阅读水平与能力的提升。比如,中宣部"五个一工程奖"、原国家新闻出版总署"三个一百"原创出版工程奖就形成了比较好的出版导向与阅读导向,较好地推动了中国出版包括中国少儿出版的发展与繁荣。

政府管理部门要组织专家或者组织专业部门来研究、建立国家基础阅读书目,引导国民特别是青少年更好地阅读,也引导出版特别是少儿出版更好地展开出版工作。一是政府应对阅读推荐书目的研制和推广活动给予政策、经费等方面的支持。国家每年在加大文化经费支出时,可考虑拨出适当经费用于支持推荐阅读书目的研究工作。二是政府应组织专家学者及机构,开展有计划、有步骤的研究工作。可以"国家阅读推荐书目"的名义,组织各领域的专家学者和研究团队,进行具有公益性和连续性的书目推荐研究工作,并在研制期间听取社会各界的意见和建议。三是政府应充分调动民间力量,积极支持民间研究机构参与阅读推荐书目的研究和推广工作。民间机构参与的重要意义在于,可发挥民间研究机构的独立性、公益性、持续性,特别是发挥其良好的公信力等方面的积极作用。四是政府要组织或通过专业协会来组织建立客观公正的书评人制度,在全国主要媒体开设阅读频道和栏目,向全社会推荐优秀书目。[①]

---

①　朱永新:《时代呼唤建立国家基础阅读书目》,《中国社会科学报》2011 年 4 月 21 日。

政府在阅读与出版方面的激励政策、引导政策如果再多一些,出版业包括少儿出版业一定能取得更多成果,国民阅读包括少儿阅读一定能取得更丰硕的成果。国民阅读热情高涨,阅读蔚然成风,自然能开启民智,促进社会进步,提升国力。同时,国民保持高阅读率也会进一步推动阅读需求增多,促进出版(包括少儿出版)的繁荣与兴盛。反过来,出版的繁荣与兴盛,也会进一步促进国民阅读率的提高,推动全民阅读。出版与阅读的良性互动能促进社会的整体进步与繁荣,少儿出版与少儿阅读的良性互动能促进少年儿童的健康成长,为国民阅读与社会进步打下坚实基础。

这里有一个行业外的例子可供借鉴:党的十八大召开后不久中央发出了厉行勤俭节约、反对铺张浪费的号召,部分地方政府统一给辖区餐饮企业发放宣传标语及提示牌,企业则通过张贴宣传标语、点菜适量提醒、推出小份菜和半份菜、奖励节约用餐、主动退换菜等有利于节约用餐的服务方式来遏制浪费现象。调查显示,这些措施效果良好,近 80% 的企业认为浪费有所减少,其中超过 30% 的企业认为浪费明显减少,仅有不足 15% 的企业认为变化不明显,浪费现象总体得到明显遏制。[①] 如果整个社会都形成了"吃不完打包带走,勤俭光荣,浪费可耻"的意识和习惯,相信餐饮业的浪费现象会越来越少。同理,如果整个社会都形成了"阅读长知识,阅读长能力,阅读丰富人生,不阅读难有成就"的意识、习惯与风气(而不是物欲横飞,笑贫不笑娼),相信全民阅读率一定会有很大提高,包括少儿出版在内的中国出版一定会更加繁荣与兴旺,少儿阅读与少儿出版也能更好地向良性转型、发展。

三、大力培养各类专业人才

政府管理部门要出台政策,采取措施,鼓励、激励高校、企业、研究机构联合办学、多元办学,大力培养各类专业人才,实现少儿阅读与少儿出版向可持续发展方向转型。

包括中国少儿出版在内的中国出版要参与世界竞争并赢得胜利,竞争的主要项目归根结底是出版专业人才、文化产业人才的比拼。如果出版业有充足的各类优秀人才,中国出版业所面临的各种问题都可以逐步解决。出版业

---

① 廖爱玲:《北京多家餐馆鼓励就餐节俭"光盘"可打 9 折》,《新京报》2013 年 2 月 13 日。

的一切问题最终都可以归结为人才的问题,因为出版业是文化创意产业,是人才密集型产业,人才是推动出版业一切问题解决的最根本、最核心的力量。①

政府管理部门的重要职责之一就是通过政策激励,提倡、鼓励企业与高校联合办学、互动办学,推进产、学、研的结合,推动培养可用之人才,促进中国少儿出版的可持续发展。

中国少儿出版的人才培养有学校培养和企业培养两条路径,其中大批人才都是经学校培养然后走进出版领域。学校培养主要是教育管理部门特别是高等教育管理部门负责管理,新闻出版广电管理部门可能鞭长莫及,但相关部门的沟通、协调,相关政策的制定、调整,对出版业人才培养具有宏观引导作用。企业培养多是企业行为,只要不违法,政府管理部门不可能干预过多,但行业标准的制定、专业知识的普及等,政府管理部门依然具有相当的权威性,政府管理部门对企业的政策引导也在宏观上决定着专业人才培养的大方向。

1998 年,教育部调整高校本科专业目录,在一级学科新闻传播学之下,将编辑出版学列为二级学科。2006 年,适逢国家进行学科目录调整,在原国家新闻出版总署和中国编辑学会的共同推动下,出版领域政、产、学、研持续开展了关于争取出版学进入学科目录的一系列努力。2010 年,国务院学位委员会批准设立出版硕士专业学位,各校开始面向产业应用的专业硕士培养,使出版学学科建设有了一个良好的开端。② 据不完全统计,到 2009 年 9 月,全国高校设立编辑、出版、发行等专业的院校有 213 家,硕士研究生办学点有 47家,博士研究生办学点有 7 家,每年为出版行业输送上万名毕业生。其中,北京大学、南京大学、复旦大学等 14 所院校获得了出版硕士专业学位授予权。2011 年 9 月,我国第一批出版硕士专业学位研究生正式入学。③

高校培养出版专业人才应该说取得了很大成就,现在出版企业的大批领导与业务骨干就来自高校培养出来的这个人才团队,他们做出的光辉业绩有

---

① 余人、郑豪杰:《出版业人才需求变化与人才培养路径》,《中国出版》2013 年第 2上期。

② 章红雨:《数字环境下出版人才培养模式亟待创新》,《中国新闻出版报》2010 年 7月 12 日。

③ 叶明生、孙寿山:《提高高层次出版人才培养水平》,《中国新闻出版报》2010 年 5月 12 日。

目共睹。但毋庸讳言,高校出版专业人才培养也存在着这样那样的问题,有不尽如人意的地方,亟须改进。

一是学科归类还有待进一步科学化、合理化。

肖东发、张志强等著名学者多年来一直呼吁把出版学科设置为一级学科。因为目前各类高校在二级学科之下开设编辑出版专业或类似专业的名称非常不统一,主要有传播学、新闻学、图书馆学、编辑出版学(编辑出版、出版发行学)、语言学及应用语言学(高级应用语言学)、情报学、历史文献学、行政管理学和传媒经济学(媒体经济学)、知识产权与出版管理、文艺学、印刷工程与媒体技术、法学理论等,让人眼花缭乱。比如北京大学就有两个编辑出版专业,一个在新闻与传播学院,设在传播学之下,即传播学编辑出版专业,一个在信息管理系,设在图书馆学之下,即图书馆学编辑出版专业。张志强认为,"这种五花八门的'挂靠'导致了课程设置混乱,开设的课程不能集中反映出版专业的基本特征。而导致这种混乱局面的最重要原因,便是出版学的学科归属问题没有得到解决。"①这可谓一语中的。"名不正则言不顺",因为出版专业挂靠在不同的一级学科之下,且取的专业名称也五花八门,导致师资配备与教学设置都十分随意、尴尬甚至混乱,不利于学科的发展与学生的培养。

二是培养思路与教学方法还有待进一步探索、完善。

高校培养出来的出版专业的学生有受出版企业欢迎的,也有不受欢迎的,而最近几年不受欢迎的程度在加大。有记者在分析 2007—2009 年《中国图书商报》刊登的应聘广告时就发现了这一趋势:出版企业越来越少在招聘广告中要求应聘者是编辑出版专业的学生。而 2010 年这一点显得更加明显,出版企业在招聘广告中写对编辑的要求时,没有一家提出希望应聘者是编辑出版专业毕业。仅有一两家出版企业在招聘市场、发行人员的时候要求应聘者是编辑出版专业,大部分出版企业更偏好中文、传媒、营销专业的应聘者担任市场发行工作。②尽管这只是对一家专业报纸应聘广告的分析,不能说明出版业的全部问题,但透过这个现象我们可以注意到,我们的高校在出版专业人才的培养方面确实有"不受待见"的地方,高校的培养思路、教学方法、教

---

① 章红雨:《数字环境下出版人才培养模式亟待创新》,《中国新闻出版报》2010 年 7 月 12 日。

② 钱秀中:《人才"复合型"能力需求有了明确指向——书业招聘广告分析》,《中国图书商报》2011 年 5 月 6 日。

学质量等是有待改进和优化的。

高校出版人才培养存在的问题主要有两种。

一是专业设置没有充分考虑出版企业的实际需求。

出版企业的学科特色、发展方向决定了企业的用人要求与标准。比如，少儿出版企业要求应聘者是学儿童文学专业或者学前教育专业且懂出版，而学出版专业的本科生只懂出版不懂别的专业，自然达不到企业的用人要求与标准。甚至有的出版企业认为，招聘一个学某个专业、不懂出版的学生，企业可以培训后加以使用；而招聘一个学出版专业却不懂其他专业的学生，连培训都没法培训。学出版专业的学生现在有点像过去学中文专业的学生一样，类似于万金油，哪里需要都可以在哪里抹一下，但没有专长，难以承担重任，难以成为有一技之长的专门人才。因为在出版企业，懂出版，对出版各个环节、各个要素都非常熟悉与了解，这是每个从业者最基本的职业素养与工作技能，学出版专业的本科生在出版业就是"无专业"，没有专业优势。相反，学出版专业的硕士研究生就比较受出版企业欢迎，因为硕士生在读本科时已经学有一门专业，比如儿童文学或者学前教育，研究生时再学一门专业，即编辑出版学，这样"两专多能"的复合型人才自然很受少儿出版企业的欢迎。

高校无论是从培养方案、课程设置上，还是从师资体系、评价标准上，必须紧密与实际应用、与出版的职业需求相结合；要致力于培养新媒体、数字出版高端人才。[①] 同时多开设传播、营销、广告、法律、版权、动漫、编辑出版实务、世界出版前沿、多媒体管理、电子商务、网络编辑、信息检索、数字出版前沿、媒介经营管理、数据库与网络编程、视频编辑技术、信息资源管理技术、跨媒体出版技术等课程，更贴近现代出版企业的需求，追赶乃至引领现代出版的发展趋势。此外，由于出版与影视、玩具、电商以及其他新媒体日益融合，交叉学科、新型学科的课程学习与了解对开阔学生的视野、启迪学生的思维大有帮助，高校也应考虑多设置一些比较前沿、交叉的选修课供学生选学。有志于从事少儿出版的学生则需加强儿童文学、儿童教育、儿童心理、学前教育、动画动漫、影视文学等的学习与研究，并多与孩子和孩子家长实际接触、交流，从理论与实践两个维度来提升自己，从专业与精深两个方向来提升自己。

---

① 叶明生、孙寿山：《提高高层次出版人才培养水平》，《中国新闻出版报》2010 年 5 月 12 日。

二是学生实际动手能力比较欠缺。

学出版专业的本科生,理论知识可能掌握得比较好,但缺乏实践训练,走上岗位以后难以快速、顺利进入角色与状态,这是目前高校"纸上谈兵"多、案例教学少、实践操作少导致的"后遗症"。相反,参加工作若干年后又去读硕士的研究生,就比较受出版企业欢迎,因为他们动手能力比较强,能较快地适应工作需要。所以,高校要引入更多案例课、实践课,延请业内专家进行有针对性的专题讲课,加强暑假、寒假的见习与实习,让学生尽早切入业界,加强实践训练,提高学生动手操作能力与创新思维能力。

目前,高校出版专业的师资力量不容乐观。很大一部分教师无从业经历或从业经历浮浅,[①]对整个行业的现状与发展并不是很了解与熟悉,对出版的环节、流程等缺乏精细化了解与理解,"没做过出版"的老师在教学生如何做出版时,总有"隔了一层"的感觉。版权贸易、新媒体、数字出版等方面的师资比较缺乏,学科交叉与行业融合方面的师资也比较缺乏,对前沿课题的思考与探讨不够深入。如何把理论与实践结合起来,如何把产、学、研结合起来,也有待进一步作探讨与改进。[②]

老师的专业化决定着学生的专业化,老师的高度决定着学生的高度。

打铁还需自身硬,高校自身也需要优秀的教学人才。这些人才从哪里来?

一是老师们加强与行业的紧密联系与合作,不断钻研,自我提高。

二是从行业内选拔富有实践经验的行家里手来补充高校的师资力量。

三是临时聘请业内各领域拔尖的行家里手来给学生讲课,与学生互动,开阔学生视野。

四是多与出版企业联系、合作,设立固定的实习基地,让学生经常有机会动手操作,见习、实习常态化,努力打通产、学、研的通道,打通传统出版与数字出版的通道,让学生在实践中把所学的知识转化为能力,从而变被动学习为主动学习。

国家新闻出版广电总局与教育部及下属培训机构,应与高校合力培养优秀出版人才包括优秀少儿出版人才,制定培养目标,确立指导思想,研究教育方法,创新思路,大胆探索,以培养出大批可用之人才。

---

①　欧阳明:《我国出版专业硕士研究生教育面临的困局》,《出版广角》2012年第7期。
②　付国乐、李桂福、施勇勤:《打造出版产业链的粘合剂——出版业产学研结合模式探析》,《出版广角》2012年第4期。

此外,国家新闻出版广电总局还规定,所有编辑出版从业人员在入职前必须参加出版专业技术人员职业资格考试,合格者才能"持证上岗",这种制度化的人才培训与管理,保障了从业人员的基本素质,保障了从业人员的专业化与职业化。

第二节　行业协会的转型

除政府管理部门以外,行业协会、研究机构、非官方咨询公司等对少儿出版也有着重要的指导作用,它们能在专业上给少儿出版更多规范、调整、引导与协助。

有关中国少儿出版的行业协会、研究机构、非官方咨询公司,目前的状况一是数量比较少,没有形成规模;二是和中国其他行业协会与研究机构一样比较行政化,负责人多是在职政府官员与在职企业领导兼职或者退休政府官员与离任企业领导任职,这使得行业协会与研究机构或多或少要依靠政府与企业才能生存,难以独立发展;三是专业性比较欠缺,话语权比较欠缺,对行业的指导有限,影响力有限。

行业协会、研究机构、非官方咨询公司等要围绕出版大局,根据行业新形势、新需求积极转型。

一是加强专业定位与专业研究,提升专业水平与专业素质,做好专业服务。比如北京开卷信息技术有限公司之所以在业内闻名遐迩、影响卓著,关键就在于它保持客观、中立的立场令同行钦佩;对相关数据的搜集与分析科学而严谨,令同行信服;相关专业化服务、精细化服务让同行受益。它所做的少儿图书排行榜、图书零售市场成长性分析等用数据说话,不仅科学、严谨、权威,而且切中时弊,比较能说明问题,对行业有较大的指导、启发与警醒,深受同行欢迎与喜爱。有不少专家、学者甚至政府官员乐于引用它们的数据来分析行业情况,剖析有关问题,出版企业则以登上它们的排行榜为荣。又比如亲近母语文化教育有限公司(江苏扬州),联手出版企业、学校、社区等,邀请诸多行内外专家,针对学生和学生家长作阅读推广,取得了比较多的实效。"亲近母语"由于在少儿阅读推广方面作了比较专业而持久的努力,对行业启发较大、贡献较大,引起了业界的广泛关注与好评。

这说明优秀的行业协会、研究机构、非官方咨询公司要有明确的定位、专业的技术、专业的水准、优质的服务,才能赢得行业的尊重与肯定,才能更好地发展业务,树立品牌,影响业界。

二是积极参与行业管理,促进行业规范、有序发展,并努力发出声音,争取更多话语权。在少儿出版行业协会中,中国出版工作者协会少年儿童读物出版工作委员会①、华东六省少儿出版联合体、中国专业少儿出版联盟②、中国童书联盟③等组织积极参与全国或地区相关业务的协商、协调与指导,并尽可能多地主动亮相,努力发出比较专业、权威的声音,协调立场,举办活动(如举办新书推荐会、成立反盗版同盟),引起了较多关注,提升了协会的影响力与作用力。如果更多组织与协会能积极参与到维护出版环境、协调出版立场、制订出版行规、管理行业事务的活动中,相信中国少儿出版行业的生态环境会更和谐、更美好。

三是发挥专业优势,组织专家对行业突出问题作专题、专项研究,以指导、帮助行业矫正偏差,避免失误,健康发展。目前行业内有一些比较突出的疑难问题,政府管理部门"抓大放小",不大可能有精力来管理和解决;企业的目标是赢利,自身也有许多困境与难题需要化解,也没有多大可能来关注和解决;行业协会则可以多加关注与研究,给政府、企业、家长、老师提供专业分析、良好建议甚至专业帮助。类似问题在国外也是由行业协会出面来加以解决的。

比如性别阅读。在中国现行独生子女政策环境下,越来越多的"野蛮女生"与"软弱男生"出现,越来越多阴盛阳衰现象出现(北京大学新闻与传播学院的男、女生比例就严重失调,上课时来听课的学生中难得见到几个男生),让家长和老师不安,让社会忧虑。目前男生不阳刚、女生不温柔、女生优于男生,已具有一定的普遍性,不能不引起社会的忧虑与重视,因为这关系到中国的未来靠谁来支撑、怎么支撑的问题(并不是说女生就不能支撑未来的中国,而是说男生未来如何发挥其应有的作用),还有男女性别意识的模糊与错位也可能导致将来出现很多社会问题、家庭问题。这些现象的发生是整个社会综合作用的结果,其中家庭教育、学校教育、社会教育的失当难辞其咎,少儿

---

① 中国出版工作者协会各专业委员会名录参见 http://www.hkrr.us/qiyexiehui/chubangxiehui.asp。

② 韩阳:《中国专业少儿出版联盟亮相 2010 上海书展》,《出版参考》2010 年第 8 下期。

③ 姚贞、杨雅莲:《8 家非专业少儿出版社发起成立中国童书联盟》,《中国新闻出版报》2010 年 1 月 12 日。

出版也在一定程度上起到了某些推波助澜的作用,值得反思和警醒。如果行业协会组织专家、学者对孩子的性别阅读问题加以研究与指导,引导少儿出版企业出版更多合适的图书,以指导家庭、学校关注孩子的性别阅读、性别教育,从细微处帮助、指导、感染、熏陶、培养孩子,一定会对家庭、学校、社会大有裨益。

比如性格阅读。目前,不少独生子女不同程度地存在着自闭、孤傲、自我中心等性格问题,家长比较苦恼,学校也比较犯愁。因为性格是长期积累形成的,优秀的少儿作品能够潜移默化地感染、熏陶孩子,在孩子心里播下爱与美的种子,通过阅读优秀少儿作品,孩子能培养良好的习惯与性格。但何为性格阅读,少儿出版企业如何围绕性格阅读来选编作品、出版图书,孩子如何开展性格阅读,是一个值得行业认真研究与探讨的问题。

比如分类阅读、分级阅读。少儿图书和成人图书最大的区别就是读者对象的分类、细化不同。少儿读者中年龄相差两三岁可能阅读的图书就完全不一样,比如学龄前儿童和小学一二年级学生阅读的图书就不一样,小学三四年级学生与小学五六年级阅读的图书也不一样。年龄差异、性别差异、性格差异、地域差异等都有可能构成少儿阅读的差异,影响少儿阅读的实际效果,如何通过对图书进行分类、分级引导孩子有针对性地阅读,提高阅读的正面效应、减少负面作用,意义重大。关于少儿分类阅读、分级阅读已有很多学者和专家作了精辟分析与论述,[①]但从差异化角度来分析少儿阅读的阶段性特征与少儿出版的发展规律,仍有很多地方有待进一步研究与探讨。

比如少儿阅读推广。中国每年出版少儿图书约 3.1 万册,平均每天出版约 85 册,如果把历年出版的少儿图书累积起来,那是一个非常庞大的数字。这么多少儿图书,孩子应该读哪些、不应该读哪些、怎么读,都是需要探讨的问题。选书对于孩子、家长与老师来说往往是一件十分头痛的事情,这需要相关行业协会组织有关专家做深入研究,给出意见与方案,指导家长和孩子阅读。这有利于科学的出版理念、阅读理念更广泛地深入编辑与读者的心灵,并真正服务于读者。在阅读推广书目的制定上,政府可以制定宏观的"国

---

① 参见以下文章:贺林平:《少儿分级阅读,标准该谁定》,《人民日报》2011 年 4 月 25 日;孙建江:《关于分级阅读的思考》,《出版广角》2011 年第 6 期;魏玉山:《儿童读物分级与阅读推广》,《出版广角》2011 年第 6 期;李芳:《国内儿童分级阅读图书出版窘况》,《出版广角》2011 年第 6 期;孙南南:《美国分级阅读教育及其中国可适性分析》,《教学与管理》2012 年第 5 期;王新利:《我国儿童分级阅读存在的问题及对策》,《图书馆》2012 年第 2 期。

家基础阅读书目",行业协会或者专业组织则可制定某一门类的具体阅读书目。阅读书目的研究与制定、阅读的推广与普及要力避商业赢利的负面影响,尽最大可能地用科学、严谨的态度与方法来展开,在科学性与专业性上要经得住历史的考验,真正造福于广大成人读者与少儿读者。

中国的少儿出版行业协会、研究机构、非官方咨询公司等力量还非常弱,正常的专业研究、行业指导、行业协调、专业咨询服务等工作难以展开,带来诸多隐性与潜在的问题,导致行业发展容易走向偏激与畸形。所以,中国少儿出版行业协会、研究机构、非官方咨询公司等应在职能、机制等方面作转型,扎扎实实做好基础工作、本职工作、专业工作,更好地为中国少儿出版提供专业服务。

第三节 小 结

中国出版政府管理部门与行业协会是中国少儿出版的管理部门,同时也是服务部门。政府管理部门与行业协会要通过职能、机制等方面的转型,不断更新工作方法,提高工作效率与效果,更好地为少儿出版企业提供优质服务,促进少儿出版企业以及整个少儿出版业健康、良性发展。

政府管理部门一是要适时调整政策,逐步由过去的分业多头管理向混业综合管理转型;二是要持续引导行业,一方面营造全民阅读的文化氛围,优化阅读环境,另一方面鼓励少儿出版企业展开良性竞争,保持少儿阅读生态平衡,实现阅读与出版转型;三是大力培养专业人才,通过相关政策鼓励、激励高校、企业、研究机构联合办学、多元办学,实现少儿阅读与少儿出版向可持续发展方向转型。

行业协会一是要加强专业定位与专业研究,提升专业水平与专业素质,做好专业服务;二是要积极参与行业管理,促进行业规范、有序发展,并努力发出声音,争取更多话语权;三是要发挥专业优势,组织专家对行业突出问题作专题研究、专项研究,以指导、帮助行业矫正偏差,避免失误,健康发展。

第八章 结 语

第一节 主 要 结 论

中国少儿出版的基本现状是:市场规模继续扩大,赢利模式依然单一,竞争主体急剧增多,销售渠道有待拓宽,整体形势有喜有忧。

中国少儿出版已步入产业化时代。通过产业化实践中国少儿出版取得了巨大成就,实现了初步繁荣,但也积聚了一些深层矛盾,面临着一些新的难题,包括但不限于以下几点:是做商业还是做文化? 是为城市孩子服务还是为农村孩子服务? 是倡导奢华之气还是倡导简朴之风? 是消解童年还是捍卫童年? 是迎合读者还是引导读者? 是强化功利性还是弱化功利性? 是加强纸质出版还是开拓数字出版? 这些矛盾与难题,有待少儿出版通过转型来逐步加以解决。

中国出版包括中国少儿出版要不要转型所带来的争议主要集中在四点:一是怎么转型,往哪个方向转;二是产业化转型带来商业化浪潮冲击社会道德底线,导致文化低俗化或荒漠化,引发社会矛盾与社会问题增多;三是数字化转型有可能造成对孩子的隐性伤害,不少家长和业内外人士表示忧虑与质疑;四是数字版权比较混乱,引起作者不满、质疑和有识之士的忧虑。转型可能解决不了中国少儿出版存在的所有问题,但通过转型可以逐步解决所存在的大部分问题。中国少儿出版不能因为转型过程中出现了一些负面影响和难题就否定转型的必要性;转型也不是全盘否定过去的成绩,转型是在已有成绩与优势的基础上进行开拓与创新,转型是为了更好地发展与进步。

中国少儿出版转型的方向是:由传统出版向数字出版转型,传统出版与数字出版共存并行,互相促进,共同发展。中国少儿出版转型主要是少儿出版企业转型。转型的路径是:少儿出版企业要通过理念、内容、技术、产品、人才、经营模式、管理方式等方面的转型,努力提升原创力、拓展力、编辑力与传播力,真正打造少儿出版的核心竞争力;政府管理部门与行业协会要通过职能、机制等方面的转型提高工作效率与效果,更好地为少儿出版企业服务。

第二节 主要局限与不足

因为本人理论水平的有限和研究得不够深入,论文还存在以下局限和不足:

对中国少儿出版企业各个流程的转型研究还不够全面。

对提升编辑力的研究还有待进一步深入。

关于中国少儿出版的数字化转型、中国少儿出版产业链的拓展、中国少儿出版与邻近文化产业的融合发展,目前国内成功的案例并不多,正所谓"巧妇难为无米之炊",尽管笔者费了不少笔墨去作探讨与研究,但在本书中仍显得薄弱,缺乏应有的说服力。

关于出版体制、机制的转型及对中国少儿出版的影响,因为历史与现实的缘故,还有涉及国家的宏观文化政策,显得相对敏感,较难把握,所以笔者作了简化处理,基本上是点到为止。

因为商业机密的缘故,有些营销数据少儿出版企业不愿意提供,有些操作细节搜集、获取困难,造成研究中部分观点还缺乏更有说服力的论据来做支撑。

希望今后有机会就中国少儿出版作更多、更深入的研究。

参考文献

图书：

[1] 陈晖.通向儿童文学之路[M].广州:新世纪出版社,2005.

[2] 陈晖.中国儿童文学阅读推广计划:儿童的文学世界——我的文学课[M].北京:北京师范大学出版社,2007.

[3] 程素琴.数字出版传播特性研究[M].北京:中国广播电视出版社,2010.

[4] 宫承波,翁立伟.新媒体产业论[M].北京:中国广播电视出版社,2010.

[5] 关世杰.国际传播学[M].北京大学出版社,2004.

[6] 郭庆光.传播学教程[M].北京:中国人民大学出版社,1999.

[7] 海飞.童书海论[M].济南:明天出版社,2001.

[8] 郝振省.数字时代的全媒体整合营销——中文在线全媒体模式案例剖析[M].北京:中国书籍出版社,2009.

[9] 吉尔·戴维斯著.我是编辑高手[M].宋伟航译.石家庄:河北教育出版社,2004.

[10] 鲁迅.南腔北调集·上海的儿童[M].北京:人民文学出版社,2006.

[11] 梅子涵,方卫平,朱自强等.中国儿童文学 5 人谈[M].天津:新蕾出版社,2001.

[12] 梅子涵,朱自强,王林等.中国儿童阅读 6 人谈[M].天津:新蕾出版社,2008.

[13] 尼尔·波兹曼著.童年的消逝[M].吴燕莛译.桂林:广西师范大学出版社,2004.

[14] 聂震宁.我的出版思维[M].石家庄:河北教育出版社,2004.

[15] 亲近母语课题组.阅读力测试(小学一至六年级)[M].长春:长春出版社,2010.

[16] 师曾志.现代出版学[M].北京:北京大学出版社,2006.

[17] 邵培仁.传播学[M].北京:高等教育出版社,2000.

[18] 王碧华,谢端纯,林文玲等.原来推动阅读这么容易[M].台北:智库股份有限公司,2011.

[19] 王碧华,谢端纯,林文玲等.原来阅读这么有趣[M].台北:智库股份有限公司,2011.

[20] 王泉根.现代中国儿童文学主潮[M].重庆:重庆出版社,2000.

[21] 王泉根,赵静等.儿童文学与中小学语文教学[M].广州:广东教育出版社,2006.

[22] 夏德元.数字出版与传播研究[M].上海:上海人民出版社,2012.

[23] 肖东发.出版经营管理[M].北京:北京大学出版社,2008.

[24] 肖东发.中国编辑出版史[M].沈阳:辽宁教育出版社,1996.

[25] 肖东发,万荣水,白贵.华文出版与软实力——"海峡两岸华文出版论坛"论文集(2005—2009)[M].北京:中国书籍出版社,2010.

[26] 徐冬梅.亲近母语全阅读:儿童阅读成长计划[M].长春:长春出版社,2008.

[27] 徐冬梅.徐冬梅谈儿童阅读与母语教育[M].长春:长春出版社,2009.

[28] 许忠伟.文化创意产业案例研究[M].天津:南开大学出版社,2010.

[29] 于友先.现代出版产业发展论[M].苏州:苏州大学出版社,2003.

[30] 张新华.转型期中国出版业制度分析[M].北京:中国传媒大学出版社,2010.

[31] 郑荔.儿童文学(第2版)[M].南京:江苏教育出版社,2009.

[32] 周宝荣.走向大众:宋代的出版转型[M].北京:中国书籍出版社,2012.

[33] 周浩正.优秀编辑的四门必修课[M].北京:金城出版社,2008.

[34] 周蔚华.数字传播与出版转型[M].北京:北京大学出版社,2011.

[35] 朱自强.小学语文文学教育[M].长春:东北师范大学出版社,2001.

期刊:

[1] 本刊编辑部.挑战阅读力[J].课堂内外(小学版),2011(7).

[2] 曹胜玫.当前数字出版产业链的相关问题及思考[J].编辑之友,2009(3).

[3] 陈红梅.转企改制后中小型专业出版社编辑人才队伍的构建思考[J].科技与出版,2012(6).

［ 4 ］陈晖.中国大陆儿童文学推广的考察与策略研究[J].(台湾)儿童文学学刊,2002(9).

［ 5 ］陈向阳.有效应对西方"话语霸权"挑战[J].求是,2010(10).

［ 6 ］范军.现阶段"民营出版工作室"的功能与定位[J].出版发行研究,2012(3).

［ 7 ］冯志杰.出版社转制后应具备的三个主体特质[J].中国出版,2010(8 下).

［ 8 ］付国乐,李桂福,施勇勤.打造出版产业链的粘合剂——出版业产学研结合模式探析[J].出版广角,2012(4).

［ 9 ］甘琦.出版业:向美国学习,还是从美国的错误中学习——记美国独立出版人安德烈·西弗林[J].读书,2011(6).

［10］耿姝,张博.新媒介背景的儿童类纸质媒体发展取向[J].重庆社会科学,2012(11).

［11］龚瑰.少儿图书出版现状及编辑素养分析[J].中国出版,2010(2 上).

［12］海飞.关于建设童书出版强国的三个梦想[J].中国出版,2010(9 上).

［13］海飞.让农村儿童与城市儿童站在同一阅读起跑线上——我国少儿出版与农村儿童阅读现状分析及发展对策研究[J].中国出版,2011(12 上).

［14］海飞.童书业六十正年轻——新中国少儿出版 60 年述评[J].编辑之友,2009(10).

［15］海飞.中国少儿出版现状分析[J].编辑之友,2010(10).

［16］韩阳.中国专业少儿出版联盟亮相 2010 上海书展[J].出版参考,2010(8 下)

［17］郝铭鉴.阅读力和阅读率[J].编辑学刊,2009(6).

［18］何咏燕.提升小学生"阅读力"的评价策略初探[J].教育导刊(上半月),2009(8).

［19］黄辉.浅析全媒体时代中国数字出版的现状与未来[J].新闻研究导刊,2011(11).

［20］井琪.大众文化对少儿阅读及出版物的影响[J].出版发行研究,2007(10).

［21］李法宝.论全媒体出版产业发展策略[J].编辑之友,2010(3).

［22］李军领.编辑力"五力模型"初探[J].编辑之友,2011(4).

［23］李芊.基于"三次售卖理论"的赢利模式体系构建与运用[J].编辑之友,2009(1).

[24] 李庭华.出版产业化与改革创新初探[J].改革与战略,2009(9).

[25] 罗颖.从三次售卖理论看我国网络杂志的盈利模式[J].出版科学,2010(2).

[26] 孟思奇.探析"知沟"理论在信息时代的新发展[J].山东广播电视大学学报,2009(3).

[27] 缪立平.广西出版传媒集团与株式会社讲谈社签署战略合作[J].出版参考,2011(9下).

[28] 欧阳明.我国出版专业硕士研究生教育面临的困局[J].出版广角,2012(7).

[29] 彭丽娟,庞博.繁荣发展下的隐忧——对我国少儿图书出版现状的反思[J].东南传播,2009(6).

[30] 彭茜,郭凯.文化生态学及其对儿童研究的影响[J].西北师大学报:社会科学版,2002(4).

[31] 孙利军,邵甜甜.数字童书的互动性初探[J].文化展业导刊,2013(2).

[32] 孙琳园.我国少儿图书出版存在的问题及应对策略[J].今传媒,2009(8).

[33] 孙世权,石春让.儿童文学翻译、出版的怪现状[J].编辑之友,2012(12).

[34] 汤锐.关于少儿读物的"少儿化"问题[J].中国出版,2003(12).

[35] 唐克.激烈竞争环境下小型少儿出版社的产品策略[J].出版发行研究,2012(11).

[36] 陶然.蔡志忠的古籍漫画[J].东方艺术,1994(3).

[37] 王春鸣.童书出版与儿童阅读环境[J].编辑学刊,2011(5).

[38] 王关义.中国出版业战略转型及产业素质升级的思路[J].科技与出版,2010(9).

[39] 王雯琦.儿童阅读:文化生态视阈下的战略选择[J].图书馆工作与研究,2010(12).

[40] 王昱茜.数字出版背景下传统少儿出版社盈利模式探析[J].东南传播,2012(8).

[41] 王智源.论我国版权产业转型升级进程中的版权投融资体系建设[J].出版发行研究,2012(5).

[42] 邬书林.总结经验　认清使命　努力提高我国少儿出版水平[J].出版发行研究,2011(8).

[43] 吴尚之.加快传统出版向数字出版的转型,推动出版业做强做大[J].中国

出版,2010(12 上).

[44] 向晋榜.电子书包的现状与发展中面临的问题[J].中国教育信息化·基础教育,2011(3).

[45] 徐丽芳.出版产业链价值分析[J].出版科学,2008(4).

[46] 徐蒙.近十年来青少年推荐书目发展与特征研究[J].图书与情报,2011(2).

[47] 杨蔚.关于中国少儿出版创新发展的几点思考[J].编辑之友,2011(8).

[48] 杨小彤.文化战略趋势下的童书出版大时代到来——2012 中国童书出版观察[J].出版广角,2013(2).

[49] 姚德权.中国新闻出版业监管体制模式选择[J].现代传播,2006(3).

[50] 衣葛淼子,付玉婷.童趣出版公司多元盈利体系解析[J].青年记者,2010(12).

[51] 殷俊,何芳.全媒体背景下的数字出版特征及运营方式——基于对中文在线的分析[J].编辑之友,2011(11).

[52] 余人.从传播学视角看中国儿童文学的推广与发展[J].出版广角,2012(8).

[53] 余人.马小跳,中国造[J].出版广角,2004(11).

[54] 余人.台湾康轩与南京康轩[J].出版参考,2012(9 下).

[55] 余人.提升中国少儿出版的原创力与传播力[J].出版广角,2011(5).

[56] 余人,徐艺婷.论图书衍生品开发与出版产业链拓展[J].出版广角,2013(4).

[57] 余人,郑豪杰.出版业人才需求变化与人才培养路径[J].中国出版,2013(2 上).

[58] 袁国女,蔡潮峰:走少儿文化品牌立体运营之路[J].中国出版,2010(8).

[59] 张春艳.少儿图书出版的瓶颈及对策[J].科教文汇,2011(8).

[60] 张慧丽.儿童早期阅读推荐书目研究[J].图书与情报,2012(3).

[61] 张秋林.少儿图书出版现状与发展趋势[J].出版人,2007(19、20 合刊).

[62] 张晓雪.编辑在出版社转企改制中如何成功转型[J].科技与出版,2010(2).

[63] 张颖.21 世纪初美国少儿图书出版现状及趋势[J].中国出版,2007(6 上).

[64] 赵英.揭开动画图书销售真相[J].出版参考,2009(8).

[65] 周国平.拯救童年[J].群言,2005(10).

[66] 周蔚华.后现代阅读方式的兴起与出版转型[J].中国人民大学学报,2007(2).

[67] 朱华明,朱炜文.数字化转型:发行集团数字时代的五个策略[J].出版发行研究,2010(1).

[68] 朱胜龙.把经典著作转化为大众读物——二十一世纪出版社推出《画说〈资本论〉》[J].出版参考,1996(10).

[69] 邹蕊,刘永坚.浅议图书衍生品及其品牌塑造[J].出版科学,2008(1).

[70] (社评)必须尽早结束互联网的多头管理沉疴[J].IT时代周刊,2012-05-05.

报纸:

[1] 2012年度图书选题分析小组.2012年度全国图书选题分析报告(上)[N].中国新闻出版报,2012-03-09.

[2] 白玫.传统编辑如何向数字出版人才转型?[N].出版商务周报,2012-04-22.

[3] 曹金良.京城春节畅销书《哪吒传奇》居首[N].北京日报,2004-02-04.

[4] 陈庆辉.78岁"老课本"很给力 "贴近生活,真情实感"是秘诀[N].广州日报,2010-12-25.

[5] 陈香.国内首家专业少儿出版集团明初亮相[N].中华读书报,2012-11-28.

[6] 陈香.为何国内外数字出版发展路径出现大差异[N].中华读书报,2011-05-13.

[7] 戴园园.少儿出版产业链仍需升级拓展[N].出版商务周报,2012-08-12.

[8] 冯文礼.两名中国译者捧得第18届野间文艺翻译奖[N].中国新闻出版报,2011-09-02.

[9] 龚海.《十万个为什么》成传奇:总发行量超过1亿册[N].齐鲁晚报,2011-12-12.

[10] 桂琳.浙少发力少儿出版首次闯入综合排名前五[N].中华读书报,2012-11-28.

[11] 顾青.传统专业出版社的转型之路[N].中国图书商报,2011-12-23.

[12] 海飞.吴双英:为读者留下美的记忆[N].中国新闻出版报,2011-12-05.

[13] 海飞.中国少儿出版进入"童书蓝海"时代[N].中国新闻出版报,2011-09-05.

[14] 贺圣遂.过分逐利让出版滑向娱乐化　应发掘传播优秀文化[N].人民日报,2011-03-15.

[15] 胡仁芳.中文传媒进军网络游戏预计《魔法仙踪》明年营收过亿[N].证券日报,2012-12-17.

[16] 华西都市报编辑部.2011中国作家富豪榜发布　郭敬明居首郑渊洁第三[N].华西都市报,2011-11-21.

[17] 回振岩.2012新书平均定价已高达52.23元[N].出版商务周报,2013-03-31.

[18] 贾宇.如何让孩子亲近阅读——专访中国少年儿童新闻出版总社社长李学谦[N].光明日报,2012-05-30.

[19] 江志才.阅读关乎文明程度[N].学习时报,2012-04-02.

[20] 蒋林.电子书包推广放慢:电子教材取代纸质课本备受质疑[N].广州日报,2012-04-14.

[21] 孔悦.出版人才需求向数字化转型[N].新京报,2011-05-13.

[22] 雷新.出版产业化缺乏评估体系[N].人民政协报,2007-03-06.

[23] 李佳佳,姜纯.哈利形成巨型产业链　带动经济规模达2000亿美元[N].深圳晚报,2011-08-04.

[24] 李学谦.从一朵彩云到一片红霞——《幼儿画报》走过30年[N].中国新闻出版报,2012-11-14.

[25] 李学谦.向数字化战略目标转型[N].中国新闻出版报,2010-06-21.

[26] 李志豹.转企改制有望破解出版业发展瓶颈[N].中国企业报,2009-10-21.

[27] 廖爱玲.北京多家餐馆鼓励就餐节俭"光盘"可打9折[N].新京报,2013-02-13.

[28] 刘蓓蓓.北京麦克米伦世纪咨询服务有限公司揭牌[N].中国新闻出版报,2011-12-26.

[29] 刘蓓蓓.二十一世纪出版社:多个"唯一"诠释创新自信[N].中国新闻出版,2012-12-27.

[30] 刘蓓蓓.《郑玉巧育儿经》:百万销量背后的出版故事[N].中国新闻出版,

2012 - 11 - 28.

[31] 刘必钦.读史风卷起的是什么?[N].中国邮政报,2006 - 10 - 28.

[32] 卢欢,韩琳婕.国内首家少儿类出版集团正式揭牌[N].长江商报,2013 - 12 - 27.

[33] 眉睫.没有教育理念的童书出版是无源之水[N].中国图书商报,2012 - 09 - 20.

[34] 聂震宁.阅读的悖论[N].中华读书报,2011 - 11 - 16.

[35] 彭志强,蒋庆,平静等.媒体发布 2010 年中国作家富豪榜　杨红樱居首[N].成都商报,2010 - 11 - 15.

[36] 齐峰.全面推进出版业转型发展[N].中国新闻出版报,2011 - 12 - 03.

[37] 钱秀中.人才"复合型"能力需求有了明确指向——书业招聘广告分析[N].中国图书商报,2011 - 05 - 06.

[38] 乔玢.出版产业化环境下的编辑力建设[N].中国新闻出版报,2012 - 12 - 26.

[39] 阙米秋.二十一世纪出版社的全版权经营模式[N].中国新闻出版,2012 - 08 - 09.

[40] 任翔,李昊皎.第七届作家富豪榜主榜单今日发布　莫言高居第二[N].华西都市报,2012 - 11 - 29.

[41] 任晓宁.数字化转型,传统出版何处发力?[N].中国新闻出版报,2011 - 07 - 07.

[42] 宋平.从万册到百万册,一本书的操作空间有多大?[N].中华读书报,2012 - 02 - 08.

[43] 孙建江.儿童文学的"艺术性"与"大众性"[N].文学报,2009 - 05 - 21.

[44] 孙行之.J.K.罗琳和哈利·波特一起"长大成人"[N].第一财经日报,2012 - 07 - 16.

[45] 谭旭东.2011 少儿出版怎么样[N].出版商务周报,2012 - 02 - 26.

[46] 涂桂林.中国少儿出版向数字化转型有待时日[N].中国新闻出版报,2010 - 09 - 14.

[47] 王建辉.出版业应该怎样坚守和应变[N].中国新闻出版报,2012 - 5 - 4.

[48] 王坤宁.中国编辑学会年会研讨编辑工作重要性[N].中国新闻出版报,2011 - 09 - 16.

[49] 王玮.《哪吒传奇》的启示[N].光明日报,2004 - 05 - 25.

[50] 王余光.培养孩子的阅读习惯要从读纸本图书开始[N].光明日报,2013 - 02 - 26.

[51] 王玉梅.邬书林为凤凰阿歇特文化发展公司揭牌[N].中国新闻出版报, 2010 - 09 - 01.

[52] 翁昌寿,刘晓东.解读图书出版产业链[N].中华读书报,2002 - 09 - 11.

[53] 吴葆.鲜为人知:"哈利·波特"畅销秘诀[N].经理日报,2008 - 09 - 13.

[54] 吴怀尧.中国图书调查报告:畅销书的八个终极秘密[N].长江商报,2009 - 11 - 30.

[55] 吴尚之.加快数字化转型,推动产业做强做大[N].出版商务周报,2010 - 10 - 21.

[56] 吴尚之.中国少儿出版业异军突起 产业规模快速提升[N].中国新闻出版报,2010 - 6 - 20.

[57] 吴越.邻家虽好非吾乡"十本童书九本洋"[N].文汇报,2011 - 5 - 10.

[58] 谢樱.童书"成人化"泛滥,亟待加强监管[N].河南日报,2013 - 03 - 20.

[59] 徐楠.民营出版工作室将获"孵化"[N].北京商报,2010 - 05 - 23.

[60] 许巍.红黄蓝推出《竹兜快乐家庭》[N].中国质量报,2011 - 09 - 30.

[61] 姚贞,杨雅莲.8家非专业少儿出版社发起成立中国童书联盟[N].中国新闻出版报,2010 - 01 - 12.

[62] 叶明生.孙寿山:提高高层次出版人才培养水平[N].中国新闻出版报, 2010 - 05 - 12.

[63] 喻春来,惠正一.外资进入出版业 首家中外合资图书发行公司组建 [N].第一财经日报,2005 - 05 - 25.

[64] 余人.电子书包:离循环教材之路有多远[N].中国新闻出版报,2012 - 11 - 28.

[65] 余人.数字时代编辑的角色转换[N].中国新闻出版报,2011 - 03 - 07.

[66] 余人.新环境下编辑如何自我提升[N].出版商务周报,2012 - 10 - 21.

[67] 曾曦.江西出版集团与中国和平出版社跨区域重组[N].中国新闻出版报,2007 - 12 - 10.

[68] 张斌.高端介入数字出版 中文传媒"雪藏"瑰宝[N].证券日报,2012 - 09 - 11.

[69] 张贺.浙少社连续10年童书市场占有率第一,成为童书市场的"隐形冠军"[N].人民日报,2013 - 03 - 21.

[70] 张洪波.数字出版产业发展亟待破解版权问题[N].中华读书报,2012-03-28.

[71] 章红雨.数字环境下出版人才培养模式亟待创新[N].中国新闻出版报,2010-07-12.

[72] 章红雨.中少总社调整出版结构　加大原创发展力度[N].中国新闻出版,2012-03-02.

[73] 张丽.树品牌特色　拓展产业链[N].出版商务周报,2012-12-09.

[74] 张秋林.天下童书　纵横天下——二十一世纪出版社超常规发展新思维[N].中国新闻出版报,2013-01-09.

[75] 张秋林.天道酬勤亦酬新[N].中国图书商报,2008-11-18.

[76] 张振胜.联袂美国金桃子　中信社进军少儿图书市场[N].中华读书报,2006-06-07.

[77] 赵欣.李学谦:我们是数字服务的出版商和阅读服务供应商[N].出版商务周报,2012-10-21.

[78] 周安平.谨防出现"企业单位事业化管理"[N].中华读书报,2009-10-28.

[79] 周猛.经营求索　新华副业渐成规模[N].出版商务周报,2012-09-27.

[80] 朱永新.时代呼唤建立国家基础阅读书目[N].中国社会科学报,2011-04-21.

学位论文:

[1] 班子嫣.我国出版业宏观管理体系研究[D].北京:北京印刷学院,2009.

[2] 陈爱华.儿童文学类图书选题策划研究[D].武汉:武汉理工大学,2009.

[3] 成文.数字时代的纸介出版业战略转型策略分析[D].天津:天津大学,2009.

[4] 黄萃.中国少儿图书出版产业发展研究[D].西安:陕西师范大学,2010.

[5] 李倩颖.近五年来我国少儿文学类图书出版策划研究[D].武汉:武汉理工大学,2010.

[6] 李益.少儿图书的品牌特性与品牌塑造[D].长沙:湖南大学,2010.

[7] 吕海茹.中国少儿图书出版竞争状况分析——以波特"五力模型"为分析框架[D].合肥:安徽大学,2012.

[8] 孟昌.基于SWOT分析的我国少儿图书出版的发展战略研究[D].长沙:

中国少儿出版新进程
ZHONGGUO SHAOER CHUBAN XINJINCHENG

湖南师范大学,2008.

[9] 王洪芝.改革开放以来我国少儿文学图书出版研究[D].郑州:河南大学,2010.

[10] 王玮.中国传统儿童读物的现代化转型——1840—1919 年间儿童读物的出版[D].北京:北京大学,2005.

[11] 吴娟.叶至善的少儿书刊编辑思想研究[D].武汉:华中师范大学,2008.

[12] 朱艳.关于少儿图书市场开发之研究[D].西安:陕西师范大学,2008.

[13] 邹迎九.少儿读物整合营销策略研究[D].南宁:广西大学,2007.

会议论文：

[1] 任素华.从迪士尼看国外大型文化集团的经营之道[C].第十届中国科协年会文化强省战略与科技支撑论坛文集,2008 - 09 - 01.

[2] 吴颖.以引进促原创——浅谈引进版少儿图书带来的冲击与思索[C].中国编辑学会第九届年会,2004 - 09 - 06.

后　记

本书是在我的博士论文的基础上修改而成的。

我是 1993 年进入接力出版社,开始我的少儿出版职业生涯的。对少儿出版,我经历了由陌生到熟悉的职场磨练,和由职业到事业的认识变化。最初选择做少儿出版无非是选择一份工作,选择一种谋生的手段。但慢慢地,我喜欢上了这份职业,甚至把它作为一项事业来做,个中的酸甜苦辣,其间的荣辱得失,非亲身经历与感受不能言说。在近二十年的职业生涯中,我学到了很多专业知识,认识了很多有思想、有见识的朋友,也责编了不少受孩子们欢迎和喜爱的图书,我把我人生最美好的青春年华献给了少儿出版。

出版优秀少儿读物,推广优秀少儿图书,是一项造福孩子、塑造未来的宏大工程。作为个体的少儿出版从业者或许是平凡的、渺小的,但少儿出版生产出来的精神产品却是神奇的、美妙的,甚至是伟大的。

少儿出版和中国老百姓的过去、现在、未来息息相关,因为只要是有孩子的家庭,家长们都会关注、关心少儿出版,谁家的孩子不看书?孩子长大成人了,他们也会有孩子,他们还会继续关注、关心少儿出版。如此生生不息,少儿出版也将延绵不绝。但实事求是地说,少儿出版在中国的地位并不高。因为少儿出版实在是太普通、太平凡了,没有什么"高深的学问"。虽然每个家长都要送自己的孩子上幼儿园,但在家长的心目中,幼教的地位或许永远不可能和高教的地位相提并论。同理,在国人的印象与认识中,少儿出版为孩子们出书,不可或缺,但少儿出版也不过是为孩子们出书而已,或许永远不可能和成人出版特别是那些专业出版同日而语,因之少儿出版的从业者也不太可能因为"成功""权威"而"惊艳""显赫",而令人肃然起敬、由衷钦佩。但对于孩子和家长来说,少儿出版"犹如空气和阳光,受益而不觉,失之则难存"。清新的空气、明媚的阳光,这正是孩子们所需要的。

因为工作与学习的缘故,我想到要对新时期的中国少儿出版作一个比较全面的梳理与总结,也把自己的一些认识与思考记录下来,并希望借此机会能总结出一些带有规律性的东西,以供同行学习借鉴、批评指正,也提升自己的实践能力与理论水平。及至真正动笔撰写书稿时,我才感觉到自己才疏学浅,不少地方难以驾驭和把握,甚至有时对自己的思考也产生质疑与不安。好在有老师和朋友的鼓励与督促,我终于完成了这部书稿。

感谢我的导师肖东发教授一直以来的关怀与教导,没有先生的指引与关照,我走不到今天。先生言传身教,鼓励和鞭策我不断思考、不断前行。先生在百忙之中,还惦记着为本书撰写序言,让我倍感温暖,也深受鼓舞!

感谢我的同事、同学、朋友、同行一直以来的关注与支持。

感谢我的太太,在我考博和读博期间,主动承担了绝大部分的家务与照顾孩子的任务,让我能集中精力,潜心求学。

感谢本书中所有引文、参考文献的作者,是在你们辛勤劳动与潜心研究的基础上,我才有了新的感悟与收获。

最后要特别感谢世界图书出版上海有限公司的姜海涛、陆鹰、王思明和马坤,没有四位老师的支持关照、慧眼识珠与辛勤劳动,本书断不可能这么快付梓出版。谢谢你们!

期待着同行、专家的批评、指正,期待着有机会补漏纠偏、修订完善。

作者 2014 年 6 月